感染症クライシス 企業リスク「超」実践ガイドブック

withコロナ・nextウイルスへの
備えと対策

株式会社エス・ピー・ネットワーク総合研究部

清文社

はじめに

　「VUCA」の時代―。これほど「今」を的確に表現する言葉もあるまい。

　「VUCA」とは、社会やビジネスにおいて将来の予測が困難になっている状態を示す造語であり、「Ｖ：Volatility（変動性）」、「Ｕ：Uncertainty（不確実性）」、「Ｃ：Complexity（複雑性）」、「Ａ：Ambiguity（曖昧性）」の４つの特性から成る。元々、冷戦終結によって、それまでの核兵器ありきの戦略から不透明な戦略へと変わった1990年代の状態を表す軍事造語だったが、2010年代に入り、変化が激しく不確実な社会情勢を指して、VUCAという言葉が転用されるようになったとされる。

　さて、コロナ禍は「パラダイムシフト」とも呼ばれる価値の大転換をもたらしたが、それは、コロナ前から見通された「10年後の姿」であり、10年かけて起こる変化が数か月の間に急激に引き起こされたものとも言える。例えば、コロナ禍前後で取りまとめられた経済産業省の有識者会議の報告書「未来ニーズから価値を創造するイノベーション創出に向けて」では、「2050年に向けて、(1)世界人口のピークアウト（規模の経済を追う時代の終焉）、(2)資源・環境制約の高まり（地球温暖化の抑制・サーキュラーエコノミーへの移行など）、(3)デジタル経済へのトランスフォーメーション、(4)地政学・保護主義的リスクの高まり、(5)レジリエンス（自然災害、感染症などへの対応）が避けられない世界的潮流となる。また、今般の新型コロナウイルスがもたらした危機によって、『サイバー』と『リアル』のいずれにおいても、外生的ショックに柔軟かつ迅速に対応する『しなやかな経済・社会システム』に速やかに転換していかなければならないことが明白となった。非常事態により、デジタル革新に対する社会受容性が高まっているこの機会を逃さず、日本は世界に率先してSociety5.0の実現に挑戦していかなければならない」、「2050年に向けた５つのメガトレンドに適応し、持続可能な経済社会を築いていくためには、エネルギー・環境、健康・医療、レジリエンス・セキュリティなどが重要な課題となる。そしてIntelligence of Thingsが人とモノをつなげ、様々な知識や情報の共

有を可能とし、これまでにない新たな価値を生み出し、課題解決に資するという構図は当面変わらない。デジタルテクノロジーが、あらゆる分野に影響を与える汎用技術（General Purpose Technology）として、今後も重要性を増していく」と指摘されている。2050年に向けて「10年後どうあるべきか」を示すものとして大変説得的で示唆に富む内容だが、一方で「10年後」に目指すべきものが本当にそうなのか、VUCAの時代の真っ只中にあっては、この先の1年でさえ正確に予測することが難しいのも事実だ。

　Withコロナ/Afterコロナにおいて、ビジネスモデルや働き方を「ニューノーマル（新常態）」仕様にフィットさせることが生き残るための必須条件となっているが、それとて中長期的にみれば「最適は次の不適応となりかねない」ことも認識しておく必要がある（例えば、グローバリゼイションに対応した最適なサプライチェーンがコロナ禍でその脆弱性を露呈した事実が分かりやすいだろう）。前述した5つのメガトレンドは現時点の知見から見れば極めて妥当に映るが、VUCAの時代にあっては、「変数」が多く、その「変動幅」が極めて大きいことをふまえれば、2050年の姿は、中長期的な持続可能性を高めるためにそれを念頭に置く必要はあるものの、あまりに不確実なものだ。

　結局、VUCAの時代にあっては、企業はその持続可能性を高めるために、「過去」や「現在」に固執（執着）すべきではないし、中長期的な「未来」を固定的に捉えることも危険だ。企業理念など守るべきものを明確にし、研ぎ澄まし、強化しながらも、常に社会情勢や社会の要請を強烈に意識し、その「変化」を鋭敏に捉え、自ら「変化」することを厭わない柔軟な、しなやかな組織のあり方を模索する必要に迫られていると言える。

　さて、当社（株式会社エス・ピー・ネットワーク）は、企業の危機管理実務を支援するリーディング・カンパニーであり、不当要求への対応や反社会的勢力排除、第三者内部通報窓口の運営、企業不祥事対応支援などを

含む企業危機管理の実践的対応をこれまで数多く手がけてきた。本書は、そのような実践的な危機対応実績をベースとして、コロナ禍を一度中間総括し、企業が次に備えるための知恵（トレジャー）の宝庫となることを企図して、当社の総合研究部の研究員が各々の専門的な知見をふまえて著したものである。

　本書が、読者の皆様にとって、今や「企業存続を揺るがす重大な経営リスク」であるコロナ禍にあって、Withコロナ/Afterコロナにおけるニューノーマル（新常態）における企業の新たなあり方を確立し、持続可能性を高める一助となれば幸いである。

ミドルクライシスとは？

　本書を読み進めるにあたり、まずは、当社の考える「ミドルクライシス」の概念および「ミドルクライシスに着目したリスク管理・危機管理のあり方」について、簡単に説明しておきたい。

　企業を取り巻く重要な利害関係者（ステークホルダー）としての「従業員」や「顧客」、「取引先」との関係は時代とともに変化し、その関係性を見誤ることが企業の成長や存続に多大なる影響を及ぼすことに鑑み、企業としては、常に社会の要請（社会の目）を意識し、その変化に柔軟に対応することを通じてのみ、自らの健全性や持続的な成長が可能になることを自覚していかなければならない。そのための取り組みが、まさに危機管理であり、もはや危機管理なくして企業経営はなしえない時代に突入していることを、改めて確認しておく必要がある。

　企業を取り巻くリスク環境が大きく変化している背景にはさまざまな要因があると思われるが、とりわけ企業のステークホルダーである株主、消費者、取引先、社員、および、場合によっては、司法、行政、メディアなどの、企業に対する意識（認識）の変化と、それによって企業のステークホルダーに対する透明性やアカウンタビリティー（説明責任）の重要性が強く求められる社会的風潮が醸成されたことが挙げられるであろう。同時にこれらのステークホルダーは、インターネットなどの急速な普及によ

り、今まで知り得なかった企業の情報などをいち早く知ることができるようになった結果、社内に巣食うリスクがわずかに社内的に顕在化した状態（＝ミドルクライシス）の社内的な発見（認知）が遅れたり、あるいは発見（認知）していても対策を講じていなければ（不作為）、それが対外的に知れ渡ってしまう（意図的な内部告発を含む）ような時代になったと言えるのである。これらがここ数年、企業不祥事の多発と言われている一因であり、その意味では、「多発」というよりは、これまで対外的に知られることのなかった事態が「発覚」することが多くなっただけとも言える。

　なお、ミドルクライシスとは、企業が内包する（企業に内在する）様々な「リスク」が、対外的に顕在化し、「クライシス」に発展する前の姿（日々、業務上発生している種々のトラブル、問題事象などであって、いわゆる「今そこにある危機」、あるいは、すでに自然消滅した事象）であり、例えれば、リスクが氷山の一角として海面より頭を出している姿（あるいは、出していた姿）、と言えばイメージしていただけるものと思う。

　企業は、設立したその瞬間からステークホルダーとの関係が発生し、さまざまなリスクを背負うことになる。そして、そのステークホルダーに対する責任を果たすべく、リスクを水際で予防するための各種規程、ルールなどを定める。しかし、その規程やルールが形骸化し、またそれらでは対処しきない種々の事象に対応する（あるいは、対応していかざるを得ない）ため、現状（実態）とそれらルールなどとが乖離し、ルール違反などが発生、常態化することによって、社内のリスクライン（予防ライン）を超えて、「リスク」が「ミドルクライシス」として社内的に顕在化してくる。このミドルクライシスが多発し、それらを社内で放置すれば「クライシス」（危機、問題発生）へと発展し、対外的にその事態が発覚することになるのである。そして、最近では、SNSなどでの（意図的か無意識を問わない）情報発信、あるいは（精度の高い）内部告発などを通じて社内の情報が社外に流出してしまうことによって、対外的な発覚時点であるクライシスライン（問題発生ライン）が急激に低下しており、ミドルクライシスが対外的に顕在化するまでの猶予（社内でミドルクライシスに対処でき

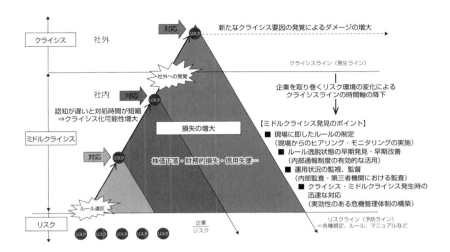

る時間）が短くなっている傾向にあることにも注意が必要である。「ヒヤリ・ハット法則」とも言われる「ハインリッヒの法則」は「1つの重大事故の裏には、29の小事故があり、その裏には300の異常がある」というものであるが、ミドルクライシスは、まさにこの「29」の小事故に相当するものと考えていただくとわかりやすいのではないだろうか。「29」の部分に相当するミドルクライシスに着目して適切な対処を行うことで、「1」の部分に相当する大事故（＝クライシス）の発生を予防するとともに、そのミドルクライシスを発生させた諸要因（「300の異常」）を抽出・特定・分析して、今後のミドルクライシスそのものの発生を低減・予防していこうというのが、ミドルクライシスの発想の原点である。

　これまで企業は、クライシスとなる前に、社内のミドルクライシスを早期に発見することの対策として、主に各部署のセルフチェックやクロスチェック、内部監査、あるいは監査役・社会監査役の監査、外部の専門家などによる外部監査などによってその発見、報告、改善に努めてきたと思われるが、ミドルクライシスの発見、報告、改善は、往々にして、それを担当する「人」に絡む、保身、過失、故意、セクショナリズムなどにより、正確になされない実態も散見されるところだ（企業不祥事の第三者委

員会報告書などにその辺りが赤裸々に記載されているものも多い）。それらを踏まえて、社内のミドルクライシスを発見する手段として様々な方策が検討されており、とりわけ最近では、「内部通報窓口」は有効なツールの1つとして注目されている。また、この他に社内のミドルクライシスを発見する手段として、以下のようなものも挙げられる。

●インターネット風評などの収集
●お客様相談室などの苦情受付、消費者センターなどの情報の収集
●企業内の規定やルールの運用状況についての実態把握（ヒアリング、モニタリング）
●匿名アンケートを通じた従業員の「本音」や現場の「実態」（リアル）の把握
●内部通報窓口を通じた端緒情報の収集
●退職（予定）者などに対するヒアリング　など

さらに、抽出したミドルクライシスに対しては、早期の対応が望ましく、以下のような対応策が考えられよう。

●問題発生の原因追及（個別事情や「人」の要因のみに矮小化することなく、組織的要因、構造的要因、本質的要因にまで迫る）
●けん制機能の未発揮の状況とのその原因の把握
●再発防止策の検討と実施の徹底（現行の規定・ルールなどの見直し、教育研修などを含む）
●社内外への情報発信のあり方を含む危機対応態勢の整備　など

企業や経営トップは、リスクが必ず顕在化してクライシスになることを認識する必要がある。そして、企業には、社内で発生しているミドルクライシスを抽出する努力を惜しまず、決められた規定やルールを、ミドルクライシスの発生要因の分析や社会の要請の変化をふまえて適宜見直すこと、さらには、社内周知の徹底や円滑なコミュニケーションなどを通じて、ルールの形骸化を防ぎ、実効性を重視した運用をしていくことが求められていると言える。

　経営トップは、そのような経営環境下にあるとの厳しい認識を常に持ち、クライシスになる前のミドルクライシスの段階で有効な対策をとることこそが、ステークホルダーに対する説明責任を果たすことにつながること、そして、まさにそのことが持続可能性を高めることにつながり、企業としての社会的責任（CSR）を果たすことにもつながるということを認識しておくことが重要である。

本書の狙い

　コロナ禍に関係なく、企業の不祥事は後を絶たない。実は、コンプライアンス・リスク管理の取り組みを強化する過程で仕組みやルールが強固になるにつれ、それに安住し依存する体質や思考停止の状態、厳罰主義に代表される「余計なことはしない」状況などが生じる「不作為の連鎖（ネガティブスパイラル）」に陥っている可能性がある。コンプライアンス・リスク管理の取り組みを強化すればするほど、コンプライアンス・リスク管理の実効性が阻害されるという本質的な矛盾を解消できない状況が続いているのだ。そのことが放っておいたら必然的に発生する不祥事をコントロール（適切にリスク管理）できない要因の1つだろう。

　そもそもコンプライアンス・リスク管理とは、「やってはいけないことをやらない」だけでは不十分であり、「正しいことを正しいやり方で正しく行う」ことを実践するところまで高めなければならない。「やってはいけないことをやらない」との受け身の意識は、最終的には、不作為の横行を許し、自浄作用も働かず、むしろ適切なコンプライアンス・リスク管理を阻害し不祥事を生む土壌となる。一方で、「正しいことを正しいやり方で正しく行う」とは、組織の意思決定・行動が、個人の「常識・良識・見識・知識」や「社会的規範やルール」に照らして何ら違和感のない状況といえる。つまり、不作為の連鎖を断つためには、「正しいこと」の共通認識のもと、「やってはいけない」恐怖から一歩踏み出し、個人の自発性や感情・感覚が十分に組織運営に発揮される社風（企業風土）や正しいことにポジティブな評価を与える仕組みを備え、常に社会の目を意識するため

に人材や価値観の多様性に着目するといった柔軟な組織こそ求められている。

　この点は、VUCAの時代のマネジメント手法として、「OODA（ウーダ）ループ」が注目されていることとあわせて考える必要もあろう。「Observe（観察）；状況をありのままに受け入れ（鳥の目・虫の目で、場の空気までも情報収集）」、「Orient（状況判断、方向づけ）；情報を分析、正しく理解（「正しく選択する」というより「選択したものが正しい」と考える）」、「Decide（意思決定）；迅速かつ柔軟に判断（自分を信じて判断、現場に権限移譲）」、「Act（行動）；すぐに行動する。その結果をあらためて観察・修正するループへ」の４つのプロセスから成る手法だ。もともと「刻一刻と変化する現場を、パイロット１人ひとりが見て、自ら判断・行動する」という航空パイロットの戦術からきた意思決定プロセスだが、PDCAが「計画を立てて行動する」のに対し、OODAは「状況を見てまずは柔軟にやってみる」という点が特徴だ。「スピード感」と「臨機応変さ」が最大のメリットである一方、個人が自ら考え、動くことが重視されるため、組織の統制が難しい。したがって、VUCAの時代をOODAループによって対応していくためには、従業員の会社依存を排し、自立・自律を促しつつ組織の統制を図るために、「現場で柔軟にかつ的確に判断・実行ができる優秀な人材（＝人財）」の育成と「企業理念」の浸透が極めて重要となる。

　実際、コロナ禍において、リモートワークの浸透に伴い、企業理念の重要性が高まっているとの声をよく聞く。言い換えれば、ニューノーマル仕様の危機管理においては、企業と従業員との関係について、「高い自立性・自律的」をいかに獲得するか、エンゲージメント（自立・自律的な働き方／経営理念・ビジョンの共有／透明性）をいかに獲得するかがより重要になっているということだ。自立した自律的な従業員から企業が選ばれるために必要なことは、「企業姿勢」、「理念」、「社会的な存在意義」、「働きがい」を具体的かつ明確に伝えられるか（伝わるか）であり、成熟した関係をベースとした「エンゲージメント」がますます重要となる。このよう

に、双方が自立した成熟した関係性を構築していくことが、「ニューノーマル仕様の危機管理」を下支えすることにつながる。

　本書は、コロナ禍における混迷する現状を真正面から捉え、リアルな実態や現場の知恵（トレジャー）を丹念に収集し、ここでいったん中間総括することを通じて、Withコロナ/Afterコロナにおける最新の実務指針を提示する目的で著されたものである。たとえ、現時点の社会状況に由来する限界があるにしても、当社の豊富な対応実績をベースとして、物事の本質的な部分にまで踏み込んだ分析から導かれた理論に基づいており、遠く将来にわたって、健全経営を目指す企業にとっての良き羅針盤としての機能が果たせるものと自負している。

　さらに、当社もまた、引き続き自己研鑽を重ね、実務的危機管理を企及していきたいと考えている。たくさんの個人や企業が、ニューノーマル仕様の危機管理に真正面から取り組み持続可能性を高めること、その積み重ねによって健全な社会が形成されることを願って止まない。

2021年1月
　　　　株式会社エス・ピー・ネットワーク　総合研究部

目 次

第8章　情報リテラシー

＊本書の内容は、2021年1月1日現在の法令・情報等に依っています。

第1章 コンプライアンスのあり方

研究員　杉田　実

1　コンプライアンスとは

　コンプライアンスのあり方について考えるにあたり、まず「コンプライアンス」という言葉の表す意味についてご紹介したい。コンプライアンスという言葉は、「応じること」、「従うこと」などの意味があるが、コンプライアンスにおいて従うべきものは時代とともに変化し、その意味の範囲も広がっている点に注意が必要だ。

　従来は、コンプライアンスというと、「法令遵守（順守）」という意味で使われ、各種法令を守り正しい形で企業活動を行うこととされていた。しかし、法律は守って当然である。法律だけを守っていればよいのかというところから、「法令等遵守」まで意味が広がった。この「等」は、法令だけでなく、倫理・道徳・職業モラル、社内規定（行動規範）などを表しており、それらに従い適切に事業活動を行うことを表している。最近では、さらに、「社会的要請への適切な対応」までコンプライアンスの表す意味が広がり、法令や倫理・道徳、社内規定などに限らず、広く社会に求められること、期待されることに応えること、つまり社会的使命を果たすことを表している。その意味では、コンプライアンスが示すところは、従うべきもの、応じるべきものとして、「社会の目」を基準とするところまで広がっているといえよう。

　ここで、「倫理」という言葉についても少し触れておきたい。倫理の「倫」という字は、「人々が集まったときの筋道や道理を明らかにするも

の」という意味がある。「理」という字には、「ことわり、道理」という意味がある。つまり、倫理は、誰か1人が主張しているものではなく、複数の人が集まり合意したものだということである。とはいえ、倫理や道徳、職業モラルなどの捉え方は人によってさまざまなので、組織として個人の倫理観に依存するのは危ういといえる。

　倫理観を醸成し、意識づけしていくためには、組織内においてどうあるべきか、どのような行動をとるべきかを、日ごろからきちんと話して、認識の共通化を図っておくことが重要となる。認識の共通化がされていなければ、どんなにきちんとルールを作っていても、その解釈に差異があるため意味がない。そして、認識の共通化のためには、話しやすい環境と相談しやすい環境を作ることが重要だ。

2　コロナ禍における変化を捉える

　コンプライアンスについて考える際には、社会の情勢の変化を理解しておく必要がある。直近では、業種や企業規模によりさまざまではあるが、多くの企業が新型コロナウイルス感染症の拡大の影響を受けた。2020年5月4日には、新型コロナウイルス感染症対策専門家会議が「新型コロナウイルス感染症対策の状況分析・提言」（2020年5月11日一部訂正）により、「新しい生活様式」における働き方の実践例として、テレワークやローテーション勤務、時差通勤、ひろびろとしたオフィス、オンライン会議、オンライン名刺交換、対面時の打ち合わせでは換気とマスクをすることなどを提示した。これらを受け、企業では具体的に、どのような変化があったのかみていきたい。

　まずは、感染拡大防止のため、急な在宅勤務やテレワーク、時差出勤などの対応に追われた企業が多いのではないだろうか。普段は対面で行っている会議や商談をリモートで行う機会も増加した。加えて、飲食店などでは休業を余儀なくされたり、営業時間を短縮したりするなどの対応もあったことだろう。また、今となっては当たり前に実施している感染拡大防止

のためのマスクの着用や、消毒、手洗い・うがい、検温、ソーシャルディスタンスの確保の徹底も大きな変化といえるだろう。

　このように、さまざまな変化が起きたが、業務における変化としては、大きく2つに分けることができる。

　1つ目は、在宅勤務や時差出勤など職場環境自体が変わった場合である。働く場所や時間が変わるため、これまで在宅勤務や時差出勤などを導入していなかった企業では顕著な変化であったといえる。

　そして2つ目は、業務量が変わった場合だ。業務量が変わる場合は、具体的には、コロナ禍の変化に応じた通常と異なる業務の追加や、通常業務自体の増減などが考えられる。管理系の部門では、通常業務に加え、感染予防のためのマスクやアルコールなどの備品の手配、設置、補充、従業員への周知などの業務が増加した。店舗勤務の場合には、施設や備品の消毒はもちろん、来店されるお客様に対して、マスクの着用や消毒、検温をしていただくようにお願いをする業務が増加している。また、営業時間の短縮や休業により、通常の業務自体が減った場合もある。業務内容や勤務体系によっては自身の業務に変化がなかった場合もあるが、取引先や社内の人などの業務上で関係する人たちが在宅勤務や時差出勤などをしていることにより、連絡の手段が変わったり、連絡がとりにくくなったりすることもあり、多くの人が働き方の変化を実感したと考えられる。

　このようなコロナ禍における働き方の変化にともない、コンプライアンスにおいてはどのようなことに気をつけたらよいのだろうか。コロナ禍における変化から、コンプライアンス違反につながる可能性のあるものをいくつか挙げていきたい。

1 在宅勤務

　コロナ禍において在宅勤務を導入した企業は多くあるが、中には、在宅勤務の経験がないため、体制やルールが整っていないまま、半ば強制的に在宅勤務を開始した企業もあるのではないだろうか。体制が十分に整備されないまま在宅勤務が運用されると、現場が混乱することに加え、情報管

理体制も脆弱になりがちである。急な在宅勤務の場合、普段は持ち出すことのない資料やデータをやむを得ず持ち出す場合があり、情報漏えいのリスクがある。さらにコロナ禍の混乱に乗じた脆弱性を狙った、不正アクセスを受ける可能性もある。

　そして、在宅勤務の場合は、物理的に離れていて業務状況が見えないため、業務管理や評価が難しくなる。在宅勤務の場合はある程度それぞれの裁量が認められるが、「どうせ誰にも見られていないから」と業務をさぼる人や、逆に、業務をさぼっていると思われないように頑張りすぎてサービス残業をしてしまう人などが出ているため、配慮が必要である。とはいえ、業務管理のために、常時、カメラを繋いでおくのも現実的ではない。自宅へのプライバシーの配慮も必要となるうえ、そもそも全員を常時監視する人もいない。業務内容や業務量を把握するためには、より密なコミュニケーションが求められることになる。

2 業績悪化

　コロナ禍では、営業時間の短縮や休業により業績に影響が出た企業が少なくない。帝国データバンクの「新型コロナウイルス感染症に対する企業の意識調査（2020年4月）」によると、新型コロナウイルス感染症による自社の業績への影響について、4月時点ですでに「マイナスの影響がある」と見込んだ企業は88.8%（「すでにマイナスの影響がある」が56.9%、「今後マイナスの影響がある」が31.8%）だったという。業績が悪化すると、経費削減や売上向上を意識するのではないだろうか。それ自体は悪いことではないが、経費削減だけ、売上向上だけを目的として強行すると無理なノルマができあがる。そして、そのノルマを強要してしまうと、無理なノルマ達成のために不正行為に走らざるを得ない状況や不正行為を正当化する状況ができあがり、データの改ざんや粉飾決算など不正行為を誘発する可能性がある。

3 外出自粛

　コロナ禍では、外出する機会が極端に減少した。客先への訪問が減るだけでなく、在宅勤務の場合には、そもそも会社に行く必要がないため、ほとんど自宅にいることになる。また、緊急事態宣言が発出された際には、休日などのプライベートの時間の外出も自粛となった。その結果、自宅にいる時間が増え、インターネットやSNSを利用する機会が増加した。インターネットやSNSに接する時間が増加した分、関連するトラブルや犯罪に巻き込まれる可能性も増加する。具体的には、アルバイト感覚で犯罪に手を染めてしまったり、他者への誹謗中傷をしたり、デマを拡散したりすることなどが考えられる。

4 コミュニケーションの減少

　コロナ禍は、在宅勤務や時差出勤などの対策がとられたため、普段よりコミュニケーションがとりにくい環境となった。通常であればその場で声をかけて確認できたことが、すぐに確認できず後回しにしてしまったり、誤解を生んだりしてミスにつながることもある。遠隔での業務の際には、Web会議やコミュニケーションツールを活用し、普段よりも密にコミュニケーションをとる必要がある。慣れないツールに戸惑ったり、使い方のルールが必要になったり、運用するためには課題があるかもしれないが、お互いを気遣えば案外活用できるものでもある。

　一方で、コロナ禍におけるコミュニケーションでは、以下のようなハラスメントの増加にも注意が必要だ。

- コロナハラスメント：医療関係者やその家族、感染者、発熱者などへ対するハラスメント
- リモートハラスメント：リモート環境で部屋を映すことを強要する、オンライン飲み会を強要するなどのハラスメント
- テクノロジーハラスメント：ITに関する知識がある人から知識がない人に対して、わざとわからないような専門用語を使ったり、知識が

ないことに対して侮辱したりするなどのハラスメント

●カスタマーハラスメント：客から従業員に対するハラスメント。コロ
ナ禍ではマスクや消毒液の売り切れから従業員が不当要求をされた事
例や、営業している飲食店が「休業しろ」、「自粛しろ」という張り紙
を貼られたり、その店舗で感染者が出た、店主がコロナウイルスで亡
くなったなどの嘘の情報を流された事例があった。

5 マスクの着用・消毒の徹底

　現在では当たり前のように習慣化しつつあるマスクの着用や消毒、手洗
い、うがい、ソーシャルディスタンスの確保などの感染予防策だが、神経
質になりすぎると、少しマスクを外しただけで強く指摘するなど他者への
攻撃につながることもある。体質的にマスクが合わない人もいるし、気温
が高い夏は熱中症の危険性も高くなる。

　マスクの着用については、厚生労働省がまとめた「『新しい生活様式』
における熱中症予防行動のポイント」によると、マスクを着用している
と、マスクを着用していない場合と比べて、心拍数や呼吸数、血中二酸化
炭素濃度、体感温度が上昇するなど、身体に負担がかかることがあるとい
う。また、高温や多湿といった環境下でのマスク着用は、熱中症のリスク
が高くなるおそれがあるので、屋外で人と十分な距離（少なくとも2m以
上）が確保できる場合には、マスクをはずすように促している。そして、
マスクを着用する場合には、強い負荷の作業や運動は避け、のどが渇いて
いなくてもこまめに水分補給を心がけること、周囲の人との距離を十分に
とれる場所で、マスクを一時的にはずして休憩することも必要だとしてい
る。周囲の人と十分に距離が取れていて、かつ話す必要がないのであれ
ば、少しの間マスクを外すことは許容範囲ではないだろうか。マスクをつ
けること「だけ」を正義としないよう、注意が必要だ。

　これまで、コロナ禍における変化からコンプライアンス違反につながる
例を紹介してきたが、コロナ禍における変化は業務の変化だけではない。

働き方や生活様式の変化に伴い、精神面にも変化が起きている。コロナ禍では情報収集が重要にはなるが、毎日流れてくる感染者数などのコロナ関連の情報に一喜一憂したり、その中のデマに惑わされたり、暗いニュースを聞き、気分が暗くなったりすることもある。この状況がいつまで続くかわからない不安や、今後の生活への不安、プライベートでも外出できないストレスもあるだろう。

　業務に関わるものでは、在宅勤務をしている人としていない（できない）人との間の軋轢や、コミュニケーションが減ることにより孤独感を感じる場合もある。このようなマイナスの感情が募り、他者や会社への不満へと変わってしまうことも考えられる。それでは、このような状況を防ぐためにはどうしたらよいのだろうか。

3　「現場のリアル」をつかむ

　コンプライアンス違反に繋がらないようにするためには、まず、コロナ禍において現場で、どのような変化が起きているのか、その変化を受けて現場はどう対応しているのか、どう感じているのか、を把握することが重要となる。そして、把握した現場のリアル（現場の実態や従業員の本音）を踏まえて、何をすべきか検討することとなる。店舗を営業していることへの批判や、カスタマーハラスメントの標的となったり、不特定多数の人と関わることにより感染のリスクが高くなったりするのは、現場で働く方々である。また、在宅勤務をしている場合でも、普段とは異なる環境の中それぞれの現場で働いているといえる。

　会社としてはきちんと対応しているつもりでも、日々の動きを完璧に把握するのは難しく、そもそもすべてを把握するのは難しい。情報が錯綜していて整理に時間がかかる、何から手をつけたらよいかわからない、対応するための人員が足りないなど、企業によりさまざまな事情があると思われる。しかし、だからといって現場を放置するのは望ましくない。

　現場の従業員は、会社からの発信や上司とのコミュニケーションが少な

いと、「放置されているのではないか」、「自分たちのことはどうでもいい
のか」と感じてしまうこともある。慣れない環境で働くストレスや孤独
感、外出自粛によるストレス、暗いニュースばかり見聞きしたことによる
ストレスなどが、会社への不満として表れてしまうことが一因として考え
られる。コミュニケーションをとる回数を増やしたり、連絡をとりあう際
に、一言気遣う言葉をかけたりするだけで気持ちが楽になることもある。

　在宅勤務になったことにより、普段何気なく話しているちょっとした雑
談が意外と息抜きになっていたことに気づいたという事例もある。当社で
も、意識的に「ありがとう」を伝えるようにしたり、雑談レベルで「運動
不足に気を付けよう」、「こういうグッズを使ったら楽になりました」な
ど、情報を共有したりしていた。簡単なことや業務に関係のないことでも
よいので、そういった小さな気遣いを続けていくことでガス抜きにもつな
がる。

　現場で起きている変化を放置しておくと、現場が混乱し、ミスやトラブ
ルに繋がってしまう。さらに、会社側はそのトラブルに気づくことができ
ず、対応することもできない事態となる。そのような状況が続くと、従業
員の会社への不満が増大し、モチベーションの低下やメンタル不調、退職
などに繋がってしまう。つまり、会社にとってはロスでしかないというこ
とだ。このようなロスを防ぐためにも、現場のリアルをつかむ必要がある。

　現場のリアルをつかむための方法は、さまざまな方法がある。一部を以
下に紹介したい。

1 現場責任者や管理職との連携

　現場のリアルを把握しようとしても、従業員数や拠点数、店舗数が多い
となかなか状況を把握するのは難しいのが現状である。そのため、より現
場に近い管理職や現場責任者を通して、現場の状況を把握することが重要
となる。

　現場が、管理職や現場責任者に意見をあげても、そこで止まってしまっ
ては会社は何も把握することができない。現場の声が適切な担当部署に届

くよう、また会社の発信が現場に行き渡るよう、普段から活用できる双方向の情報共有のルートを確保しておくことが重要となる。

2 こまめなコミュニケーション

　現場とのコミュニケーションは、管理職や現場責任者経由でなくてもとることができる。同僚・後輩などを含めた部署を横断したヨコの繋がりを活用することも有効である。職制のルートでは出てきにくい本音が、ヨコの繋がりを通して見えてくることもある。

　さまざまな方向からのこまめなコミュニケーションを活用することで、より本音に近いものを把握することにつながるといえる。現場内だけでなく、部署や拠点を横断してコミュニケーションがとれる、風通しのよい職場を作る必要があるといえる。

3 Webアンケートの活用

　上記のような直接的なコミュニケーションだけでなく、Webアンケートを利用した本音の抽出も有効である。全社員に対して一斉に意見を聞くことができ、匿名でアンケートを実施することによって、より本音に近い意見を抽出することができる。

　上司や同僚には相談しにくいけれど、匿名で、かつWebで手軽に回答できるならと回答につながることもある。Webでのアンケートは時間や場所を問わず自分のタイミングで回答できるので、忙しくてなかなか時間のとれない人の意見なども抽出できる。

4 内部通報窓口の活用

　内部通報窓口を実効的に活用することも重要である。アンケート同様、匿名の通報であれば意見を言いやすく、通報した場合に内部通報窓口で適切に対応されるのであれば、内部通報でも現場のリアルを抽出することができる。

　ただし、これには内部通報窓口が実効的に運用できていることが前提と

なる。内部通報窓口にマイナスなイメージがついていたり、社内に通報しにくい雰囲気があったりすると、そもそも通報があがらないので、活用することはできない。内部通報があった際に、犯人捜しをするような風潮や、通報したことにより、通報した人が不利益を被るような状況はあってはならない。そのような状況がある場合には、まず会社トップの意識から変えて、普段から内部通報窓口の実効性を高めておくことが求められるだろう。

　いくつかご紹介してきたように、「現場のリアル」をつかむための方法は１つではない。複数の方法の使い分けや組み合わせをすることで活用できるので、社風に合わせて、柔軟にさまざまな方法を試してみるのもよいかもしれない。

　その中で、現場から上がってくる声の中には、会社として耳の痛い意見もあるだろう。会社に対する不満など、マイナスな意見もあるかもしれないが、現場の声はマイナスなものだけではない。在宅勤務を実施した場合には、執筆や資料作成などの１人で集中する業務の効率が上がった、通勤時間がなくなり自分の時間が増えた、通勤しないことにより感染する不安が減ったなど、結果的に在宅勤務が良かったと実感している人もいる。このように、コロナ禍での経験をきっかけに、業務改善や働き方改革につながるプラスの効果もある。現場の声は、今後に活かすための貴重な情報源となるので、敬遠しないことが重要になる。実際の現場で感じた声を、活用しない手はない。

　コロナ禍での生活や働き方の変化に伴い、それぞれが工夫をして働いているはずである。その工夫やアイデアを社内で展開すれば、よりよい職場づくりに活用できるかもしれない。現場からあがった貴重な情報源をもとに、会社としての俯瞰的な視点と現場で見える主観的な視点を組み合わせることにより、新たな気づきを得て、より良い働き方に繋げていくことができる。会社としては、経営の状況、社会の情勢、規程やルールの整備、会社の方針などを踏まえて俯瞰的に考え、変化に伴う知恵や工夫、今後に

向けたアイデア、困ったこと、改善点や要望などの現場の主観的な視点を踏まえて柔軟に考える。

　当社従業員に対して実施をしたアンケート「現場の知恵（トレジャー）マイニング」の内容を少しご紹介したい。

　本アンケートは、コロナ禍における働き方の変化や、それにともない困ったこと・大変だったこと、良かったこと・工夫したこと、今後に向けた提案などを募集した。現場の知恵の例としては、在宅勤務や時差出勤の影響によりチャットやメールでのやりとりが増えたため、やりとりの際に意識的に「ありがとう」を伝えるようにすること、文章でのやりとりの際きつい印象にならないよう柔らかい表現を使うことなど、コロナ禍での業務におけるコミュニケーションに関する工夫があった。さらに、コミュニケーションに関する工夫では、業務上のやりとりの際の工夫だけでなく、「ネット上でこんなニュースがありました」、「こんな百均グッズが便利でした」などのプチ情報を活用したものもあった。

　在宅勤務や時差出勤により顔を合わせる機会が減ったことで、それぞれが工夫してコミュニケーションをとっていたことがうかがえる。また、在宅勤務においては、仕事をしやすいように機材を購入するなど、環境を整えることも有効だったようだ。自宅が仕事をする環境ではないため、苦労した様子もみてとれた。さらに、コロナ禍では日々多くの情報が飛び交うので、情報収集をしつつも、コロナ関連の情報だけに目を向けるのではなく、平時や災害時なども含めて広い視野を持つこと、あえて料理や天気、動物などコロナからは離れた情報を共有するなどの工夫もみられた。

　今後も活用することになるであろうリモートでの会議では、いつもよりリアクションを大きくするというテクニックもあった。このように、簡単にできることも多い。各社では社員個々も、周囲の方々も、それぞれ同様に工夫していることだろう。その工夫を共有すれば、意外と盲点だったものや、こうすればよかったのかというものに気づけるかもしれない。より良い会社、より良い働き方に向けて、現場の知恵を無駄にすることないよう、ぜひ活用していただければと思う。

なお、現場の声を活用するためには、その声をそのままにしないことが重要である。意見を聞くだけ聞いて終わりにしてしまっては、何の意味もない。声を聞いて終わりにするのではなく、課題があるのであれば対応策を策定したり、結果を従業員にフィードバックしたり、会社としての対応を従業員へ伝えていくことがポイントとなる。

4　コンプライアンスのあり方

　最後に、コロナ禍の変化を受けたコンプライアンスのあり方についてまとめたい。コンプライアンス意識の醸成においては、会社としての理念やビジョンを浸透させることが重要となるが、今後、リモート環境での業務の増加など働き方が変化していくと、理念・ビジョンの浸透や従業員との信頼関係の構築が難しくなることが考えられる。

　コロナ禍真っ最中での入社となった2020年4月の新卒社員を例に挙げると、各社で入社式が相次いで中止となり、入社早々いきなり在宅勤務となったケースもある。そのような場合は、どう働いたらよいかわからず、職場にどのような人たちがいるのかや、会社の雰囲気もわからないまま働く状況となる。新入社員に会社としての考え方を伝え、全社的に共通の意識を持ってもらうために、今後、教育がより重要となる。新入社員の教育やサポート体制のあり方も変わっていく必要があるだろう。今回は初めての経験となり、会社も新入社員も手探りであったが、一度経験したことにより見つけた課題や改善策を活かし、次の機会に向けて準備することができる。

　このように、コロナ禍を踏まえ今後を見据えるために、まさに今が、コロナ禍を中間総括して次に備えるべきときだといえる。現在は、「パラダイムシフト」ともいえる状況下にあり、「正しいこと」自体が変化している状況だ。何が正しいか、何をすべきかは、その都度、判断すべきものとなる。コロナ禍における変化も踏まえ、現場のリアルをつかむ方法も、その捉え方も、柔軟に変化していく必要がある。変化に柔軟に対応していく

ためには、組織としての意思決定のスピードも不可欠である。そして、会社だけが何かに取り組むだけでなく、従業員が自ら考え動く「自立・自律的な存在」であることが前提となりつつある。業務効率化や副業・兼業などへの取り組みも踏まえれば、従業員に自立を促す必要もある。その意味では、会社と従業員の関係性にも変化が起きていると認識すべきだろう。従業員には、その従属的な意識からくる「会社に何をしてほしいか」ではなく、会社に対する依存関係を排して「自分に何ができるか」を自分事として考えてもらえるよう伝えるべきだ。

　会社がコロナ禍を乗り越えて、持続的に発展していくためには、全社的なコンプライアンス意識の醸成・浸透、会社理念・ビジョンの浸透、意見を言いやすい雰囲気の醸成など、まずは会社トップが積極的に動かなくてはならない。会社としてやるべきことは、これまでのコンプライアンスと変わらない部分も多くあるが、コロナ禍や働き方改革の動きを踏まえると、リモートでの業務の増加や副業・兼業など、働き方が変化していくことが見込まれる。働き方が変化していく状況の中で、これまでと同じ対応をしているだけでは、会社の意図が伝わりにくくなったり、会社として一体感を持てなくなったりする懸念がある。物理的に距離が離れてしまうからこそ、積極的にコミュニケーションをとることが求められる。そして、今この時期だからこそ、会社の存在意義を改めて明確にすることと、従業員に対する会社からのメッセージを意識的に発信してエンゲージメントを高める工夫をすることが重要だ。

〈参考文献〉
・新型コロナウイルス感染症対策専門家会議「新型コロナウイルス感染症対策の状況分析・提言」（2020年5月4日、2020年5月11日一部訂正）
・帝国データバンク「新型コロナウイルス感染症に対する企業の意識調査（2020年4月）」
・厚生労働省「「新しい生活様式」における熱中症予防行動のポイント」

第2章 労働関係
①労務管理

主任研究員　加倉井真理

■はじめに

　総務省が毎年実施している「通信利用動向調査」において、2019年9月時点でテレワークを「導入している」または「具体的な導入予定がある」と回答した企業は約3割であり、増加傾向にあるものの、まだまだ普及しているとは言い難い状況であった。

　そのような状況の中、コロナ禍により準備が整わないまま半ば強制的に在宅勤務を開始した企業も多かったものと思われる。そこで、本稿は、当社で実施した在宅勤務に関するアンケート結果を紹介するとともに、新しい働き方の1つであるテレワークに注目し、本章では特に労務管理のポイントについて解説していく。自社の対応状況と照らし、未対応事項があれば、可能な限り早期の対応を推奨する。

　まず、冒頭でテレワーク導入のポイントと、労務管理のポイントを掲げるので確認していただきたい。

■テレワーク導入のポイント

□　テレワーク導入の目的を明確にしたか
□　テレワーク導入にあたり、社内のコンセンサスが取れているか
□　対象者の範囲を明確にしたか
□　対象業務を整理したか
□　頻度を決定したか

■テレワークにおける労務管理のポイント

□　就業規則は整備したか

□　雇用契約書（労働条件通知書）は整備したか

□　労働時間制度の見直しを検討したか

□　労働時間管理方法を決定したか

□　客観的な時間管理ツールを整えたか（勤怠管理システム導入、連絡方法の明確化など）

□　テレワーク関連の費用負担区分を決定したか

□　テレワークでの労働環境や健康管理に配慮する方法を検討したか

※人事評価制度の見直しや従来制度の運用方法の変更などを検討し、評価者にはテレワークに適した評価基準や業務管理の考え方、方法の研修を行うことも重要なポイントである。

1　新型コロナウイルス感染症の影響による「在宅勤務（テレワーク）」に関するアンケート結果

　当社が2020年4月24〜26日に、全国の在宅勤務を実施している会社に勤務する1,074人を対象に実施したアンケートの結果を紹介する。

　2020年4月24日時点で、「在宅勤務可能」であった回答者の属する企業の65.8%が、すでに在宅勤務制度を導入しているという結果であった。他方、「正式に制度化されていない」状況で在宅勤務を可能としている企業も34.2%に上っており、新型コロナウイルス感染症の拡大及び、国や自治体の緊急事態宣言などに応じて、制度を整える間もなく在宅勤務に移行した可能性が見受けられた。

　在宅勤務に入ってからの働きやすさを、出勤していた頃と比較した結果は、「変わらない」（全体23.9%）が最も多い回答であった。全体の平均値は−0.81で、「少し働きにくくなった」と解釈できる値を示した。他方、「全て在宅勤務（原則、出社禁止）」と「在宅勤務と出社の両方」の勤務形

図1　在宅制度の有無

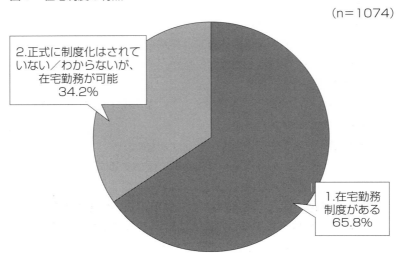

(n=1074)

2.正式に制度化はされていない／わからないが、在宅勤務が可能　34.2%

1.在宅勤務制度がある　65.8%

図2　働きやすさの変化

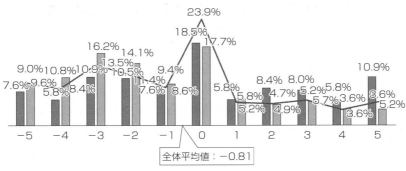

全体平均値：−0.81

■ 全て在宅勤務（n=275）　■ 出社あり（「在宅勤務なし」を除く）（n=555）
── 全体（n=1074）

態がある場合を比較すると、一部出社があるほうが働きにくくなった（−1〜−5）と感じている割合が高いことが示された（「全て在宅」平均値：+0.014、「在宅＋出勤」平均値：−1.112）。

　働きにくい（−1以下）を選択した層について、その理由として「設

備・制度面での障害」、「在宅ができない部署との不公平感、軋轢」「在宅扱いだが実質自宅待機（何もできない）」などが挙げられた。「出社が必要な理由」では、原則的に在宅勤務をしているものの「押印や経費精算」、「当番制」、「出社しなければできない業務がある」ことで、たまに出社しなければならないことに不満を抱えやすいことがうかがえた。

　働きやすさについて「変わらない」と感じている層が多いものの、一方で、「とても働きやすくなった」、「とても働きにくくなった」という極端な回答も見られる。在宅勤務での働きやすさには個人差があるということもまた、在宅勤務、テレワークを考えるうえで無視できない点である。

　コロナ収束後も在宅勤務を継続したほうがよいかという設問には、部分的な継続を含め73.9％が「継続したほうがよい」と回答した。

　図4のとおり、働きにくくなったと答えた層でも、60％以上が在宅勤務を継続したほうがよいと回答しており、自身の働きやすさにかかわらず、多くが在宅勤務の必要性を感じているといえる。一方で、働きにくいと感

図3　コロナ収束後の在宅勤務

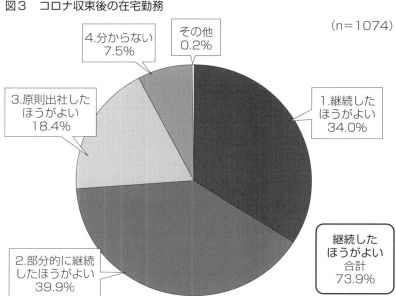

（n＝1074）

4.分からない
7.5％

その他
0.2％

3.原則出社した
ほうがよい
18.4％

1.継続した
ほうがよい
34.0％

2.部分的に継続
したほうがよい
39.9％

継続した
ほうがよい
合計
73.9％

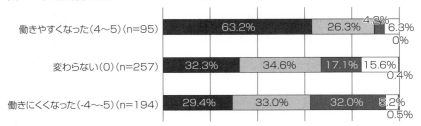

図４　在宅勤務の働きやすさとコロナ収束後の継続

働きやすくなった(4～5)(n=95)
63.2% / 26.3% / 4.2% / 6.3% / 0%

変わらない(0)(n=257)
32.3% / 34.6% / 17.1% / 15.6% / 0.4%

働きにくくなった(-4～-5)(n=194)
29.4% / 33.0% / 32.0% / 5.2% / 0.5%

■1.継続したほうがよい　■2.部分的に継続したほうがよい
■3.原則出社したほうがよい　□4.分からない
■その他

じた層の３割は、原則出社したほうがよいと回答したことも考慮すべき点である。

　今後、在宅勤務の継続や正式な制度化を検討する場合は、この両面の意見を考慮し、在宅勤務を強制するだけでなく、本人の適正や希望も勘案し、企業と従業員の双方win-winとなる落としどころを探りながら、働き方の１つとして柔軟に取り入れることが望ましいと考えられる。

　在宅勤務は、もはやコロナ対策の一過性のものではなく、今後の働き方の１つとして、経営リソースの強化に寄与するものと思われる。

2　テレワークの導入準備

　コロナ禍のテレワークでは、ほとんどが「在宅勤務」であったと思うが、そもそもテレワークとは何かということを確認しておきたい。

　総務省と厚生労働省の連携による「テレワークモデル実証事業」および厚生労働省の「情報通信技術を利用した事業場外勤務（テレワーク）の適切な導入及び実施のためのガイドライン」によると、テレワークとは、情報通信技術（ICT ＝ Information and Communication Technology）を活用した、場所や時間にとらわれない柔軟な働き方のことで、「tele ＝ 離れた所」と「work ＝ 働く」をあわせた造語であり、「離れたところで働く」

という意味を持つ。働く場所に応じて、自宅で仕事を行う在宅勤務、移動中・出張先などの出先で仕事を行うモバイルワーク、自社専用の施設や共同利用のオフィスセンターなどで仕事をするサテライトオフィス勤務の3つの勤務形態があり、テレワークはその総称である。

　感染症予防目的の在宅勤務から、働き方の1つの形態として、テレワークを正式導入する場合には、改めてその効果と目的を見直すことが望ましい。

　テレワークは、近年推奨されている働き方であり、政府の「働き方改革実行計画」9項目の1つとしても挙げられている。その効果は、以下のような利点が挙げられている。

- ●遠隔地に住んでいたり、より柔軟な働き方を求めたりする優秀な人材の採用がしやすくなる
- ●介護や育児のために辞めざるを得ないと考える従業員の離職を防ぐ
- ●改めて業務を見直すことで、業務改革・改善のきっかけになる
- ●紙文書の電子化により、倉庫や保管スペース削減などの費用効果が期待できる
- ●働く場所が複数あることで、非常時での事業継続や早期復旧がしやすくなる
  （具体的には今回のコロナ禍のような感染症対策や、台風や洪水などの自然災害時などにその効果を発揮する）

　なお、2020年8月より有識者により議論されていた「これからのテレワークでの働き方に関する検討会報告書」が公表されたことを受け、2020年度末を目途にテレワークに関する各種ガイドラインの改定が見込まれていることを申し添えておく。

　導入において重要なことは、まず「何のためにテレワークを行うのか」という目的を明確にすることだ。コロナ対策の延長線上で、なんとなく継続し、労使のどちらか、または双方に不利益をもたらすのであれば導入す

る意味がない。働く場所にとらわれず、効率的に時間を使うことや、柔軟な働き方をすることが生産性を向上させ、従業員のワークライフバランスやキャリア形成にも寄与する。それだからこそ、上記に挙げた効果以外にも、改めて自社のテレワーク導入の目的、メリットとデメリットを十分に検証することが重要となるのである。導入推進においては、部門横断の推進チームなどを作って、体制を整えることでより高い効果が期待できる。

　もう1つ重要なことは、経営トップが経営方針、経営戦略としてテレワークを導入するという目的を従業員に示すことだ。会社と従業員の双方にとってメリットのある働き方であることを経営方針と関連づけて説明すると、目的が伝わりやすくなるであろう。

　導入を推進するうえでは、①人事・労務の観点、②ICTの観点、③体制整備、従業員への説明、普及の実施の観点の3つの観点を意識して推進体制やメンバーを決めることが重要である。コロナ禍での在宅勤務は、すでにテレワークのトライアルをしている状況であるので、社員アンケートや各部門への意見聴取などを行うことが望ましい。問題点や良かったこと、各人の工夫などの意見や知恵を集めることは、本格的なテレワークの導入において有用な情報となる。

　そして、テレワークを導入した後は、評価と改善を継続的に行い、企業と従業員の双方にとってより望ましい制度になるように見直しを続けることも重要だ。

　テレワーク導入の全体像が描けたら、次に対象範囲、対象者や対象業務、実施頻度などを具体的に決定する。

　対象者については、希望者全員を対象とすることが理想ではあるが、業務の種類によっては不可能なものもある。また、テレワークは自律的な自己管理が求められる働き方であるため、適さない対象者も考えられる。例えば、新卒入社3年目くらいまでの育成期の社員や、人事考課などの一定の基準で著しく業績や行動に問題があると評価されている社員などは対象から除くことも考えるべきであろう。

　過去にメンタルヘルス不調により休職などをした社員に対しては、一定

の配慮が必要になる。その原因が業務の過度なプレッシャーや過重労働などである場合は、勤務態度が見えないテレワーク下で、業績に対するプレッシャーを過度に感じたり、会社に報告せずに長時間労働をしたりといったことも懸念される。健康面に影響を及ぼさないか、主治医の診断や産業医の判断を仰ぐことも検討したほうがよいだろう。

　対象者の選定は、関係者の理解を得られるように合理的で明確な基準を設け、十分な説明を行うことが重要なポイントとなる。

　なお、派遣社員をテレワークの対象とする場合には、派遣元との契約を確認し、テレワークが可能な契約内容に見直す必要がある。

　今回のコロナ禍で、厚生労働省は「緊急の必要がある場合は、事前に書面による契約の変更を行うことを要するものではない」としており、会社間の合意と派遣社員本人の同意を条件に在宅勤務の実施を推奨していた。しかし、テレワークを制度化する場合には、派遣会社との契約書を変更する必要が生じる。また、派遣社員には、テレワークを本人に直接指示するのではなく、所属の派遣会社を通して、本人の意向を確認し、合意が得られた場合に適用するプロセスを踏むことが必要である。特に自宅を業務の場とする在宅勤務を派遣社員に適用する場合は配慮が必要になるだろう。

　派遣社員だけではなく、契約社員やパート・アルバイト社員などの直接雇用の非正規社員へのテレワークの適用については「同一労働同一賃金」の観点から、正社員との「不合理な待遇差」とならない注意が必要だ。雇用形態を理由とするのではなく、業務内容や責任範囲といった合理的基準を明確にしておくことが肝要である。

　対象とする業務を検討する際には、業務効率化だけではなく、生産性の向上を念頭に置き業務の棚卸と整理を丁寧に行うことが重要であろう。この点においては、目的をテレワークに限定するのではなく、この機会に業務全体を見直すことが経営上望ましい判断になると思われる。

　例えば、属人的になっている業務を共有化、マニュアル化したり、システム化やデジタルツールに代替したり、新たにコアとなる業務に注力し、慣習で続けていた業務を廃止するなど、抜本的な業務改革を行う機会とす

ることが考えられる。この工程を丁寧に行うことで、効率的なテレワークの運用だけでなく、企業の生産性向上に寄与するであろう。

　テレワークの頻度も検討事項の１つである。コロナ対策としては、原則出社禁止とした企業もあるが、"Withコロナ"、"Afterコロナ"では、改めて働き方改革の観点からその効果と必要性に鑑み、実施頻度を見定める必要がある。また、一旦決めた後であっても、柔軟に変更することも必要になるであろう。コロナ禍を契機として、全社員をテレワークとし、事業場の縮小に踏み切った企業もあるが、テレワークに慣れていない企業が性急に極端な判断をすることは慎重になるべきであろう。

　テレワークは、十分な検証期間を設け、自社にとってのプラス面とマイナス面を十分に考察したうえで判断するべきである。人に関して言えば、コロナ禍による在宅勤務実施以後に入社した新卒採用社員や中途採用社員のその後の成長や活躍を観察して検討することも、判断のひとつとなる。

3　テレワークと労働法令・規程整備

　テレワークは、働き方の１つであるので各種労働法令が適用される。テレワークの設計や運用に際して、関連する法令は以下に代表される。

■テレワークに関連する法令

- ●労働基準法
- ●労働契約法
- ●労働安全衛生法
- ●最低賃金法
- ●最低賃金法
- ●労働時間等の設定改善に関する特別措置法
- ●短時間労働者の雇用管理の改善等に関する法律（パートタイム労働法）
- ●労働者派遣事業の適正な運営の確保及び派遣労働者の保護等に関す

る法律（派遣法）　など

　また、就業場所が追加されることで、就業規則や雇用契約書（労働条件通知書）などの規程類や書面を変更する必要がある。就業規則を定めている事業場では、現従業員の変更事項は就業規則の変更により包括して対応できるため、原則として雇用契約書（労働条件通知書）を遡って修正する必要はない。一方、新規雇用者には変更後の雇用契約書（労働条件通知書）を用いる。労働時間に関しては、次項で述べるが、所定労働時間や労働時間制度の変更、休憩の取り方などを変更する場合にも、同様に就業規則・雇用（労働）契約の変更が必要になる。就業規則の変更に際しては、過半数労働者代表（過半数労働組合の代表者）の意見書を添えて、労働基準監督署に届け出ることも必須事項である。

　テレワーク時に留意すべき労働基準法上の事項を整理すると、次のとおりである。

■労働基準法上の留意事項

- 労働条件の明示：就業場所として従業員の自宅やその他就業する場所を明示する
- 労働時間の把握：始業・終業時刻を確認し、記録する
- 業績評価・人事管理などの取扱い：会社に出社する従業員と異なる制度を用いる場合は、内容の説明と就業規則の変更手続が必要
- 通信費・情報通信機器・光熱費などの費用負担：従業員に費用負担をさせる場合には就業規則の規定が必要
- 社内教育の取扱い：在宅勤務などを行う労働者に社内教育や研修制度に関する定めをする場合は就業規則の規定が必要

　テレワークは新たに規定する項目も多いため、就業規則とは別に「テレワーク規程・在宅勤務規程」などを作成することが望ましいと考えられる。別途規程を作成する場合は、就業規則本体には、テレワークや在宅勤

務規程を定める項目を追加する。

　テレワークの就業規則は「厚生労働省のテレワークモデル就業規則作成の手引き」が参考になる。図表3-2に条文を記したが、厚労省の手引きに

図表3-1　「テレワーク規程」「在宅勤務規程」を別に定める場合の「就業規則」
　　　　　の規定例

（テレワーク）
第〇条　会社は、従業員のライフステージに応じた柔軟な働き方の実現と生産性の向上を目的に、在宅勤務、サテライトオフィス勤務、モバイル勤務等を認める場合がある。詳細については、「テレワーク規程」に定める。
（在宅勤務）
第〇条　会社は、社員の育児、介護、けが、治療等のライフイベントと仕事の両立、または、ワークライフバランス向上を支援することを目的として、在宅勤務を認める場合がある。
詳細については、「在宅勤務規程」に定める。

図表3-2　参考：厚生労働省　モデル在宅勤務規程条文

第1条　在宅勤務制度の目的	第11条　業務報告
第2条　在宅勤務の定義	第12条　在宅勤務時の連絡体制
第3条　在宅勤務の対象者	
第4条　在宅勤務時の服務規律	第13条　給与
第5条　在宅勤務時の労働時間	第14条　費用の負担
第6条　休憩時間	第15条　情報通信機器・ソフトウェア等の貸与等
第7条　所定休日	
第8条　時間外及び休日労働等	第16条　教育訓練
第9条　欠勤等	第17条　災害補償
第10条　業務の開始および終了の報告	第18条　安全衛生

は各項目の詳細説明および巻末には雛形の添付がある。なお、本書の巻末にも同資料を掲載している（資料4）ので参照されたい。

1 テレワークの労働時間管理

テレワークは、事業場での通常勤務と同様に、通常の労働時間制（原

図表3-3

労働条件通知書

＿＿＿＿＿＿＿＿＿＿　殿	年　　　月　　　日 　　　　　　　　事業場名称·所在地 　　　　　　　　使 用 者 職 氏 名

契約期間	期間の定めなし、期間の定めあり（　　年　　　月　　　日～　　年　　　月　　　日） ※以下は、「契約期間」について「期間の定めあり」とした場合に記入 1　契約の更新の有無 　　［自動的に更新する・更新する場合があり得る・契約の更新はしない 　　　・その他（　　　　）］ 2　契約の更新は次により判断する 　　（・契約期間満了時の業務量　　　・勤務成績、態度　　　　　　・能力 　　　・会社の経営状況　　　・従事している業務の進捗状況 　　　・その他（　　　　　　　　　　　　　　　　　　　　　　）　） ‐‐ 【有期雇用特別措置法による特例の対象者の場合】 無期転換申込権が発生しない期間：　Ⅰ（高度専門）・Ⅱ（定年後の高齢者） Ⅰ　特定有期業務の開始から完了までの期間（　　　年　　か月（上限10年）） Ⅱ　定年後引き続いて雇用されている期間
就業の場所	本社（東京都XX区XXX１－２－３　○○ビルX階）もしくは、 自宅、その他会社指定の場所

図表3-4　就業規則記載例

第●条　社員が労働時間の全部又は一部について事業場外で業務を行った場合において、労働時間を算定することが困難な場合は、第●条の所定労働時間働いたものとみなす。

2　テレワーク勤務者についての前項の規定は、随時業務の指示命令を行う業務等でない場合に適用する。必要な事項については別に定めるテレワーク（在宅勤務）規程による。

則）、みなし労働時間制、変形労働制のいずれの労働時間制も適用できる。

　労働時間制の特徴については、図表3-5に示すとおりであるが、テレワークの導入に伴い、みなし労働時間制を採用する場合には要件に注意が必要である。テレワークは事業場外での労働であることから、「事業場外みなし労働制」が誤った解釈で用いられることがある。適用には要件が定められていることを改めて確認する。厚生労働省「情報通信技術を利用した事業場外勤務の適切な導入及び実施のためのガイドライン」に定められたテレワークでの事業場外みなし労働時間制の適用要件は以下の②、③であり、在宅勤務の場合は①が追加される。

■事業場外みなし労働制適用要件

① 当該業務が、起居寝食等私生活を営む自宅で行われること
② 当該情報通信機器が、使用者の指示により常時通信可能な状態におくこととされていないこと
③ 当該業務が、随時使用者の具体的な指示に基づいて行われていないこと

　在宅勤務のような事業場外の労働であっても、業務の遂行手段や時間管理に関して、上司から具体的な指示が行われる場合には、事業場外みなし労働制は適用できない。

　労働時間管理の方法としては、厚生労働省「労働時間の適正な把握のために使用者が講ずべき措置に関するガイドライン」に従い、以下の①または②のいずれかの方法で、始業と終業の時刻を記録することが求められている。

① 使用者が自ら現認することにより確認し、適正に記録すること
② タイムカード、ICカード、パソコンの使用時間の記録などの客観的な記録を基礎として確認し、適正に記録すること

　例えば育児や介護などで、一時的に業務を離れるなど、業務を中断する場合には、業務から離れた時間の記録に対応する運用ルールもあらかじめ

決めておく必要がある。

　勤怠の管理ツールとしては、以下の例が考えられるが、厚生労働省は客観的時間管理を推奨していることから、客観的に実態を把握できるような方法、例えば、管理システムを導入したり、PCのアクセスログや、出社する場合には入退館時刻の記録を取ることが望ましい。また、始業・終業時刻管理はシステムを利用し、業務内容の管理はｅメールなどの通信ツールで行うという併用も有効な方法と考えられる。

- ●ｅメール
- ●電話
- ●勤怠管理ツール（始業・終業時刻などを管理することができるシステム
- ●業務中に常時通信可能な状態にする

　なお、労働基準法上の管理監督者に該当する管理職やみなし労働時間制適用者には、労働時間管理が必要ないという誤解が見受けられる。

　これらの対象者は、労働基準法上の労働時間に係る規定からは除外されているが、労働安全衛生法上の健康管理の観点から労働時間の把握が義務づけられており、労働時間の適正な把握のために使用者が講ずべき措置に関するガイドラインでも適切な労働時間管理を行う責務があるとされている。一般従業員と同様に、管理職やみなし労働時間制適用者においても、始業・終業時刻の記録は残すべきであり、健康管理上の労働時間管理を行う必要がある。

図表3-5　労働時間制の特徴

労働時間制			時間管理
通常の労働時間制		1日8時間、1週40時間（注）の法定労働時間以内の所定労働時間とするもの	必要
みなし労働時間制	事業場外みなし労働制	事業場外で労働に従事し労働時間の算定が困難な場合には、所定労働時間を労働したものとみなす、あるいは、当該業務を遂行するために、通常所定労働時間を超えて労働することが必要となる場合にはその通常必要となる時間（労使協定が締結されている場合は当該協定書で定める時間）を労働したものとみなす制度	深夜労働・休日労働の把握、健康確保のために必要
	専門業務型裁量労働制	法定の19業務の専門業務に従事する労働者について、業務遂行手段及び時間配分の決定に関し具体的指示が行われない場合は、労使協定で定めた時間を労働したものとみなす制度	
	企画業務型裁量労働制	企業の事業運営に関し企画、立案、調査、分析を行う労働者について、業務遂行手段及び時間配分の決定などに関し具体的指示が行われない場合は、労使の委員会で定めた時間を労働したものとみなす制度	
変形労働時間制	1か月単位の変形労働時間制	1か月以内の期間を平均して1週当たりの労働時間が法定労働時間（注）を超えないことを条件として、特定の日や週について法定労働時間を超えて労働させることができる制度	必要
	1年単位の変形労働時間制	1か月を超え1年以内の期間を平均して1週当たりの労働時間が40時間を超えないことを条件として、特定の日や週について法定労働時間を超えて労働させることができる制度	
	フレックスタイム制	1か月以内の一定期間（清算期間）を平均して1週当たりの労働時間が法定労働時間（注）を超えない範囲で総労働時間を定め、その総労働時間を超えないことを条件として、各労働日の労働時間を労働者が決定する制度	
	1週単位の非定型的変形労働時間制	規模30人未満の小売業、旅館、料理・飲食店の事業において、1週当たりの労働時間が40時間を超えないことを条件として、1週間単位で毎日の労働時間を弾力的に定めることができる制度	

（注）特例措置対象事業場は44時間となる。
出所：厚生労働省「テレワークモデル就業規則〜作成の手引き〜」

2 テレワークの業務管理

　テレワークでは、上司、部下がお互いの姿が見えないため、業務管理や人事評価において、通常勤務と同様の対応をしようとすると、無理が生じたり、お互いの誤解や不信感を招いたりするリスクが考えられる。当社のアンケートでも在宅勤務において管理職が、部下の業務管理に不安を感じていることや、部下が人事評価に不安を感じていることが示された。

　テレワークの業務管理では、「見える化」がポイントとなる。あらかじめ、目標や達成基準をすり合わせ「いつまでに、何を、どれくらいやるか」ということを明確にしておくことが肝要である。また、お互いの様子が見えない状況では、意識の離齬や、思うように業務が進まないことも考えられるので、目標や達成基準の柔軟な見直しも必要になるであろう。上司は、部下の役割や業務内容が、そのスキル・経験などに見合っているかも、これまで以上によく監査し、配慮をする必要がある。

　状況によっては、運用の対応では足りず、会社全体で人事評価制度を抜本的に見直す必要が生じることもあろう。

　テレワーク下での目標設定と達成度を見える化するための１つの考え方として、ここでは「SMART」を紹介する。

図表3-6　【役員・管理職】在宅中の不安

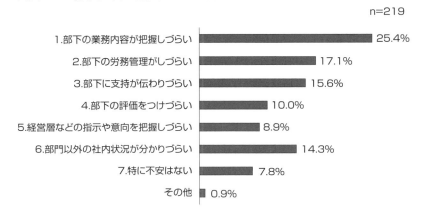

n=219

■目標設定における「SMART」の視点

- ●Specific（具体的）：誰が読んでもわかる、明確な言葉で示すこと
- ●Measurable（測定可能）：達成度合いが判断しやすいよう定量化されていること
- ●Achievable（達成可能）：本人のスキル、役割、経験に合った達成可能な内容
- ●Relevant（経営目標に関連）：会社目標、部門目標に沿って、本人目標に落とし込まれていること
- ●Time-bound（期限）：いつまでに達成するか、期限が設定されていること

　上司、部下ともに、こういった視点を意識し、目標と達成した姿を、あらかじめすり合わせておくことが、テレワーク下では特に有効になるだろう。

　管理職は、「行動の監視」ではなく「業務の管理」を意識し、業務が順調に進捗しているかに焦点を当てて部下の指導に当たることが肝となる。部下は、上司に成果が伝わりやすいように「見せ方」を工夫することや、迷ったら早めに相談や指示を仰ぐなどの姿勢が大切である。

　1人で業務を行う在宅勤務では、ちょっとした相談や雑談ができないなど、業務に行き詰まりやすくなる。いつもより意識的に気分転換を取り入れることも体調管理やメンタルヘルス対策の一助となる。

　上司は、部下がちょっと散歩に行く、ストレッチをするなどの小休憩をとることを認めるなど、「何が何でもパソコンの前にいる」ということにこだわらない余裕を持つ必要があるだろう。部下の様子が見えないことから、業務遂行や勤務態度に不安を覚えるという声も聞かれるが、上司の役割は業務の遂行をマネジメントすることであり、行動の監視は本来の目的ではないはずだ。

　また、相手の様子が見えないテレワークでは、いつもより個人の特性を考慮する必要がある。例えば、上司がすべての部下に同じように業務の進

拶や体調を尋ねる連絡をしても、「よく気にかけてくれてありがたい」と思う部下もいれば、「監視されているようで落ち着かない、信用されていないと感じてモチベーションが下がる」という部下もいる。個別の事情や個人の特性を考慮し、いつもより余裕を持ったスケジューリングやコミュニケーションを心掛けたい。テレワークでは、いつも以上に許容範囲を広げることも肝要である。

この機会に業務管理に必要なスケジュール管理ツールや、ワークフローをうまく取り入れることも有効な方法である。また、時間管理と業務管理を兼ねる簡便な方法の一例としては、メールの活用が挙げられる。時間管理に関しては、先に述べたように客観的に勤怠を管理するシステム利用が望ましいが、勤怠管理システムでは業務管理の情報としては十分とはいえないものもある。手軽な方法として、メールなどをうまく併用し、業務開始時にその日の業務内容と達成目標を、終了時にはその進捗や成果などの結果を報告するなどが考えられる。例えば、上司は部下との事前すり合わせで、「この業務は6割までできたところで、一度見せて」などと指示し、毎日の業務報告を確認することで、進捗の遅れや成果物イメージの乖離に気がつきやすく、フォローがしやすくなる。部下は、上司が業務内容の確認や、評価の判断がしやすいように報告の仕方を工夫する。フォーマットが自由であるメールの特性をうまく使って、業務の中断や休憩時間を報告することでシステムでは拾いきれない時間を残すことができる。

さらに、業務上の悩みや、時には雑談なども入れて、気軽なコミュニケーションを取れるようにするとよいだろう。

3　テレワークの費用負担

テレワークの費用負担について、あらかじめ決めておくことも労使双方にとって重要な事項である。

テレワーク、特に自宅で勤務する場合は、これまで発生していなかった費用が新たに発生する。業務関連分と個人使用分の識別が難しい費用や、現実的に区分できない費用もあるため、自宅で発生する費用のすべてを会

社が負担する必要はないが、あらかじめ労使で十分検討し、費用負担の区分を取り決めて、労使協定を結んだり、就業規則を改定したりする必要がある。費用の具体的な例としては、以下のようなものが挙げられる。

■テレワークにかかる費用例

- 情報通信機器の費用 →PC本体や周辺機器、スマートフォンなど
- 通信回線費用 →無線LANなどの通信など、自宅内のブロードバンド回線工事費用、基本料金、回線使用料など
- 文具、備品、宅配便などの費用
- 水道光熱費

会社が費用を負担する場合は、基本的に、実費を負担する方法と定額の手当として支給する方法がある。実費が算出できない費用については、テレワーク準備金のような名目である程度のまとまった額を一時金で支払う方法や、必要な費用を概算して毎月一定の額を支払う方法がある。

また、通勤定期代に代えて、在宅勤務手当を支給する会社もあるようだ。毎月定額の手当を支払う場合には、その手当分が割増賃金の計算の基礎に入ることを考慮しなければならない。特に、固定残業代を含んだ給与設計をしている場合は、時間単価の増加により、当初設定している時間に不足が出ることになるので、注意が必要だ。

■算出方法の例

総支給月額　250,000円の内訳（年間の月平均所定労働時間が160時間の場合）
① 基本給　200,000円、② **在宅勤務手当　20,000円、**
③ 営業手当　15,000円、④ 家族手当　10,000円、
⑤ **通信手当　5,000円**

【正しい計算】
①②③⑤（240,000円）が割増賃金の基礎
240,000円÷160時間＝1,500円（時間単価）
割増賃金は、1,500円×1.25＝1,875円
【誤った計算】
在宅勤務手当と通信手当の算入漏れがあると…
215,000円（①③）÷160時間＝1,343.75円
割増賃金は、1,375.75円×1.25＝1,680円

■誤った計算方法で算出すると…
1,875円－1,680円＝195円（差額）
195円（差額）×40H（月の残業時間）×36カ月（3年）
＝280,800円（未払い割増賃金）
＊仮に、従業員100名に対して、誤って算出した額を支給していた場合、
　3年間で28,080,000円の不足（従業員の請求可能額）が発生する。

4　テレワークの労働災害

　テレワークにおいても、労働者災害補償保険は適用される。労災認定は、「業務遂行性」と「業務起因性」の２つに当てはまることが要件となる。

　業務遂行性とは、業務を行っている際に発生したことという意味合いで、会社にいる間だけではなく、テレワーク中や出張中、外出先への移動中なども含まれる。一方の業務起因性は、その業務を行っていれば、災害の発生の可能性があるだろうと認められる内容をいう。

　労災は、事案ごとに個別に判断されるが、ここでは労災認定された一例を紹介する。

　過去の事例では、自宅で業務をしている最中にトイレに行き、戻ってきたときに椅子に座り損ねて転んでケガをした。という事案が労災認定されている。

　トイレに行くことや、飲み物を飲むなどは、業務に付随する行為とされており、業務遂行性と業務起因性の想定の範囲内と判断された。

他方、例えば自宅で休憩時間中に昼食を作っているときにやけどをした、洗濯物を取り込む際に転んでケガをした。といったケースは、業務遂行性・業務起因性の両方に当てはまらない「私的行為」であるため、労災には当たらないと考えられる。

また、労災申請の実務の観点からは、労災の可能性がある場合は、そのことを病院に伝え、健康保険を使用しないことなどの対応をとるように社員に伝えておくほうがよいだろう。

5 テレワークの健康管理

テレワークにおいても、労働安全衛生法令に沿って作業環境を整えるとともに、健康管理対策を行わなければならない。特に、社員の自宅が労働の場となる在宅勤務では、長時間労働にならないよう指導したり、体調管理やメンタルヘルスについて配慮したりすることが必要である。

また、VDT作業（ディスプレイ、キーボードなどにより構成されるVDT（Visual Display Terminals）機器を使用して、データの入力・検索・照合など、文章・画像などの作成・編集・修正など、プログラミング、監視などを行う作業）を支障なく行うために、部屋の明るさや温度、湿度などの調整といった作業環境を適切に保つことを従業員に周知し、必要な助言を行うことが望まれる。

6 テレワーク導入研修

コロナ禍ですでに在宅勤務を行っていた場合にも、テレワークの正式導入に当たっては、改めて教育や研修を実施することが望ましい。

主な研修項目の例としては、テレワークの概要、目的、効果、導入の流れ、社内規程、手続、勤怠管理、業務管理、指導や育成の方法、人事評価、システム使用方法、セキュリティー・情報取り扱いの注意、トラブル時の対応などが挙げられる。従業員の不安を軽減し、テレワークの効果を上げるためにもぜひ実施をしていただきたい。

4　コロナ関連・テレワーク関連のハラスメント

　最後にコロナ関連や、テレワークに関連するハラスメントに触れておきたい。

　ハラスメントとは、要するにいじめや嫌がらせであり、相手を不快にさせたり、尊厳を傷つけたり、不利益や脅威を与える行為のことである。

　ここでは、労災や裁判などでハラスメントと認定されるか否かという観点ではなく、ハラスメントと受け取られる可能性がある言動、職場のコミュニケーションとして配慮すべきことの観点で考えていく。

　まず、コロナ関連で、ハラスメントと相手に受け取られる可能性がある例をいくつか挙げる。

- 新型コロナウイルスに罹患している、という噂を流す
- 鼻をすすっただけ、むせただけで「お前コロナだろ！　来るな、とっとと帰れ！」などと言う
- 少しマスクを外しただけで大げさに嫌な顔をしたり、渡されたものを目の前で除菌したりする
- 医療関係者の家族であることを理由に、退職や休むことを強要する
- マスクや感染予防対策をせず、話しかける、近くで話す

　嫌がらせ目的で感染の噂を流すことや、感染や濃厚接触と関係がないにもかかわらず、退職や休むことを強要することなどは、「精神的な攻撃」や「個の侵害」などのパワーハラスメントに該当する可能性がある。

　最後に挙げた「マスクや感染予防対策をせず、話しかける、近くで話す」は、リスクや不安の感度の個人差を示す例である。敏感な人が、リスク感度の低い人の行為をハラスメントと感じてしまうことがある。こうした行為自体をハラスメントと判断できるかというと、該当しない可能性が高いが、平常時よりも、マナーやデリカシーに気を遣う必要があると考えたほうがよいであろう。

次に、テレワークやリモートワークにおける、パワーハラスメントやセクシュアルハラスメントが疑われる例を挙げる。

- 過剰な行動管理：1日に何度も電話やチャットツールなどで連絡する、監視ツールなどで常に在席状況を観察し、1度でも返信がなかったり、ちょっとPCの前を離れたりするだけで、叱責する、さぼっていると決めつけるなど
  - ➡業務や指導の範囲を超えるほどの監視や強要で就業環境を著しく害すること、人格否定の叱責などはパワーハラスメントに該当する可能性がある。
- 勤怠に残業時間を記録することを認めない（仕事は指示し、残業代をつけさせない）
  - ➡業務を指示しているにもかかわらず、残業時間を記録することを認めない行為は、労働基準法の割増賃金の支払い義務に抵触し、かつ、パワーハラスメントの可能性もある。
    なお、残業はせず、積み残し業務は翌日以降に対応するように指示することは、業務指示の範囲と考えられる。
- リモート飲み会への参加を強制する
  - ➡業務時間外の私的な行動への参加を強要することは「精神的な攻撃」や「個の侵害」などのパワーハラスメントが疑われる可能性がある。参加は自由とする、終了時刻をあらかじめ決めて延長しない、などの配慮が必要となる。
- Web会議などで服装や部屋を見せるように要求する、パートナーを紹介するように要求する
  - ➡このような行為は、セクシュアルハラスメントやパワーハラスメントの「個の侵害」に該当する可能性がある。

　管理職は部下の姿が見えない状況下での業務内容の把握や労務管理を不安に思うあまり、連絡頻度が増えてしまうことがあるかもしれない。また、適正と感じる頻度には個人差がある。管理職の行為が、部下からハラ

スメントと受け取られたり、信頼関係に傷をつけたりしないためにも、部下の役割と業務内容が見合っているか、業務の進捗管理の仕方や、適正と思う連絡頻度などをあらかじめすり合わせ、不具合が生じたら、修正するという柔軟な対応が必要だろう。

　また、リモート会議では、私服や部屋の様子が見えたり、家族やペットが映ったりなどのハプニングもある。プライベートが垣間見えることで、はからずも個人の領域に踏み込んでしまうことも考えられる。相手のプライベートに触れるときは、自身の発言が相手を気遣う言葉なのか、それとも自分の好奇心や欲求を満たす言葉なのかをよく考えてから発言することを心掛けたい。

　最後に、リモート会議のコミュニケーションについて少し触れておきたい。リモート会議では、アイスブレイクとして、体調やストレス、心配事がないかを聞いたり、在宅勤務ならではの工夫を共有したりすることで、場が和み、会議がスムーズになることもある。

　また、うなずくなどのアクションをいつもより大きくする、発言する前に名前を言うなどの配慮をするとスムーズに進みやすい。

　テレワーク・在宅勤務のコミュニケーションでは、いつも以上に、相手を気遣ったり、ポジティブな共有をしたりすることが重要である。

〈参考資料〉
　（当社Webサイト）
・「新型コロナウイルスの影響による在宅勤務（テレワーク）実態調査（2020年）」
・【緊急レポート】テレワーク導入の簡易ガイド 〜テレワークの推進を前向きに、注意して何とか乗り越えよう〜
・【緊急レポート】コロナ禍におけるコミュニケーション（2020.5）
　（その他）
・厚生労働省「テレワークで始める働き方改革〜テレワークの導入・運用ガイドブック」
・厚生労働省「テレワーク導入のための労務管理等Q＆A集」

・厚生労働省「テレワークモデル就業規則〜作成の手引き〜」
・厚生労働省「テレワーク総合ポータルサイト」
・テレワーク相談センター「テレワークの効果に関する資料」
・厚生労働省「新型コロナウイルスに関するQ&A（企業の方向け）」
・厚生労働省「労働時間の適正な把握のために使用者が講ずべき措置に関する
ガイドライン」
・厚生労働省「情報通信技術を利用した事業場外勤務の適切な導入及び実施の
ためのガイドライン」
・総務省「通信利用動向調査」

第2章 労務管理
②労使トラブルの防止

上級研究員　吉倉ひろみ

1　労務系のトラブルはなぜ起きる？

　雇用契約や勤務時間に関するトラブル、ハラスメント、問題社員化した人による過剰な会社批判など、労務系トラブルの背後には、「不安」と「不満」が渦巻いていることが多い。はじめは小さな「おかしいな？」、「何か違う気がする…」だった火種に対し、一方的に否定したり、まともに取り合わなかったりすれば、火に油を注いでしまう。適切な対応をしないことにより、不安と不満が爆発してトラブルが大きくなり、解決までに時間も労力も、場合によっては多額の解決費用もかかってくるものだ。

　どんな職場にも、不安や不満はある。それらへの対応として、最もやってはいけないのは「放置」と「隠ぺい」だ。

　「注意すべきことを、注意しない」、「要望を受けても、取り合わない」、「感謝、気遣いや思いやりがない」、「相手に全く興味を示さない」など、「何もしない」、「何も変えない」を延々と続けていると、伝えたいことがある労働者はエスカレートする。すなわち、もっと大きい声で訴えよう、もっと取り合ってもらえそうなところ（労働局や外部の労働組合、マスコミなど）へ相談しようとなり、収束が遠のいていく。

　そして、不都合なことが発生していることがわかっても、「なかったことにする」、「隠す、嘘をつく」、「脅して黙らせる」などは、明らかにコンプライアンス上で問題のある行為だ。こういった行為をし続ければ、職場ではストレスが溜まっていき、良心の呵責に耐えられなくなった人が内部

告発に踏み切ったり、「こんなひどい状態がまかり通るなら、これも許されるはずだ」と、モラルが低下し、次々と不正や手抜きが横行したりすることとなる。

「すべきことをしないこと」と「すべきでないことをすること」が掛け合わされれば、トラブルはどんどん大きくなる。

コロナ禍における労使間のトラブルも同様だ。小さな「不安」と「不満」に、いかに早めに気づき、適切に対処するかが、大きなトラブルへ発展させないための重要なポイントとなる。

2 コロナ禍で起こり得るトラブル

一般的に、労使間のトラブルが深刻化するのは、健康と生活（特にお金）に支障が出るときであることは、想像に難くない。「マズローの欲求5段階説」にもあるとおり、「食べたい、眠りたい」のような生理的欲求、「危険を回避したい」、「安心して暮らしたい」といった安全欲求は低次の欲求であり、これらが満たされることなく、より高次の社会的欲求や尊厳欲求、自己実現欲求などは考えられないだろう。

健康を害した、または害しそうになったことや、生活に必要な収入が得られない、または大きく減ることなど、これらは健康と生活（お金）に直結し、それはつまり命にかかわる、低次の欲求が満たされない状態だ。足元の生活が脅かされれば、日頃はいくら職場の人間関係が良好であっても、また仕事へのやりがいを感じていても、それだけで満足はできない。生理的欲求、安全欲求を満たすことも覚束ない状態で、会社側が不適切な対応をとれば、そこで働く人たちは身の危険を感じ、爆発するのだ。

新型コロナウイルスは、感染すれば自分自身やその家族などに死の危険が及ぶ可能性もある。さらに経済や雇用への影響も深刻で、解雇されたり収入を得られなくなったりという不安にも直結している。まさに深刻化しがちなトラブルが起きやすいシチュエーションといえる。

ここで、コロナ禍における主な「不安」や「不満」の要素、そしてそこ

から発展し得るトラブルについて見ておこう。

　まず「自分が感染する不安」、「自分が周囲を感染させてしまう不安」に対し、会社が無頓着であれば、「会社は従業員の安全を守ってくれない！」と、会社に対する不満がわき上がる。業務のボイコットや、激しい会社批判、さらにそれをSNSなどで発信することにより、風評の悪化が考えられる。

　そして感染すれば、自身も周囲の人も働けなくなり、顧客などにも迷惑をかけることになることから、「感染したことを責められるのではないか？」という不安が生じ、それを放置しておけば、「やっぱり会社は感染者を悪者扱いするのだろう！」と怒りに転じる。実際に会社がどういう態度を示すか、それは感染してからでないとわからないのだが、「悪者扱いするに決まっている」と思い込み、根拠もなく会社に対する憎悪の念をぶつけてくることも考えられる。

　新型コロナウイルスの影響で、会社の経営状態に不安が生じれば、それは「雇用は守られるのか？」、「給与、ボーナスはどうなるのか？」という不安につながり、さらに「今月の家賃を払えるか」、「家族の生活を守れるか」、「子どもの学費は大丈夫か」といった生活の不安を連鎖的に呼び起こす。

　そこで会社が安易に賃金の減額や手当のカットなどを通知し、まともな説明もしなければどうなるであろう。「会社は自分たちを見捨てるのか！」、「危険手当を出している会社もあるのに！」などと、不満が噴出するだろう。未払いの残業代などがあろうものなら、会社へは1円でも多く請求しようと考える人も出るかもしれない。会社としては、まさに「それどころではない」状況であろうが、会社と従業員の間の信頼関係が崩れると、こういうことが発生するものだ。

　雇用や賃金の不安がない人でも、仕事への不満や不安を抱くこともある。在宅勤務ができる仕事でありながら、「過去に例がないから」、「非正規雇用だから」など、慣行や立場上の理由で在宅勤務をさせてもらえない人がいる。「巣ごもり」の時期には通勤での感染も警戒されており、周囲

がみな在宅勤務している中、出勤せざるを得なかった人は「自分だけが損な役回りだ」と不満を感じてしまいがちだ。職場の仲間とも心理的な溝ができ、会社に対する満足度も下がる。

　一方で、在宅勤務をした人の中には、急に仕事が減ってしまった人もいただろう。「仕事が減ったこと」を、"ラッキー！"と捉える人もいる。しかしそういう人ばかりではない。医療従事者や小売店などで働いている人々がエッセンシャル・ワーカーと呼ばれ、感謝の対象となっていたことと自身を比較し、「自分はエッセンシャルではない」、「自分は社会の役に立っていないのではないか」と思い詰めてしまい、メンタル不調に発展してしまう人もいるのだ。また「自分はこのままでよいのだろうか」という不安は、「今の仕事を続けていてよいのか」という不安に発展し、転職活動を始めてしまう人もいたようだ。会社としては、思わぬところで人員不足が発生するリスクがあるということは認識すべきだろう。

　コロナ禍における「不安」と「不満」は、いずれ到来するアフターコロナの時期に会社を失速させる原因ともなりかねない。会社が危機的状況にある中、社内のもめごとの対処に追われている場合ではないのだ。だからこそ、コンプライアンスを遵守すること、そして十分なコミュニケーションをとり、不安や不満を増幅させないことを考えていくべきだろう。

3　こんなとき、賃金はどうなる？

　不安と不満への対処、そして労務コンプライアンスの重要ポイントとして押さえておくべきは、賃金の取り扱いだ。賃金は、「ノーワーク・ノーペイの原則」に基づいて規定されていることが多いが、従業員が働けない理由は様々であり、その理由によっては、会社が休業手当を支払う必要もあり、他の給付を受けられる場合はその手続をする必要もある。

　鍵となるのは、「労務の提供の可否」と「休んだ理由」と、その「判断者」だ。ケース別にみてみよう。なお、以下のケースでは会社がノーワーク・ノーペイの原則に則った就業規則（賃金規程など）を定めていること

を前提とする。就業規則で特別な定めがある場合は、そちらが優先されることを申し添える。

ケース1　従業員が感染した場合

　Aさんは、友人と会食をしました。

　数日後、その友人が、新型コロナウイルスに感染していることが判明し、Aさんは濃厚接触者として検査を受けました。

　結果は「陽性」。その後、Aさんも発熱・入院し、しばらく会社を休むことになりました。

●労務の提供：できない

●休んだ理由：私傷病

●判断者：Aさん本人

【解説】

　このケースでは、Aさん自身がウイルスに感染し、症状も出ていることから、休んだのはAさんの傷病が理由となる。労務を提供しようにもできないわけで、Aさん自身が休むと判断したといえる。

　この場合、会社には責任がなく、ノーワーク・ノーペイの原則に基づき、賃金は不支給とすることができる。その代わりに、本人自身の私傷病であることから、健康保険による傷病手当金の受給資格が生じるであろう。事業主の証明と入院した医療機関の意見書を添え、申請を促すこととなる。

　なお、傷病手当金が受給できるのは、医師が労務不能と認めた日から3日を経過した日以降となることから、初めの3日間については受給できない。その間、有給休暇の残日数があるならば、有給休暇の取得も考えられるだろう。Aさん本人が希望するならば、就業規則に定められた有給休暇の申請手順に基づき取得させ、会社が有給休暇中の賃金を満額支払うこととなる。有給休暇の残日数が豊富にあり、Aさんが3日以上の有給休暇を希望する場合は、会社が取得日数分の有給休暇中の賃金を支払い、残りの期間を健康保険の傷病手当金でまかなうこととなる。会社からの有給休暇

中の賃金と健康保険の給付を二重に受けることはできないため、誤解がないように説明したい。

　なお、本ケースでAさんは発熱などの症状が出て労務不能となっているが、仮に無症状であればどうだろうか。保健所からAさんに、外出しないよう指導があるはずだ。もしAさんが在宅勤務をしているならば、休んでいないということであるから、会社は当然、賃金を支払うこととなる。在宅勤務ができないならば、無症状でも休まざるを得ない。この場合は、感染していること（＝私傷病であること）は検査で明らかになっており、健康保険の傷病手当金の受給対象とはなり得る。有給休暇の取得も、同様に考えられる。

ケース2　従業員が発熱したが、検査も受診もできない場合

　Bさんは、急な発熱で会社を休みました。

　4日を経過しても熱が続いたため、帰国者・接触者相談センターに相談したものの、その日に体調が悪化し、医療機関を受診できませんでした。

　しかしその翌日から熱が下がり、体調がすっかり回復したので、職場に復帰しました。

　結局、一度も医療機関を受診しておらず、医師による労務不能の意見書を受けられません。

　●労務の提供：できない
　●休んだ理由：私傷病
　●判断者：Bさん本人

【解説】

　ケース1と似ているが、違いは「一度も医療機関を受診できていない」ことである。通常、健康保険の傷病手当金の受給申請には、療養担当者（医師など）の意見書が必要だ。医療機関を受診していなければ意見書を添付できず、受給資格がないものと考えてしまいがちであろう。

　しかし、令和2年3月6日に厚生労働省保険局保険課から全国健康保険協会に出された「新型コロナウイルス感染症に係る傷病手当金の支給につ

いて」の別紙Q&Aでは、このようなケースにおいて、「医療機関への受診を行うことができず、医師の意見書を添付できない場合には、支給申請書にその旨を記載するとともに、事業主からの当該期間、被保険者が療養のため労務に服さなかった旨を証明する書類を添付すること等により、保険者において労務不能と認められる場合、傷病手当金を支給する扱いとする」とされている。

　コロナ禍では、感染拡大や医療機関の混乱を避けるために、当初は軽い症状が見られた場合はすぐに医療機関を受診せず、「様子を見る」ことが求められていた。平時と比べれば、明らかにイレギュラーな要請だ。コロナ禍ではこのように多くのイレギュラーが発生しており、イレギュラーに合わせた取り扱いが随時検討され、実行されている。

　傷病手当金のこの取り扱いについても、いつでも適用されること、永続的に適用されることではないだろう。厚生労働省をはじめ、行政官庁でも状況に応じて柔軟な対応がなされることに鑑み、会社の担当者は、通常のやり方にとらわれて「受給できない」などと断定せず、一度調べてみる、一度問い合わせてみることを勧める。

ケース3　従業員の家族が感染！　自宅待機させた場合

　Ｃさんの配偶者が新型コロナウイルスに感染したことがわかりました。

　Ｃさんは特にそれらしい症状は出ていませんが、**濃厚接触者**ということで、２週間は様子を見るようにと言われているそうです。検査は受けていないため、Ｃさんが感染しているかどうかはわかりません。

　Ｃさんは「いったん会社へPCを取りに行き、在宅勤務したい」と申し出ましたが、部長は「会社にウイルスを持ってくるな！　家で寝ていろ！」と、拒絶しました。

- ●労務の提供：Ｃさんはできるが、会社が拒否
- ●休んだ理由：感染者（配偶者）の濃厚接触者となったことによる自宅待機・在宅勤務の不許可
- ●判断者：会社（上司）

【解説】

　このケースは、Cさん自身が感染しているかどうかはわからない状況である。すぐに検査を受けられ、Cさん自身も感染していたならば、ケース1の無症状だった場合に該当し、健康保険の傷病手当金の受給対象となっただろう。

　しかし、コロナ禍では、検査の体制が整うまでは、濃厚接触者といえどもすぐに検査を受けられる状態ではなかった。さらに重症ではなく、入院していない感染者は、ホテルなどの宿泊療養施設が整うまでは自宅で療養しており、いくら気をつけても、同居の家族の感染リスクは低くなく、「今日は感染していなくても、明日はわからない」状態と考えざるを得ない。その状態でCさんを出社させるのは、リスクが高いと会社が判断するのは妥当であろう。

　しかしCさんは、PCを持ち帰れば在宅勤務できる職種・状態のようだ。会社へPCを取りに来ることを遠慮してほしいならば、きちんと梱包して自宅宛てに送るという手もある。そういった対応もせず、「会社にウイルスを持ってくるな！　家で寝ていろ！」などと、会社で責任ある地位に就く部長が発言したならば、それは会社の命を受けて休業したものとして扱われるだろう。「使用者の責に帰すべき事由」で従業員を休ませるならば、平均賃金の6割以上の休業手当を支払う義務が会社に生じる。

　もちろん、Cさんに有給休暇の残日数があり、Cさん自身が有給休暇の取得を申請したのであれば、Cさんには通常どおり有給休暇中の賃金が支払われることになる。

　だが、この部長の発言はどうであろう。せっかくのCさんの申し出を頭ごなしに拒絶し、まるでCさんを「ウイルス扱い」するかのような言い方だ。Cさんとしては非常に不快だろう。この場合、有給休暇を取得すれば賃金の減額もないことから、今の生活資金を得るという面からは、有給休暇の取得がCさんにとってベストな選択と思われる。しかし、部長の発言を不快に感じたCさんが、部長や会社に対して腹を立て、「1円でも多く会社からむしり取ろう」、「会社や部長を困らせてやろう」という発想にな

れば、有給休暇は有給休暇として後日ゆっくり消化するとして、会社に休業手当の支払いを求めるかもしれない。

　Cさんと、部長や会社との信頼関係は崩れ、今後の業務への態度や成果などにも影響が出る可能性がある。単にお金の支払いの話ではなくなってくるため、注意が必要だ。

ケース4　従業員の家族が感染！　本人希望で休んだ場合

　Dさんの配偶者が新型コロナウイルスに感染したことがわかりました。Dさんは無症状ですが、濃厚接触者なので、2週間は様子を見るようにといわれているそうです。

　上司はDさんに、「それは心配だ。体調の変化には気をつけてね。出社はできないけれど、仕事はどうする？　引き継ぎが必要なものがあれば受けるし、PCを送ることもできるけれど…無理はしないでほしいな」と伝えました。

　Dさんは、「配偶者の様子も気がかりなので」と有給休暇を希望し、上司は快諾。

　上司が、「お大事にね。心配しているから、時々様子を知らせてくれるとありがたいな」と言うと、Dさんも「はい！　会社からも、何かあったらお電話ください」と応じました。

- ●**労務の提供**：できないことはないが、Dさんの希望で行わない
- ●**休んだ理由**：感染者（配偶者）の濃厚接触者となったことによる自宅待機
- ●**判断者**：Dさん本人

【解説】

　ケース4とほぼ状況は同じであるが、本ケースは、Dさん自身が有給休暇の取得を希望し、労務の提供は「しない」ことを希望している。上司は、まずDさんやDさんの配偶者の体調を気遣い、自宅待機中の仕事について、具体的な選択肢を挙げてDさんの意向を確認している。突然の事態で満足な引き継ぎもできず、しかも2週間も業務から離れるとなれば、有

給休暇中とはいえ、進行中の案件に関し早期に確認したい事項も出てくるだろう。そういった緊急の問い合わせに対してDさんに協力を要請する可能性もあることを考えれば、できるだけ良好な関係性を築いた状態で、休暇に入ってもらいたいものである。

　なお、いくらDさんが「何かあったらお電話ください」としていたとしても、急ぎでない問い合わせについて「即レス」（即時の回答）を求めたり、あまりにも頻繁にメールや電話をしたりするのは控えたい。

　Dさんはあくまでも「休暇中」である。どうしても業務をお願いしたい状況であるならば、少なくとも引き継ぎに必要な期間くらいは、在宅勤務をしてもらえないかと打診してもよいだろう。労使間のトラブルを避け、業務への影響も最小に抑えることを目指したい。

ケース5　従業員が職場で感染した場合

　Eさんは、小売業の店長です。コロナの影響でストレスがたまっているのか、最近は長時間に渡って店員にあれこれ文句をつけるクレーマーが増えており、手を焼いています。

　その中には、マスクもせずに大声で長時間怒鳴り続ける人も数人いて、店員も怖がり、店長であるEさんの負担は増すばかりです。

　そんなある日、Eさんは発熱し、呼吸も苦しくなったことから医療機関を受診、検査を受けたところ、コロナウイルスに感染していることがわかりました。

　●労務の提供：できない

　●休んだ理由：ウイルス感染・発症、業務災害である可能性あり

　　●判断者：Eさん本人

【解説】

　本ケースは、Eさんはウイルスに感染し、症状も出ていることから、Eさん自身の傷病に関連した給付が受けられることは確かだろう。しかし、健康保険の傷病手当金と労災保険の休業補償給付の、どちらの対象となるかは迷うところだ。

業務災害と認められ、その給付を受けるには、業務遂行性（業務中に起こったか）と業務起因性（業務とその疾病に一定の因果関係があるか）の両方を満たす必要がある。この認定の判断は、労働基準監督署に委ねられており、事案ごとに調査されて判断される。感染症の場合、いつどこで感染したか、はっきりわからないのが普通だ。Ｅさんの感染は、業務災害の可能性が十分ありそうだが、それを証明することは難しいだろう。

実際の認定はどのように行われるのであろうか。厚生労働省の「新型コロナウイルスに関するQ&A（企業の方向け）」によると、患者の診療や看護、介護をしている医療従事者・介護従事者であれば、業務外で感染したことが明らかな場合を除き、労災保険給付の対象とするようだ。それ以外の労働者については、原則としては、他の疾病と同様に、「個別の事案ごとに業務の実情を調査のうえ、業務との関連性（業務起因性）が認められる場合」に、労災保険給付の対象となる。

つまり、ケース・バイ・ケースということだ。感染経路が判明し、業務によって感染したのであれば、当然労災給付の対象となる。感染経路が判明しなくても、例えば「複数の感染者が確認された労働環境下での業務」や「顧客等との近接や接触の機会が多い労働環境下での業務」に従事していた場合は、潜伏期間内の業務従事状況や一般生活状況を調査し、個別に業務との関連性（業務起因性）を判断するものとされている。

また、厚生労働省労働基準局補償課から都道府県労働局労働基準部長宛で、「新型コロナウイルス感染症の労災補償における取扱いについて（令和２年４月28日基補発0428第１号）」という通達が出されている。

この通達では、新型コロナウイルスに関して、感染状況や感染拡大のリスクなど、この感染症の特性に鑑みた適正な対応が必要とされ、当分の間は、たとえ調査で感染経路が特定されなくても、「業務により感染した蓋然性が高く、業務に起因したものと認められる場合」には、労災保険給付の対象とする考えが示されている。

労働基準監督署には、労災給付の対象になるかならないか、そういった事業者や労働者からの相談などが増えることも想定されているのだろう。

そういった相談に対しては、労災補償に関する基本的な考え方や、具体的な取扱いなどを懇切丁寧に説明するとともに、労災保険給付の対象となるか否かの判断は、請求書が提出された後に行うものであることを併せて説明するよう記されている。

　会社として対応できることは、業務災害の可能性があるならば、請求書にとにかく詳しく状況を書き、労働基準監督署の判断を仰ぐということだろう。どんな業務に、どんな環境で従事し、いつ何があり、いつどのような症状が出たのかなど、客観的な事実を正確に記すことを心掛けたい。労働者には、労災が認められるかどうかは、会社が責任を認める・認めないではなく、労働基準監督署が判断するものだということを丁寧に説明し、労働基準監督署の調査には誠実に対応する旨を伝え、理解を得ておきたい。

ケース6　資材が底をつき、工場を休止した場合

　Ｆさんの工場では、海外から輸入した資材を使用して、商品を製造しています。

　海外での新型コロナウイルス感染拡大に伴い、資材を供給していた会社も操業が停止され、資材が入荷しなくなりました。国内や他のメーカーから同等品が手に入らないか、経営陣は様々手を尽くしたようですが、努力も空しく、資材が底をついてしまいました。

　工場は停止され、Ｆさんたちも自宅待機を言い渡されました。

　●労務の提供：Ｆさんはできるが、資材がないためできない

　●休んだ理由：資材不足による工場停止

　●判断者：会社

【解説】

　本ケースでは、Ｆさん自身には労務を提供できない理由はない。工場の停止を決めたのは会社ではあるものの、会社の責に帰すべき事由となるか、不可抗力と考えるかで迷うところである。

　不可抗力とは、①その原因が事業の外部より発生した事故であること、

②事業主が通常の経営者として最大の注意を尽くしても、なお避けることのできない事故であることの、2つの要件を満たすものでなければならないと解される。例えば、在宅勤務が可能な職務内容であれば、在宅勤務も検討すべきであろう。他の工場での就業や、別の作業へ従事することなどの可能性も考えられる。そういったこともできず、このケースのように、経営陣が同等の資材を求めて手を尽くし、それも空しく工場停止に至ったのであれば、不可抗力とされる可能性は高まるであろう。

　「不可抗力」と「事業者の責に帰すべき事由」の違いによって、会社が休業手当を支払う義務があるかないかが変わってくる。事業者の責に帰すべき事由であれば、会社には休業手当の支払い義務が生じる。不可抗力であれば、休業手当の支払い義務はない。

　しかし、賃金は労働者の生活を支えるものであり、いくら不可抗力であっても、急に収入がなくなるのは厳しい。会社は労働者が労務を提供することで、商品やサービスを顧客に提供することができ、利益を生み出すことができる。労働者は、会社がきちんと賃金を支払ってくれることを前提に、安心して労務を提供できる。ここで労働者の生活を脅かし、信頼関係にひびを入れてしまうことは、今後も事業を継続しようとするならば、これも会社にとっては大きな痛手と考えるべきだろう。

　コロナ禍では、その影響の大きさから、特例的な給付や条件緩和が様々行われた。会社には、できる限り休業手当の支給や解雇の回避などが求められ、実際、法定を超える賃金を補償して従業員を休業させた会社も多々あったようだ。また、社会で様々な問題が発生するにつれ、給付金の種類や対応も変化してきた。五月雨式に制度が整えられたことから、「こういう状況に対応する給付はないか」と調べた時点で適用できる制度がなくても、しばらくしたら適用できる制度が作られていたケースもあった。あきらめずに調べ、各所に問い合わせ、でき得る対応を検討してほしい。

　最終的にどこまでできるかは、会社の体力にもよるだろう。しかし、たとえ十分な対応ができなかったとしても、会社側が誠実に打開策を探す姿勢を示し、従業員に状況や見通しを説明して理解を得る努力をすること

が、労使トラブルを最小限に抑えるうえでは力となるだろう。もちろん、従業員全員が理解を示してくれるとは限らない。しかし、こうした非常事態は、いたずらに紛糾する事案を増やすべきタイミングではない。経営者が示す「誠意」は金銭ばかりでなく、心のこもったメッセージや真摯な態度も誠意となり得る。

4 トラブル回避に必要なこととその効果

　コロナ禍の影響は長期に及び、その影響範囲も日本全国どころか全世界に及んだ。ここまで大きな問題が発生している中、影響を受けない会社は滅多にないであろう。生活必需品の小売店などでは、売上は好調でも従業員の労働環境は悪化し、やはり経営には負の要素となった例も見られる。コロナ禍は、売上や利益ばかりでなく、従業員と会社の関係性にも影響を及ぼすと考えられる。

　しかし、影響の規模が大きくなれば、ほとんどの従業員は「どこも大変だ」ということは理解しているはずだ。自社だけではなく、自分だけではなかったからこそ、「なんとか皆で乗り切ろう」という協力の意識も芽生えるものだ。多くの人が、外出を「禁止」されずとも「自粛」し、暑くてもマスクをする人がいるように、社内でも多くの従業員が「我慢」や「頑張り」で会社に協力しようとしている。経営者には、こういった従業員の目に見えない協力にも目を向けてほしいものだ。

　この厳しい状況だからこそ、会社は「すべきこと」、せめて「できること」を誠実に行うことが重要となる。すべきことに気づいても無視し、できることすら行わない態度は、従業員の不信感を招き、それは顧客や業務に対する態度に現れ、いずれは社会からも見捨てられてしまう。たとえ、これ以上雇用を守れなくなったとしても、手を尽くした旨を説明し、従業員に対して頭を下げるくらいはできるだろう。そして、今までの協力に感謝することもできるはずだ。

　労使の関係をつなぐものは、雇い入れ、雇い入れられる「契約」だけで

はない。

　ある会社の人材育成は、「どこに行っても通用する人材を育てる」ことを意識したものだったという。同社はその後、事業売却により解体され、人も散り散りになってしまった。しかしそれでも、共に働いた仲間が集えば、当時の思い出話に花が咲き、それぞれの場における現在の活躍を互いにたたえ合い、今はなき会社へ感謝の意を示すのだそうだ。たとえ会社がなくなっても、そのスピリットは生き残り、新たな場で花開き、社会に貢献し続ける。雇用の契約がなくなった後にも、人や気持ちのつながりは残っている。

　企業の価値を高める方法は様々だ。利益や待遇で社会や従業員の信頼を得るのは難しくても、こんな時代だからこそ、人と人との心のつながり、気持ちや感情への配慮は、企業価値をほんの少しでも高める要素とはなり得る。経営者の誠実な対応と従業員に対する感謝の気持ち、そして会社と共に頑張ろうという従業員の意志があわされば、withコロナ、afterコロナでの飛躍も夢ではない。労使トラブルを減らすための対応は、明日の業績回復への第一歩なのだ。

第3章 従業員対応

①内部通報

主任研究員　久富　直子

■はじめに

　本題に入る前に、当社と内部通報の関係について少し触れておきたい。当社では、2003年7月に他社の内部通報を受け付けるサービス「リスクホットライン」（以下「RHL」という）を開設、2020年11年末時点で101社（グループ会社含めると1,000社超）にご利用いただいており、これまでに受け付けた通報総数は9,000件を超えた。なお、業態別と従業員数別のRHL契約社の内訳は表1のとおりである。業態別では、小売業、製造業、金融・保険業の順に多く、従業員数別でみると、500〜1,000人未満の規模の会社が一番多いものの、総体的には300人未満が多い状況である。

表1　RHL契約社【業態別内訳】※東証一部19社 東証二部4社 JASDAQ3

分類	項目名	契約企業数	内、上場企業
A	農業、林業	0社	0社
B	漁業	0社	0社
C	鉱業、採石業、砂利採取業	0社	0社
D	建設業	0社	0社
E	製造業	19社	10社
F	電気・ガス・熱供給・水道業	1社	1社
G	情報通信業	7社	2社
H	運輸業、郵便業	3社	1社
I	卸売業、小売業	20社	5社
J	金融業、保険業	10社	0社

K	不動産業、物品賃貸業	8社	3社
L	学術研究、専門・技術サービス業	1社	0社
M	宿泊業、飲食サービス業	5社	0社
N	生活関連サービス業、娯楽業	11社	3社
O	教育、学習支援業	3社	1社
P	医療、福祉	2社	0社
Q	複合サービス事業	0社	0社
R	サービス業（他に分類されないもの）	4社	0社
S	公務（他に分類されるものを除く）	0社	0社
T	分類不能の産業	1社	0社
計		95社	26社

※産業分類については、総務省統計基準「日本標準産業分類（平成25年10月改定）に基づく

【従業員数別内訳】

従業員数区分	会社数	上場会社数
〜100	13	2
100〜200	12	1
200〜300	11	0
300〜400	5	0
400〜500	3	1
500〜1,000	19	7
1,000〜2,000	9	2
2,000〜3,000	8	3
3,000〜4,000	3	2
4,000〜6,000	2	2
6,000〜8,000	2	0
8,000〜10,000	0	0
10,000〜80,000	6	4
90,000以上	2	2
合計	95	26

■ コロナ禍における通報件数の推移と通報内容の変遷

　ここから本題に入る。まず、2020年1月から12月までの間にRHLに寄せられた通報の総数とコロナ関連の通報件数を表したのが表2である。コロナ関連の通報は321件という結果であった。

表2　月別通報件数の推移（2020年1～11月）

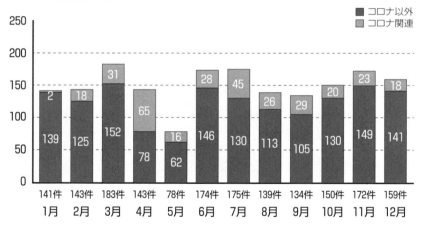

凡例：■ コロナ以外　■ コロナ関連

	1月	2月	3月	4月	5月	6月	7月	8月	9月	10月	11月	12月
コロナ関連	2	18	31	65	16	28	45	26	29	20	23	18
コロナ以外	139	125	152	78	62	146	130	113	105	130	149	141
合計	141件	143件	183件	143件	78件	174件	175件	139件	134件	150件	172件	159件

　RHLでは4月7日の緊急事態宣言の発出を受け、4月8日から5月31日まで電話による通報の受け付けを停止し、メールのみの対応とさせていただいたが、その状況下でも4月は143件の通報があり、うち65件（45%）がコロナに関する通報であった。その後の推移はグラフのとおりだが、再び感染者数が増加し始めた7月はコロナ関連の通報も45件と再び多くなっていることがわかる。

　では、コロナ関連の通報内容にはどのようなものがあって、月別にどのような特徴があったのか、傾向を見ていきたい。

1月　2件

　1月は日本国内で何となく「新型コロナウイルス」というものを社会が認識し始めた段階であり、コロナ関連の初通報は月末に2件続けて入った。この2件のうち1件は、飲食店スタッフから、もう1件は運輸系の接客を要する社員からの通報であり、両方とも「会社の方針でマスクの着用がNGとされているが、感染が不安なので着用させてほしい」というものであった。

　この時点では、まだ「マスクはお客様に失礼」という認識を持っている会社が少なからずあった状況である。

2月　18件

　2月前半は、「大丈夫でしょう」という楽観派と、「甘く見ないほうがいい」という慎重派が混在していた時期であり、会社に対して、「方針を明確に示してほしい」と希望する類の通報が多く寄せられた。
「マスクの着用方針を統一してほしい」
「マスクや消毒剤の費用負担を会社として明確に示してほしい」
「接待、歓送迎会などが相変わらず行われている。会社としての方針を出すべき」
「ゴルフコンペを決行しようとしているが、いいのか」　など

　2月後半を過ぎた頃からは、在宅勤務に絡む通報が増えてきて、中でも在宅勤務組と出勤組の不公平感を訴えるものが多く見られた。
「在宅勤務推奨の通達が出されたが、在宅勤務が認められない部署（グループ）がある。全員が在宅勤務できるようにしてほしい」
「あの人達は、家でできる仕事はないはず」　など

　その他、「うちの会社はマスクを支給してくれないのか」、「幹部にだけにマスクが配布されたらしい」、「マスクが4日に1枚の計算で支給された。洗って使えと言われたが不衛生」など、マスク不足に絡むものも散見された。

　2月の末ごろからは小売業を中心に、マスクやトイレットペーパー、アルコール製品の不足を反映する形で、カスタマーハラスメントを訴えるような通報が増えてきた。

「客からの『なぜ、ないんだ！』との苦情にもう耐えられない」
「お店の従業員がみんな疲弊しちゃってる」
「ネット販売のみにして、店舗を休業してほしい」　など

3月　31件

　3月は、2月中に社内発信された、会社としてのマスク支給や出張に関する方針、在宅勤務をどうするかといった方針に対する不満や不備を指摘する通報が多く寄せられた。それに付随して、現場の上席者が会社の方針に従っていないことに関する通報も多く上がった。

「会社の通達内容が分かりにくく、支社長の判断に差別があると感じる。本部から再度分かりやすい統一見解を発信してほしい」
「会社から出張自粛の通達が出た後に、上司から不要不急の出張を命じられた」
「会社方針に反して社内イベントが実施される。中止するよう通達を出してほしい」　など

　また、同僚の中に発熱者が出たことによる不安を訴えるものなど、自分自身への感染を懸念する通報が徐々に増加し、「発熱した場合の対応方法を指示してほしい」、「期間限定でもよいので、時差出勤を認めてほしい」といった要望も並行して増加した。

　その他、いわゆるコロナハラスメント（コロハラ）に該当するような通報も出始めた。

「通っているジムで感染者が出たことで、私もコロナに感染しているという噂を流され、生活に支障が出ている」
「上司から根拠なく感染者扱いされ、周囲から距離を置かれるようになってしまった」　など

　なお、在宅勤務の増加に伴い、「リモハラ」という言葉が聞かれるようになったのも、この頃からである。当初のリモハラの例としては、「お前、いい家に住んでいるな、嫁の稼ぎか？」や、「（スッピンだから）誰だかわからなかった」など、後輩社員が部下や同僚を「いじる」ことから派生するケースが目立った。その後、自宅でサボらないようオンラインを繋ぎっぱなしにして監視する例や、業務とプライベートと境目が曖昧になる問題が加わった。

4月　65件

4月の傾向は、大手企業のコロナ対策の取組みが報じられるケースが増えたことで、「当社も営業自粛など、従業員を守る対応をとるべきだ」や、「当社は社員を大切にしない会社だ、ということがわかった」など他社や他店舗と比較しての不満や、「他社がこうしているから、当社でも取り入れるべきではないか」といった提案型の通報が増えたことが特徴として挙げられる。

それ以外には、「『家族に医療従事者がいる従業員はあまり出勤させないで欲しい』と朝礼で皆の前で言われてしまった」といったコロハラに分類される通報も見られた。

4月の後半からは、休業補償や手当に関する通報が出始め、通報件数を押し上げた。

5月　16件

5月は、電話による通報の受け付けを停止し、メールのみでの受け付けとなったため、件数が少なくなったが、コロナ以外の62件の通報からは、在宅勤務が増えて人と接する時間が減ったこともあってか、パワハラなどの人間関係の通報が減少した状況が見受けられた。

コロナ関連の16件については、「特別休暇の申請方法について知りたい」など、助成金や休業手当に関する通報の増加が顕著になった。

また、営業している小売店や飲食店の店舗従業員から、「業務過多で疲弊している」といった通報が散見されるようになったほか、休業店舗と営業店舗、時短店舗とそうでない店舗の不公平感に関するものも多く寄せられた。

その他には、「本部から誰も来ず、経営幹部から励ましの声もない」といった声など、業務過多の中、孤独感や寂しさを感じているような通報や、「感染リスクの中、開けている店舗と閉めている店舗のスタッフの給与が同じなのは納得いかない」などの不満を含む通報も数件見られた。

6月　28件

6月は、感染拡大が一旦の落ち着きを見せ始め、従前どおり全社員を出

社させる方針を打ち出す会社が出てきた。このことを受け、在宅勤務の継続を望む従業員から、出社指示に対する不満の声が多く上がった。

「出社指示が出たが、まだ早いだろう。感染が怖い。在宅勤務を続けたい」

「うちの部署だけ、在宅勤務申請を拒否されたのはおかしい」

「感染したら会社はどのような補償をしてくれるのか」　など

　また、在宅勤務ならではの問題に関する通報も多かった。

「リモートワークになって就業時間外にも業務連絡が来て困っている」

「業務とプライベートの切り分けが、不明確で落ち着かない。監視されている気がする」

「自宅だとずっと座りっ放しで、体調を悪くした」　など

　その他、「コロナに乗じて有給休暇を無理やり使わせようとする」といった内容もちらほらあった。

　「売上激減で、無理な営業を指示される」など、業績不振を背景とする通報が増えたのも、6月の傾向であった。

7月　45件

　7月に入ってからは、社内やビルの同じフロア内で感染者が出たといった通報や、発熱が確認された後の会社の対応への不満に関する内容も散見された。また、出張を解禁にする会社が多くなってきたことに伴い、「まだ早いんじゃないか」といった通報が寄せられた。

「コロナの終息の目途もたっていない中で、都会の拠点へ出張に行くよう上司から指示があった。会社としての方針を知りたい。」

「感染者が再度増えはじめている。この状況で出張へ行かせるのはどうかと思う」
　など

　また、落ち込んだ業績を回復させようという無理が従業員の不信感を買っている状況が垣間見える通報が多くなってきた。

「三密を完全に無視し、お客様を何百人も並ばせるオペレーションはおかしい。お客様やスタッフに対して安心安全の精神が全くない」

　その他、第2波がささやかれる前の7月前半には、気の緩みからの感染拡大を懸念する通報が多く寄せられた。

「マスクをしないで大声でしゃべるという意識が低すぎる幹部たちがいる」

「フロアを歯磨きしながら歩いている社員がいて不潔」

「ひそかに飲み会を開催している部署がある。クラスターの根源になったらどうするのか」　など

8月　26件

　8月は季節柄、マスクの着用と熱中症のリスクに関する通報が多かったのが、特徴の1つとして挙げられる。なお、この頃から、会社側と従業員側双方に過剰反応的な雰囲気を感じるものが増えてきたとの印象も受けている。

「炎天下の中、マスクを着けて業務をしているため熱中症になる。なんとかしてほしい」

「エアコンが壊れている中、マスクをして勤務している。熱中症のリスクは放置か」

「熱中症で早退した。『診断書がないと次の日から勤務できない』といわれたが、診断書など取れない」

「熱中症による発熱だと医者が言うのに、勤務をさせないのは問題ではないか」　など

　また、報道などから、社会全体に「テレワーク」、「在宅勤務」が浸透しているように見えたのか、「出社を強要する自社の方針はおかしい」という通報が増えた。

「政府より『7割のテレワーク』が要請されているのに、在宅勤務を認めないのはおかしい」

「通勤が不安。フレックス出勤などが当たり前にできる体制にしてほしい」

　その他、出張や拠点間の移動がOKとなる会社が増えてきたことで、移動を伴う業務を強制されることに反発する通報も散見された。

「他県の店舗への応援を指示されたが正直行きたくない」

「他のブロックから監査部門が来るというが、来ないでほしい」　など

　それ以外では、業績不振や感染への恐怖・不安から来る通報も寄せられた。

「コロナで売上が激減して将来が心配だし、店長のパワハラにも疲れたので退職することにした」

「プライベートで、どのような行動をしているかわからない人たちと、近くで仕事するのは不安」

「同僚から感染していたとの連絡があったが、上司から黙っておくように言われた。感染するのではないかと不安。会社としてきちんと対応してほしい」 など

　また、「業務時間外にWebでの食事会をすることに疑問」など、オンラインツールの活用に幅を持たせ始めたことに付随する通報もあった。

9月〜11月　72件（9月29件、10月20件、11月23件）

　9月以降は、業績不振の影響が感じられる通報が増えた。特に店舗展開している業態の従業員からの「企業内失業」、「半分失業」的な悲痛な声が聞かれるようになった。

「シフトに入れてもらえない」

「給料が下がって生活できない」

「営業時間を短縮するとサラッと言われたが、こちらにとっては死活問題だ」

「こんな非情な会社だとは思わなかった」 など

　また、コロナ禍で家族が一緒に過ごす時間が増えたためか、息子や娘から勤務先の話を聞いて、代わりに親御さんが通報してくるケースが複数あったほか、当社が「生命危機案件」と呼んでいる自殺を示唆する通報もさらに増えてきている。

12月　18件

　12月は全国的にコロナウイルスの感染者数が急激に増加したことに伴い、身近なところで感染者が確認されたとの通報も増加した。

「コロナ陽性者が出たらしいが、会社として何の情報も注意喚起もないので不安だ」

「コロナに感染した人の名前が社内で公表された。噂も広まってしまい、本人がかわいそう。これでは陽性でも誰も自己申告しない」

「注意していたのにコロナに罹った。感染を理由に賞与査定が下げられるのはおかしい」

「社内で感染者が出たが、濃厚接触者が2週間経たずに出社しているので怖い」 など

　また、事実であればコロナハラスメントに該当すると思える通報も見受

けられた。

「職場で私だけが電車通勤をしているため『感染リスクが高い』とされ、書類を渡そうと近づいたら、すごい勢いで逃げられた」

　社内で感染者が出た場合の対処法は保健所などの行政機関の指示に従うことで統一されたが、社内で陽性者が出た際の内部的な情報共有体制は各社様々で、不満を示したり、差別を訴えたりする意見が少なからず寄せられた。

　ここまで、月別の傾向を見てきたが、まとめとして全体の流れを表3に整理する。

表3

■1月末、誰もが手探り状態の中、感染不安に関する通報が出始める
■何をどうすればいいか、会社も従業員さんも手探りの状況がしばらく続く
■マスコミが取りあげた企業（主に大手）のコロナ対応を参考にし、徐々に対応の「スタンダード」が確立されていく ※例えば、ホームページで「当社は店舗のコロナ対策を徹底しています」というアピールをすることが一般的になったほか、大手航空会社が、「お客様も、社員も守る意味で、弊社はマスクを着用させます」という方針を決定・公表したことで、それが全国スタンダードになっていった。
■目まぐるしく変わる社会状況に比例して、その「スタンダード」も短期的に変化を遂げていく状況が続く
■コロナ対策やニューノーマル関連の大企業の取り組みが報じられると、自社ではやっていないことに関する不満の通報がさらに増え始めた ※中小企業はどうしても対応が後手々々に回るケースもあり、そのような会社の従業員からは「大手が羨ましい」、「隣の芝生は青

い」といった通報が増加した。

■会社の対応方針が二転三転して不明瞭になってしまったケースや、会社からの情報伝達が上手くいっていないことに端を発する通報が増加

　※状況に応じて躊躇せず方針変更をし、スピーディかつ丁寧に社内周知した企業は、不満の通報が減る傾向が見られた

■リモートワークや在宅勤務、時差出勤など、働き方が多様化したことで、業態や業務の違いから生じる格差や不公平感が浮き彫りになっていく

■会社方針などの現場への浸透は、各部門長や拠点長の意識、グループ会社の社風などによって全く違ってくることが確認された

■社会的な「スタンダード対策」が広まるにつれ、危機感の薄い幹部や上司への不満を訴える通報も増えた

　※トップをはじめとする役員や部門長などの幹部の意識によって、従業員の不安・不満感が大きく左右されることを改めて実感した

■メンタル不調の方々の一部に、コロナの影響で心身の状態を悪化させるケースが増え、「生命危機案件」として、会社のご担当者に緊急電話をした案件も数件あった

■細かい点にやけに神経質になったり、「どちらでもいい」と思える事象に病的に執着したりするケースなど、「コロナうつ」の影響を感じさせる通報者も少しずつ増えていった

■在宅勤務のストレスからくる「テレワークうつ」を予防するチームを立ち上げる企業も出てくるなど、長く健康的に働ける環境づくりへの取り組みが広がりを見せている

■業績悪化にともなう「半分失業」的な通報や、「シフトが減らされ、食べていけない」といった通報が増えた

■12月は全国的に感染者が急増し、社内や現場で陽性者が確認されたとの通報も増加した

2　今後予想されるリスクと基本的な対策

　ここからは、今後どういう状況が想定されるかという見通しと、予想されるリスクと基本的対策について考えていく。

1 予想されるリスク①〜従業員の不安・不満の増幅

従業員の不安・不満の増幅	●今後のコロナ感染の第3波やインフルエンザの到来など、未来・将来への不安の増幅 ●在宅勤務ができる部署とできない部署で引き続きくすぶっている不公平感の顕在化 ●「派遣切り」や「解雇」という言葉を耳にすることが増えていることにともなう不安の増加 ●自覚なき「コロナうつ」のようなものが蔓延し、職場の人間関係のギクシャク感を増幅

　まず、コロナ禍で初めての冬を迎えるにあたり、寒さや乾燥によりコロナ感染拡大の新たな波が到来するのか、インフルエンザとの関連がどうなるのか……、などという環境的な不安や、景気の悪化に伴う経済的な不安などが渦巻き、将来への恐怖を会社にぶつけたくなるといった心境が増幅することも懸念される。また、自分自身も気づかないぐらいの微妙な「コロナうつ」や、「テレワークうつ」のようなものが蔓延し、職場の人間関係のギクシャク感に拍車をかける可能性もあると考える。

　それでは、これらのリスクへの対策としては、どのようなものがあるのかを考えてみたい。通報をしてきた従業員の不安や不満を上手く収めることができたケースに鑑みると、以下のような点が奏功したといえる。

対策	➤会社としての今後の方針、対応の方向性をできるだけタイムリーに周知し続ける ➤管理職は個々の部下と向き合い、丁寧な説明を行う（地道な努力がトラブルの低減に繋がる） ➤在宅勤務ができない部署であってもシフト交代制で休みを取らせるなど、一歩踏み込んだ対策を検討する（自社のニューノーマルの構築に前向きに取り組む）

　従業員から一定の理解を得られた会社（部門）の共通項として、組織としての方針や対応の方向性をタイムリーに周知し続けていること、部門長や拠点長などの管理職がその方針を正確に理解し、部門や現場に落とし込めていること、管理職やリーダーが部下と向き合って丁寧な説明ができていることが主なポイントとして挙げられる。

　部下がどのようなことを不安に感じ、どのような不満を持っているのかを観察・想像し、相手の立場に立って、わかりやすい言葉で説明していくことのできる管理職がいること、それが組織を上手く回していくための「肝」であると再認識させられた。

　なお、不安をどのぐらいの強さで感じるかには個人差があるため、「人によって違う」ということを認識し、不安を感じやすい相手には特に時間をかけて向き合っていくことが望まれる。従業員が心身ともに健康な状態で働いていてこそ、企業は安定的に発展できるのだと思う。

　また、どうしても在宅勤務やリモートワークに適した業務と適さない業務はあるが、たとえ在宅勤務に不向きな業務を担っている部署であっても、シフト交代制などで休みを取らせたり、思い切って新しいシステムを導入するなど、従前の慣習にとらわれることなく、一歩踏み込んだ対策を検討していくことも、今後の多様性の時代に順応していくためには不可欠である。

2 予想されるリスク②～ハラスメントの増加

ハラスメントの増加	●身近なところで感染が発生した場合、感染者や発熱者などに対し、進化した（姿や形を変えた）「コロハラ」が横行する可能性がある ●在宅勤務の継続により、「リモハラ（リモート・ハラスメント）」の増加も見込まれる ●業績の悪化に焦る管理職が部下に厳しい言葉を浴びせてしまうケースが増加する

　コロナ禍では社会的に様々な暗黙のルールのようなものが浸透し、「同調圧力」などから無意識のうちに色々なストレスに晒されているというのが、目下、私たちの置かれている状況である。このような状況下において、抑圧された不満や感染への不安から来るイライラが、他者に対する攻撃的な言動になって現れてしまうタイプのハラスメントに引き続き注意を払っていく必要がある。また、過敏になっている従業員から、予想もしなかったような事柄を「ハラスメントだ」と申告する通報が来ることも大いにあり得る。

　一方で、「感染者（復帰者）や発熱者に対するコロハラはNG」という認識が世の中に定着してきているため、顕著な形でのハラスメントではなく、「何となく距離を置く」ことから始まる人間関係のギクシャク感がメンタル不調を誘発する。こうしたことが、パワハラ通報として上がるケースの増加も考えられる。

　また、業績悪化を受け、会社として課したノルマなどにより、管理職が精神的に参ってしまうタイプの組織的ハラスメントにも注意が必要だ。

　このようなリスクへの対策としては、どのようなものがあるのかを考えてみよう。通報への対応事例からは、以下のような点が奏功したといえる。

対策	➤コロハラ・リモハラなどのハラスメントや誹謗中傷は厳に慎むよう、社内通達などで具体例を挙げて周知する
	➤コロハラが増えれば、感染を隠す人が増え、クラスターのリスクが高まることもあわせて周知する
	➤業績悪化によるプレッシャーを部下などにぶつけるのではなく、危機感をエネルギーに変換し、一緒に乗り越える策を考える

　マスクや手洗い、「3密」を避けることなどの予防策の徹底を引き続き求めるとともに、発熱や感染した人を、一律に「自己管理ができていない」など「悪」と見なさないようにする。これは、医療従事者など社会貢献活動を通じたやむを得ない感染もあり得ることなどを、その時々のニュースなどから例を出して周知することも一案といえよう。

　なお、その際、発熱した人、感染した人を白い目で見るような雰囲気が強くなればなるほど、感染の事実を隠す人が増え、クラスターのリスクが高まるということも合わせて周知することも有効であろう。いずれにしても、このような誹謗中傷的なハラスメントを防ぐためには、管理職が率先して、普段と同じように該当者に接することが第一歩として重要だ。

　また、業績の悪化への焦りや、プレッシャーがハラスメントを誘発するリスクについては、目下の危機感を組織内で共有し、一緒に新しいビジネスを立ち上げてみたり、副業を認めたりすることで、その場を乗り切った会社の取り組みをヒントにすることも有効だ。

3 予想されるリスク③～業績悪化がコンプラ違反を生む

業績悪化が コンプラ違反 を生む	●経費削減目標を達成させるため、管理職のサービス残業の横行や、部下への強要が増える可能性がある ●営業の数字的ノルマが現場を圧迫し、不正行為をせざるを得ない状況を生む ●業務の縮小によるリストラにともなうトラブル（強引な退職勧奨など）が増加する

　業績の悪化がコンプライアンス違反を誘発するということは、既知の事実といっても過言ではない。実際に、経費削減の目標を達成させるために管理職自らがサービス残業をし、部下にも同じことを強いていたという類の通報も複数上がっている。サービス残業の通報は、年々減少傾向にあったが、ここに来て増えてきたとの印象を受けている。無理な数字目標を現場に強いること、過度な数字的ノルマを強要することは、現場を圧迫し、不正行為を誘発するので注意が必要だ。管理職が数字ばかり追うと、部下や現場の管理監督や監視が緩くなり、不正をしやすくなるリスクや、情報漏洩の隠蔽なども考えられる。

　その他、最近、業務縮小に伴うリストラ関連のトラブルが増加傾向にあり、強引な退職勧奨などに関する通報も増えてきている。そのため、現場の管理職などに「解雇」のハードルの高さを認識してもらう必要性を感じている。

　これらのリスクへの対策として、どのようなものがあるのかを考えてみよう。RHLご契約各社の対応事例からは、以下のような点が奏功したと考える。

対策	➤目標を課す際には、必ずコンプライアンスの必要性も合わせて伝える
	➤朝礼や定例会議の場などで、他社の不祥事事例を共有するなどして、危機意識を継続させる
	➤現場の管理職などに「解雇」のハードルの高さを認識してもらい、安易な退職勧奨などを未然に防ぐ

　目標を課す際には必ずコンプライアンス順守の必要性も合わせて伝えていくことや、朝礼や定例会議の場などで、その時々に話題になっている他社の不祥事事例を共有することも、危機感の醸成には有効かもしれない。

　なお、労務関係のトラブルについては解決までに長い時間を要するので未然に防ぐに越したことはないが、数多く上がる労務トラブル系の通報の根本原因を追究すると、管理職の不用意な発言に辿り着くことは多い。このことから、目新しい解決策ではないが、「解雇はハードルが高い」、「安易な退職勧奨は危険」という認識・知識を管理職に徹底的に浸透させることがリスク低減の一助となることは間違いないといえる。

　その一方で、やむを得ず退職を促さなければならなかったケースは、管理職が本人に伝える際、相手の立場に立って「申し訳ない」という気持ちを全面に出し、状況を丁寧に説明したことで、ほとんどトラブルが起こらなかった事例もあった。

　このような時期であるからこそ、コンプライアンス違反が起こりやすいという認識を持って、注意喚起や監視などを継続的に行っていくことが望まれる。

4 予想されるリスク④～じわりと広がるコミュニケーション不足の影響

じわりと広がるコミュニケーション不足の影響	●リモートワークの常態化に伴い、声を上げやすい人と何も言えない人の差が生じる ●将来が見えない不安や在宅勤務による孤独、逆に在宅勤務解除のストレスなどからメンタル不調者が増加することが見込まれる ●新入社員へのケアが疎かになり、せっかく採用した貴重な人材が流出する

　社会的に在宅勤務が推奨され、リモートワークが常態化してきたことに伴い、コミュニケーション不足による悪影響がボディブローのようにじわりと広まっていくことが心配される。

　「リモートだと会議の時間が短くなっていい」という声は少なからず聞かれるが、リモートミーティングや会議においては、声を上げやすい人と、何も言えない人の差が生じやすくなっており、発言する人が決まってきてしまう傾向がある点に注意が必要だ。一度も口を開かない会議が重なって徐々に疎外感を抱く人や、「私なんていてもいなくても同じ」などと、手元で別の仕事をする人が増えてくることも考えられる。

　また、将来が見えない不安や、在宅勤務による孤独、逆に在宅勤務が解かれ、出勤しなければならなくなったことからくるストレスから、メンタル不調者が増加することも見込まれる。

　その他、新入社員へのケアがおろそかになり、せっかく採用した貴重な人材が流出してしまうリスクに注目し、試行錯誤しながら取り組みを進めている会社は多い。個々へのケアが不足することで、せっかく採用した貴重な人材が辞めてしまうことは避けたいところである。

　これらのリスクへの対策としてはどのようなものがあるのかを考えてみよう。各社の対応事例では、以下のような点が奏功したといえる。

対策	➤リモートミーティングなどでは全員に発言させるとか、全く発言していない人に意見を求める
	➤リアルで顔を合わせる機会では、リアルで会うことのメリットを感じてもらうことに力を入れる
	➤職制を通じた個々へのケアの重要性を啓蒙するほか、メンタルヘルスや内部通報窓口を再周知する
	➤今後生じ得るリスクを先読みし、「想定外」を減らすように努め、クリエイティブ思考で対策を検討する

　リモート（オンライン）での会議やミーティングの際には特に、全員に発言させる、発言していない人をあえて指名して意見を求めるなど、活発な意見交換や積極的なコミュニケーションを引き出すことを意識し、常により良い運営方法を模索していくよう心掛ける。

　また、リアルで顔を合わせる機会には、必ず「リアルに会うことのメリット」を感じてもらうことがとても重要になる。そのため、出社時に、「出社してよかった」と思ってもらえるように準備や工夫をする。出社した際に、「気を遣ってばっかりで疲れるだけ。やはり在宅のほうがいい」と思われてしまえば、出勤すること自体がストレスになり、引きこもる新人が増える懸念も高まる。「出社してよかった」と思ってもらうことに注力していただきたい。

　上記以外では、管理職に対して、従業員１人ひとりへのケアの重要性と、具体的なケア方法などを啓蒙することや、全従業員に対して通報・相談窓口の存在を改めて周知徹底し、おかしいと思うことがあったら早めに相談してもらう体制を整えることも、より良い職場環境を目指すうえでは欠かせない。今後生じるであろうリスクを先読みして、想定外を減らすように努め、クリエイティブ志向で創造力を働かせながらコミュニケーションの阻害要因を取り除く対策をご検討いただければと思う。

3　通報への対応

　最後に、コロナの感染拡大防止の観点から、通報への調査手法にリモートヒアリングを取り入れる会社が増えており、リモート対応時のリスクや留意点などに関する問い合わせをいただく機会が多くなっていることから、ここでも簡単に紹介しておきたい。

　なお、内部通報に付随する調査の場合、前提として押さえておいていただきたいのは、必ずしも相手が友好的とは限らないという点である。非協力的な態度をとられる可能性も視野に入れておかないと、出鼻をくじかれ、上手く話が聞き出せないこともあるので要注意だ。

1．リモートヒアリングの特徴・想定されるリスク
- アイスブレイクに時間がかかる
- カメラをONにしてもらえないこともあると心得る（強要はできない）
- 感情的になった状態で相手が通信を切ってしまったら、その後の関係修復が難しい
- 言葉が「詰問調」と捉えられやすい
- 表情などがよく見えず、真意や真偽が読み取りにくい
- 相手の周囲に誰がいるかわからない

2．リモートヒアリングを行う際の留意点
- いつもより丁寧な口調を心掛ける
- 自分の発言が録音され、SNSで広まっても問題ないくらいの意識を持って対応する
- 相手の周囲の環境（声が聞こえてしまっても問題ない環境か）を事前に確認する
- こちらが何名で実施するかを伝え、自己紹介をし、周囲にほかの人はおらず、声が漏れることがないことも伝えておく
- 資料や証拠映像を画面で見せる場合、相手が画面の写真を撮る可

能性を意識しておく
■こちらも録音されている可能性があることを忘れないようにする
■沈黙を恐れない
■悪い雰囲気で終わらせない

　少し補足をさせていただくと、相手が対象者（被通報者）などの場合
で、「自分が疑われてるんじゃないか」とか、「自分に何かお咎めがあるん
じゃないか」と予想して臨んでいる場合は、アイスブレイクに非常に時間
がかかる。相手が反抗的、攻撃的な場合は、ヒアリングする方も緊張して
しまい、なかなかギクシャクした雰囲気が解消できず、カメラをオンにし
てもらえないこともある。また、対面の時とは違い、感情的になった相手
が通信を切ってしまったら、その後の関係修復が難しくなるので絶対に避
けたいところだ。とにかく焦らないことが肝要であるため、上記のことを
想定し、案件ごとにアイスブレイク用のフレーズを複数準備して臨むこと
をお勧めする。

　なお、アイスブレイクに有効と思うのが冒頭で「少し褒める」というこ
と。例えば、「〇〇さんの頑張りはいつも聞いています」とか、「私の耳に
もいい評判が届いています」などと伝えると相手も嬉しくなって、饒舌に
なってもらえることもある。「今日は、そんな〇〇さんにお知恵を貸して
いただきたい」などと相手の気持ちを持ち上げることを試みてもよいであ
ろう。

　また、相手の周囲に誰がいるかわからないので、例えば、「妻に聞こえ
ちゃったじゃないか、どうしてくれるんだ！」などと、故意に抗議的な申
し出にわざと発展させ、自分の要求を通そうとするような相手がいないと
も限らない。そうしたことも想定し、事前に相手の周囲の環境について、
「聞こえても大丈夫ですか」などと確認しておくとよいだろう。

　その他、「沈黙を恐れないこと」にも触れておきたい。オンラインや電
話の場合、対面の時よりもさらに「沈黙」に耐えるのが難しくなる。しか

しながら、話しにくいことを話そうとしている相手の場合は、特に口を開くまでに時間がかかるケースも多い。相手が言葉を発しようと思った瞬間に、質問をかぶせてしまったり、言葉を挟んでしまったりすると、相手が言葉のみ飲み込んでしまうこともあるため、「沈黙を少し長めに耐える」ということも、ノウハウの1つとして押さえておいていただければと思う。

　ヒアリング終盤での留意点としては、リモートの場合は表情で感謝や喜びを伝えることが難しいため、「大変参考になった」、「貴重なご意見とお時間をありがとう」などと、感謝の言葉を伝えて気持ちよく終わることもリスク回避のポイントである。

第3章 従業員対応

②メンタルヘルスとコミュニケーション

上級研究員　吉原ひろみ

1 新型コロナウイルスにまつわる「不安」

　未知のウイルスには、不安がつきものである。ウイルスは目に見えないため、どこで、どう感染するのか、はっきりしない。また、どうすれば防げるのかわからないし、防ぎようがない。自分がウイルスに感染しているかもわからないし、感染したときに重症化するかどうかもわからない。

　そして家族や職場の人など、身近な人が感染しているかもしれず、また自分がうつしてしまうかもしれない。「不安」とは、明確に怖い対象がわかっている「恐れ」とは異なり、何が怖いのかよくわからない状態を指す。新型コロナウイルスは、「わからない」や「かもしれない」のオンパレードであり、「不安」を感じるのは当然であろう。

　新型コロナウイルスにまつわる不安を、企業などで働く人の目線で、もう少し具体的に、詳しく見てみよう。

　まず、ウイルスに対する直接的な不安として、「自分が感染する不安」や「自分が感染を広げてしまう不安」がある。

　自分が感染すれば、まずは自身の健康面への不安が生じるだろう。無症状で済むかもしれないし、死に至るかもしれない。突然「死の恐怖」が目の前に現れれば、不安になるのは当然だ。

　しかし、それだけではない。症状が出なくても、しばらくは外出もできなくなるため、出社しなければできない仕事では、働くことができなくな

る。症状が出れば、たとえ在宅勤務が可能な仕事でも休まざるを得なくなるだろう。強い責任感から、「自分がいない間、仕事が滞り、周囲に迷惑をかけないか」、「納期を守れず、会社やお客様に迷惑をかけるのではないか」などなど、「仕事をできないことによる不安」にさいなまれる人もいるだろう。重症化すれば「引き継ぎもできないまま、二度と仕事に戻れないのではないか」と、自分の命よりも仕事を心配してしまう人さえもいる。

　そして、自身が感染し、職場内や客先に濃厚接触者がいれば、その人たちも働けなくなってしまう。「自分が感染したばかりに、周囲の人の仕事まで止めてしまう」と、自責の念にかられる人もいるだろう。そして、名前は伏せられたとしても、自社で感染者が出たことが公表されれば、風評被害を心配する人もいるはずだ。自分だけではなく、自分の家族や同僚、お客様までもが、世間の冷たい視線にさらされるかもしれない。不安の感じ方は人それぞれである。ウイルス感染への直接的な不安も、人によっては様々な形で広がっていくのだ。

　会社としては、ウイルス感染に関する直接的な不安が実現しないよう、感染拡大防止に向けた休業や営業時間短縮、リモートワークの導入や、席配置・勤務体制の変更など「三密」を避けるための対策を講じる。その対策が、そこで働く人々に間接的な不安を発生させる場合がある。

　「時短や休業などで会社の業績が低迷し、将来の自分の処遇や雇用が危うくなる不安」、「仕事の成果を出そうにも成す術がなく、自身の職務能力やキャリアへの不安」、「慣れない業務、慣れない環境下で働き、自分がミスをしてしまう不安」、「部下や同僚の進捗状況を把握できず、顧客や会社に迷惑をかけやしないかという不安」、「上司とコミュニケーションをとりづらい環境下での、評価に関する不安」などなど、枚挙にいとまがない。

　そしてこれらの不安は、様々な「よからぬ反応」を呼び起こしがちだ。
　「自分が感染する不安」は、例えば「マスクをしていない人を許せない」という、他者への攻撃を引き起こすこともある。「こんな時に出勤を命じる会社を許せない！」と、会社や経営者が攻撃の対象となることもあるだろう。また、自分が感染を拡大させることを恐れるあまりに、どれほど暑

くてもマスクを外せない、健康を害するほどの過剰な消毒、誤った情報に踊らされた買い占めやSNSなどでのトラブル、完全にひきこもってしまうことでのコミュニケーションの喪失などなど、自身の健康や生活に重大な問題を生じさせてしまうような行動の誘発にもつながる。そうなれば、「不眠・食欲不振・疲労感」と、メンタル不調の兆候も現れ、気力まで失ってしまいがちだ。

　また感染拡大防止のために在宅勤務が推奨されたが、在宅勤務は、労働時間とプライベートの分離が難しいものだ。仕事に使う道具（PCなど）が手元にあることから、物理的には夜中でも働ける状態となり、人によっては過重労働につながることもある。逆にサボる人もいるわけだが、上司が「部下はサボるもの」との前提で監視を強めたり、暇にさせないようにとあえて仕事を増やしたり、細かな報告を求めたりすれば、真面目な人は「自分はサボっていない」ことを示そうと、さらに過重労働に走り、自分を追い詰めてしまう。普段とコミュニケーションの手段が変わることで、急に孤独感に襲われることもあるだろう。さらに、家族と過ごす時間が増えることで新たなストレスを生み、家庭内でのトラブルにつながることもある。

　対処すべき敵はウイルスばかりではない。環境変化への不適応や、会社や他者・生活に関する不安が、様々なトラブルや問題行動を引き起こす。無数の敵が存在するのだ。

2　個人差への配慮がメンタル不調防止のカギ！

　冒頭で「未知のウイルスには不安がつきもの」と述べたが、不安への感度には個人差がある。

　周囲を見渡してみてほしい。自分と比べて、新型コロナウイルスに対し「非常に不安が強く、過剰な対処に走っている人」、または「他人事のように、さして気にしていない人」がいないだろうか。また、自分自身はどうだろう。新型コロナウイルスを、どのくらい不安に感じているだろうか。

　先に挙げたように、自分の命よりも仕事を心配する人がいる一方で、「こんな大変な時に、仕事の心配をする人などいるはずがない」と断言する人もいる。不安の内容にも個人差はあるものだ。

　従業員の、特にメンタル面の健康管理をするうえでカギとなるのは、こういった不安に対する個人差への配慮だろう。新型コロナウイルスに対する不安は、人によって、その程度や内容が大きく異なる。同じニュースを見て、同じ職場で、同じような業務に従事していても、「とても不安」な人もいれば、「さほど気にならない」人もいるのだ。

　この不安に対する個人差は、どこから来るのだろうか。

　1つは、自身の年齢や心身の状態、家族構成や通勤手段・経路など、個人の置かれている環境から来るものが挙げられるだろう。自身に重症化しやすいといわれている要素（例えば基礎疾患がある、高齢であるなど）があれば、新型コロナウイルス感染症は他人事では済まないはずだ。また、家族に高齢者や基礎疾患のある人、医療従事者などの感染リスクが高いと思われる人がいたりすれば、やはり自身の感染ばかりでなく、家族の感染にも気をもむことになろう。若くて健康な人、家族にもさほど不安な要素がない人と比べれば、不安に対する感度が高くなっても不思議はない。

　もう1つ、その人の持つ性格や、考え方の傾向も個人差の要因となるだろう。

　家族が感染すれば、自分自身の感染リスクも高まる。逆に、自身が感染したら、家族にまで感染を広げてしまうことにもなりかねない。前述の通り、自身や家族が感染することで、さらには職場や客先にまで感染を広げたり、感染の有無が判明するまでは自宅待機を強いたりと、他者に迷惑をかけることを気にする人もいる。自身の健康不安よりも、周囲に及ぼす影響への不安が上回るのだ。自責傾向の強い人は、うつ傾向にもなりやすいので注意が必要だ。

　特にHSP（Highly Sensitive Person）と呼ばれる気質を持っている人は、そもそも刺激に対する感度が高い。社会や職場に広がる不安感にも敏感だ。他者への共感性も高いため、テレビニュースで有名人の死や、家族を

亡くした人のインタビューを目にしただけで、まるで自分の身に起きたことのように感じてしまうこともある。

一方で、新型コロナウイルスに限らず、世の中のリスクに対して敏感にならない（なれない）人、「この後どうなるか」を想像しない人、リスクセンスの低い人も確実にいるようだ。何においても「なるようになるさ」と楽観的にとらえたり、「そういう運命なんだ」と現実をただ受け入れたり、そもそも先を想像することさえしていなかったりするため、不安な気持ちを抱く人に共感できない。感染のリスクをあまり気にしていないため、手洗いや咳エチケットなど、皆で守ろうとしているルールも「ついうっかり」忘れてしまうこともある。

感染のリスクに対し、「特に敏感な人」や「とても不安を感じている人」と、「特に敏感でない人」や「ほとんど不安を感じない人」が、同じ職場で働いていれば、どうなるであろうか。とても不安な人はさらに不安感を強め、ルールを守らない人にイライラと当たり、次第に心を病んでいく。さほど不安を感じない人は、自分の「うっかり」に過剰反応する敏感な人にイライラし、あえて挑発的な言動をとったり、過剰な対処行動を強く非難したり、あるいは発生しているトラブルからあえて目をそらしたりと、やはり心穏やかではいられなくなりがちだ。

3 「コロナハラスメント」に注意

互いの特性の違いに配慮せず、適切なマネジメントをしない状態が続けば、コロナ禍に端を発したハラスメントも発生しがちだ。これを「コロナハラスメント」と呼ぶ人もいる。

不安にとりつかれた人は、何とかして不安要素を排除しようと、過激な行動に出ることがある。マスクをしていない人、軽く咳をしただけの人を徹底的に攻撃したり、身近に感染者が発生した人や医療従事者の家族などをウイルス扱いしたりするような心ない差別行動は、コロナハラスメントといえよう。

　一方で、自分は「うっかり手を洗い忘れただけ」、「たいしたことのない
ルールに違反しただけ」だと認識している人が、それを騒ぎ立てられ、上
司や人事の耳に入れられたと思えば、ウイルス自体への不安は大きくなく
ても、社内での自分の立場が揺らぐ不安が発生することもある。自身の立
場を守るためにも、そういった過剰な反応をする人は戒めるべきだとし
て、やはり過激な行動に発展することもある。わざと目の前で咳をした
り、「コロナはただの風邪だ」といった極端な主張を理由に職場内のルー
ルを拒否したりと、不安な人がさらに不安をかき立てられるような言動を
とるのもまた、コロナハラスメントといえるだろう。

　一般に、ハラスメントの背後には不安が潜んでいることが多い。例えば
パワハラならば、上からひどく責められることを不安に感じる上司は、業
績が下がるのを恐れ、失注や顧客からのクレームが多い部下を許せず、執
拗に責め立ててしまったりするものだ。コロナハラスメントも同様に、不
安に振りまわされれば、人はハラスメントに走りがちだ。不安を軽減する
取り組みが、ハラスメントを減らすための取り組みともなり得る。

4　まずは秩序を保つこと

　それでは、どうしたら不安を軽減できるだろうか。その対策を検討す
る。

　「特に敏感な人」が不安にとりつかれ、押しつぶされてしまわないため
には、職場内の秩序を保つための工夫が必要であろう。例えば、職場内の
ルールをきちんと決める。そして決定したルールは、守るよう徹底するこ
とだ。

　コロナに限らず、新型のウイルスは「未知」のものであるから、「こう
すれば感染しない」、「これをしなければ大丈夫」というような、確実な感
染防止のためのノウハウなどは存在しないはずだ。さらに、ウイルスは変
異もするため、たとえ「今、この瞬間」は安心できたとしても、その安心
が明日も続くとは限らない。だからこそ、政府が発表している公式な防止

策、「三密を避ける」、「手洗いを徹底する」といったことは、地道に守るよう、職場内で働きかけていくことが重要となる。政府が発表する対策は、その時点での専門家の予想や一般的な知識、過去の経験などに基づいて示されているはずである。もしかしたら、後日の検証によって、さほど効果がなかったと判明する対策も含まれているかもしれないが、「効果があることが確実ではない」ことを理由に、「一般的に効果が期待できると思われる対策」を拒絶する理由もないだろう。

こういった新しいウイルスに対する対処法に関しては、デマも多い。「白湯を飲めばよい」、「納豆が効く」など、根拠がはっきりしないものや、「未知」のウイルスであるにもかかわらず、効果が立証されているかのように流される「噂」までも、職場内のルールに混ぜ込んでしまわないよう、注意が必要だ。

基本は「正しく恐れる」ことに尽きる。公式の情報に目を向け、社会が求めるルールを職場内でもルール化する。そしてルールは全員に確実に伝え、実行を徹底する。ルールを守らない人がいれば、過剰に責め立てるのではなく、そっとルールに則った行動を促すべきである。

一般に、指導をするときは、「大きなことに関しては、時間をとって、個別に行う」こと、また「小さなことに関しては、すぐに、その場で行う」ことがよいとされている。あえて会議室に呼び出し、神妙な顔でルール違反を指摘するよりも、「密ですよー」、「マスク、忘れてない?」などと、「当たり前」のことを「普通に」行うように伝えることで、抵抗感を抱かせない工夫をしたい。

過剰な対処行動や責め立てがなくなれば、職場内の秩序は保たれる。秩序が保たれていれば、たとえ政府が推奨する対策が訂正されたり付け加えられたりしたとしても、落ち着いて「新しいルール」に書き換えれば済むだけだ。職場を無法地帯にし、不安を蔓延させてはいけない。

5　職場内でのコミュニケーションの注意点

　コミュニケーションとは、情報のやりとりをいう。会社が従業員に伝えたいことを確実に伝え、従業員は会社が発信した情報を確実に受け取ることができて、コミュニケーションが成功したといえる。当たり前な話のようだが、コミュニケーションは実は非常に難しいものだ。多くの職場では、常日頃から「伝えたつもり」と「受け取ったつもり」が横行している。それらは「伝える側」と「受け取る側」が、常に「コミュニケーションは難しい」ということを意識し、互いに歩み寄る気持ちを持つことで、やっと少しずつ解消していく問題である。この基本は、コロナ禍におけるコミュニケーションでも同じである。

　しかし、コロナ禍特有の職場コミュニケーションの問題もある。注意すべき点を挙げよう。

　まずは前述のとおり、コロナ禍に特有の不安の存在と、不安に関する個人差に注意を払うことだ。平時ならば軽く注意すれば済むことでも、「あえて事の重大さを伝える」べき場合もあるし、逆に少々キツく注意して然るべきことでも、「落ち着いて、やさしく伝える」べき場合もあり得る。相手の不安の程度、不安の中身をよく観察し、その相手が抱えている不安をさらにあおらないように、「伝え方」を変える工夫が必要だ。

　そして、物理的な距離に配慮したコミュニケーション手段を考える必要がある。例えば、ルールを通達し、全員でその実行を徹底しようというメッセージを、どうやって職場の全員に伝えればよいだろうか。三密を回避しようと思えば、大勢が集まる会議や朝礼の実施は困難となろう。紙で回覧を回せば、大勢の手が触れるリスクもあるし、即時性もない。メールやイントラネットでの掲示では、日頃から全員が当たり前に見ているならば効果が期待できるが、一部の非正規社員などにはメールアドレスがなかったり、PCを貸与していなかったりするケースも多いのではないか。そうなれば、通知が行き届かず、結果的に職場内のルールも徹底できなく

なってしまう。

　実は平時から、多くの会社が「全員に即時に必要な通知をする方法」に頭を悩ませている。ある会社では、イントラネット上に掲示板を設置していたが、「そんなものは見ない」、「掲示板なんて知らない」と開き直る人が多く、通達事項の周知に苦慮していた。同社では、とてもアナログな方法だが、従業員専用通路や各フロアの洗面所に、イントラネット上の掲示板が更新されたことを示す物理的な掲示板を設置し、「詳しくはイントラネット上の掲示板を見るように」と促すことで、徐々にイントラネット上の掲示板を見ることを「当たり前」として定着させていた。

　別のある会社では、社内で一定の作業を行う従業員が多い中、全社員に社用スマートフォンを貸与し、会社からの通達はすべてそれを通じて行っていた。スマートフォンに苦手意識を持ち、電源も入れずに会社のロッカーにしまい込んでしまう人もいるようだが、丁寧に使い方を教えたり、その人の興味を引くようなコンテンツが掲示されていることを伝えたりと、活用させるためのサポートも行っている。こうした試みは、当然、費用や手間はかかる。しかし会社として、コミュニケーションを大切なことと位置づけていれば、必要な投資だと考えられよう。

　平時に困っていることは、緊急時にはもっと困る。改善すべきことは放置せず、平時から常に問題意識を持ち、あきらめずに解決策を考え、実行することが重要だ。

　次に、このコロナ禍では、通勤時や職場内の密を避けるために在宅勤務が推奨されたわけだが、職場内の人が顔を合わせる機会がぐっと減り、いつもならば口頭で言えることも、口頭で言う機会が極端に減ってしまう。とかく急な在宅勤務はトラブルも多い。

　電話でのコミュニケーションに慣れていない職場では、職場内での直接の会話がぱったり途絶えてしまうこともある。相手の様子が見えないため、「忙しいかもしれないから」と、電話やメールも遠慮がちに、必要事項のみを簡潔に伝えることばかりに気を遣い、結果的にはお互いに孤独感

にさいなまれ、うつ傾向まで呼び起こしてしまうことさえあるようだ。当社では在宅勤務に関してアンケートを実施したが、在宅勤務は「さびしい」という声が散見された。

　対面でのコミュニケーションを補うものとしては、気軽に会話できるチャットツールは有用だが、これも使い慣れていない人にとっては、逆に大きなストレスともなり得る。使い方のレクチャーもないまま、急に「ツールを使用するように」と言われても、誰もがすぐ使いこなせるようになるわけではない。人によっては、自分で様々試してみて、すぐにマスターしてしまう人もいるだろう。わからなければ、気軽に他人に聞ける人も、早々に使い方をマスターするものだ。しかし、人に聞くことを恥ずかしがる人、そもそも新しいツールを使おうともしない人もいる。そしてそういう人を「こんな簡単なツールも使えないのか」、「これだからアナログ世代は……」などと揶揄する人もいる。使いこなせない人はますます教えてもらいづらくなって取り残され、コミュニケーション格差は大きくなるばかりだ。

　また、普段から自分の仕事だけに集中し、周囲とのコミュニケーションを避ける傾向にある人、在宅勤務でもさびしさなど感じないという人にとっては、チャットは「仕事の邪魔をするもの」と認識されがちだ。情報をスムーズに伝達したり、コミュニケーションを通して現場での学びを活性化させたりするためのツールは、そもそもコミュニケーションを不要だと思っている人には受け入れてもらえない。ただツールを導入するのではなく、使い方のレクチャーや、気軽に聞ける体制整備を行ったうえで、何に使ってほしいか、どういう効果を期待しているかを周知する必要があるだろう。そして上層部が率先して使うことで、全社への浸透を早めることができるだろう。

　そしてもう１つ、チャットもメールも、文字によるコミュニケーションであることに注意が必要だ。言いたいことを文字で伝える力、文章を書く力はもちろんのこと、書かれている文章を正しく理解する力も、誰もが身

につけているわけではない。目の前に相手がいれば、その反応に応じて説明の仕方を変えたり、より詳しく話したりと対処のしようがあるが、文章では、相手がそれをどういう表情で、どんな状況下で読んでいるかわからない。そもそも「文章は読みたくない」と、メールが来ても「開封するだけ」の人もいるだろう。均質な人員をそろえ、誰もが文章を書いたり読んだりするのが当たり前の職場ならば、さほど大きな問題にもならないかもしれない。しかし、現代はしきりとダイバーシティの活用が叫ばれ、職場内の人材の多様性が増している時代だ。少なくとも、テキストでのコミュニケーションは万能ではないこと、弱者をフォローする必要があることは、認識すべきだ。

　そして在宅勤務が一気に進み、各社で活用が一気に増えたものとして、Webを介したミーティングツールが挙げられる。こちらもまた、使い勝手に戸惑う人が続出し、さらに通信環境の壁にさいなまれ、ますます孤独感を強めてしまうケースも見えてきた。
　孤独とは、本当に1人きりの状況では感じないものなのではないか。周囲に人がいて、自分以外の人たちは、うまくつながっている（ように見える）にもかかわらず、自分だけがその輪から外れているときに、人は疎外感や孤独を感じるようだ。そして孤独を感じた人は、不安も感じる。その不安は、極端な行動を呼び起こす。このように、すべてがつながっているのだ。

6　伝える工夫、受け取る工夫

　コミュニケーションにおける注意点を挙げたが、対処は簡単ではないものの、できることは必ずある。在宅勤務中のコミュニケーションについて当社で実施したアンケートでも、コミュニケーションにおける工夫が様々挙げられた。
　アンケート結果から、その工夫例を挙げてみよう。

- 特に部内コミュニケーションで、メールは記録手段としては有効ではあるが、感情や本意を伝える難しさがあるので、在宅で顔を合わせない分、なおさら、大切なことは直接声にして伝えるように心掛けた。
- ほぼチャットでやり取りしていたので、対面ではない分「ありがとう」をいつも以上に伝えた。
- 社内の人とのやり取りに際して、自分の伝えたいことが伝わるように詳細に記載するようにした。ニュアンスなどが伝わりづらいと感じる内容はビデオ通話で相談した。
- 取引先からの連絡が電話だと受けられないので、メールで事前に在宅勤務していることは伝えるようにした。
- チャットツールで、役員が積極的にスタンプを使っていたので、「気軽さ」が促進されたと思う。文字でのコミュニケーションは、気持ちが伝わりづらく、冷たく受け取られないようにするため、あえて語尾に「ね」や「よ」をつけるようにしていた。
- 始業時と夕方頃にweb会議のシステムを使って互いの業務の進捗状況を把握していた。
  一見、面倒くさく思うが、毎日web会議をやることで、次のメリットがあった。
  ①　業務の進捗状況が把握できる
  ②　困っている者、不安になっている者の救済ができる
  ③　ひらめきがある（改善点などのアイディアが浮かびやすくなる）
- 進捗の報告を、やや多めに行った。悪いニュースも多く、気分が沈みがちだと思ったので、勤怠報告の際に、たまに小ネタを投稿した。
- 「さびしい」という電話を受けて以降、ランダムに各社員に1on1でご様子伺いの電話ないしウェブ会議を実施した。ここで話した内容のうち、健康面・業務面・労務面でリスクと認められたものは、幹部に別途報告した。

いずれも小さな工夫である。相手を気遣い、積極的に「伝えよう」、「受け取ろう」という心遣いが見える。スタートはここからだ。

7　セルフケアのポイント

　様々な工夫をしても、やはり不安にとらわれ、メンタル面で不調を来してしまう人は出るだろう。しかし、はっきり「不調」に陥ってしまってからでは遅い。早めに気づき、早めに対処することで、重症化を防ぎ回復を早めるものだ。そのために浸透させるべきは、セルフケアの基礎知識だ。

　特にコロナ禍においては、在宅勤務になったことが、仕事をするうえでかなり大きな環境変化となったようだ。在宅勤務では、上司が部下と直接顔を合わせる機会が減ることから、日常的な「ラインによるケア」を行いづらい。上司は平時以上に部下の様子に「気づく」ことが求められるが、物理的に離れ、部下のケアに使える時間も限られ、見守りもしづらい。

　そもそも在宅勤務では、平時よりも自分自身で仕事や働き方をコントロールすることが求められる。モチベーションを整えるのも、メンタルケアも、できるだけ自分自身で行えるようにしておきたい。

　特に在宅勤務中のセルフケアについて、留意すべき点を挙げておこう。

1 「いつもと違う」を見逃さない

　自分自身でできるセルフチェックとして、まず見落とさないでほしいのが「いつもと違う」ことだ。「いつもと違う」が出現したら、自分で自分の心をよく観察すべきタイミングといえる。

　例えば、いつもならば朝はすっきり起きられるのに起きられない、逆に朝は苦手だった人が急に朝早く目が覚める。これらは、どちらも「いつもと違う」にあてはまる。冷静に自分のストレスの状況やその他の不調などを顧みて、必要に応じたケアをしてほしい。

　自分のストレスを知るには、タイミングが合えば会社が実施するストレスチェックを積極的に活用するのもよいだろう。会社によっては、通年で

利用できるようなチェックツールを契約している場合もある。自社ではなければ、厚生労働省が委託・開設している「働く人のメンタルヘルス・ポータルサイト『こころの耳』」では、簡易なストレスチェックを受けられ、その結果に応じたストレスケアまで学ぶことができる。

2 仕事とプライベートを分ける

在宅勤務では、仕事とプライベートが曖昧になりがちだ。働くときは働き、休むべきときはしっかり休むよう、メリハリをつけることが、「きちんと休む」ことにつながる。

具体的な取り組み例として、下記を挙げる。

- 仕事中は仕事用の服に着替え、仕事が終わったらリラックス着に着替える。
- 「昼休み」をしっかり取り、食べながら仕事をしない。
- 仕事をする場所とくつろぐ場所を分ける（「仕事をする場所ではゲームをしない」というルールを作る、など）。

---

3 不安を煽る情報から離れる

自宅にいると、時計代わりにテレビをつけてしまうこともあるだろう。しかし、昼間の情報番組の中には、いたずらに不安を煽るような情報も多々見受けられる。SNSなどでも、不安を呼び起こし、良からぬ行動、意味のない行動に誘うようなデマが飛び交っている。現実を冷静に受け止め、デマに惑わされないようにするためには、情報から距離をおいたり、情報源を信頼できるもののみに絞ったりするのも一手だ。

4 不安を煽る人と距離をおき、安心できる人とつながりを持つ

職場内には、不安への感度や不安に思うポイントが自分とは異なる人がいるということは前述のとおりだ。これは、職場内だけに限らず、私的な

友人や家族などでも同様だろう。

　仕事であれば、自分と異なる人とも最低限のコミュニケーションは必要だが、プライベートでまで自分と考えの合わない人と付き合う必要はない。同居の家族など、コミュニケーションをシャットアウトできない相手もいるだろうが、できる範囲で衝突を避ける工夫をしたい。

　逆に、「この人と話すと落ち着く」と思える人とは、積極的に連絡を取り合うようにしたい。電話やWeb通話などで、短時間でも話せる機会を増やすのもよいだろう。相手の都合への配慮は必要だが、互いに安心できる間柄であれば、喜んで応じてくれるはずだ。

5 適度な運動と、食事・睡眠

　外出自粛の要請を受け、ずっと自宅に籠っていると、運動不足になる。体を動かしていなければ、さほど食欲もわかないか、逆に食事だけが楽しみとなって「コロナ太り」につながり、やはり「いつもと違う」状況が発生する。また、仕事で頭は使うものの体が疲れていないことから、なかなか寝つけない、睡眠の質が低下するといった問題も発生することがある。

　やはり適度な運動を心がけるべきだ。室内でできる体操やストレッチ、体を動かすゲームなどで、運動不足を解消しつつ、楽しいリラックスタイムを作ることを勧めたい。

6 小さな楽しみをもつ

　室内でも楽しめる遊びや趣味の充実は、心の健康にも寄与するだろう。会場に集まる音楽ライブは中止になっても、ネットでの配信ライブは増えている。外食はできなくても、テイクアウトやお取り寄せでグルメも楽しめる。旅行には行けないが、ネットの地図上での仮想旅行ならば、なんと宇宙にまで行けてしまう世の中だ。

　今までと同じ楽しみは難しくても、変化球な楽しみ方を探し出し、それをまた気の合った仲間同士でシェアするのも楽しそうだ。たとえ小さな楽しみでも、心を豊かにするには効果的といえる。

7 SOSを発信できるように

　自分であれこれ手を尽くしても、厳しい現実を目の当たりにすれば、リラックスどころではないかもしれない。むしろ脅迫的に楽しみを探そうとしたり、いつも以上に仕事や家事を頑張ってしまったりすれば、どこかに無理が生じ、一気にエネルギーを消耗してしまうこともあるだろう。そんな時には、SOSを発信することが必要だ。

　会社は、我慢し過ぎる人、頑張り過ぎる人がいることを想定し、SOSを発信できるツールや場を整えておきたい。平時からEAP事業者などと契約し、相談ダイヤルを使えるようにしておく、管理職に傾聴訓練を施す、スムーズに医療につなげられるよう産業医との連携を強化するなど、SOSを適切に受け付け、適切な対応につなげられる基盤整備が重要だ。

8 コロナから学ぶ、職場コミュニケーションの改善

　コロナ禍は、社会や企業に大きな痛手を負わせた。しかし、それでも世の中は動き続け、人は生き続ける。ならばこのコロナ禍を、いかに今後につなげていくか、ここで得た経験をどう未来に活用していくかを考えたいものだ。

　特に職場コミュニケーションには、平時から課題を抱えている会社は多い。そして今、コロナ禍によって、職場コミュニケーションの形は否応なく変化している。この変化から、平時にも活用できるポイントを学ぶべきだろう。

　物理的に人と人の距離をおくことが推奨され、しかしコミュニケーションは止めない、信頼関係も崩さないことが、今まさに求められていることだ。「離れていても、心はつながっているよ」を、いかに職場内のメンバーのみならず、大切なお客様にも感じてもらうかが、会社の未来を決めるのだ。この重要だが、解決の難しい課題に対し、ここまで正面から向き合わざるを得ない機会が今までにあっただろうか。

新型コロナウイルスは、我々の生活に様々な悪影響を及ぼし、そして大きな変化を与えた。アフターコロナでは、この変化をすっかり元に戻してしまってはもったいないだろう。

　コロナ禍が収束したとき、私たちは何と叫ぶだろうか。「さよなら、コロナ！」で終わるのか、「ありがとう、コロナ！」で終わるのか。それは、私たちの取り組み次第なのだ。

第4章 店舗トラブル
①カスタマーハラスメント

上席研究員　西尾　晋

■はじめに

　新型コロナウイルス感染症の世界的蔓延を受けて、国内では、インフルエンザ特措法に基づく緊急事態宣言が発出され、各地で外出や営業の自粛が要請された。一方で、このような状況下でも、医療関係者、スーパーマーケット、コンビニエンスストア、ドラッグストアなどの生活必需品販売店、公共交通機関、警察・消防などの治安維持機関などの多くは営業（事業活動）を自粛するわけにはいかず、関係者は社会のために、日々、現場や店舗で尽力・奮闘していた。彼らの存在なくして、国内の感染拡大防止と社会生活の両立は実現できない。まずは、この場を借りて、関係者の奮闘に深く感謝したい。

　一方で、デマによる消費者の店舗への殺到や一部の人の転売目的での買い占めにより、トイレットペーパーやマスク、消毒用アルコールなどが非常に品薄となった。このような状況で、特に店舗の現場では、お客様に売りたくても商品が入荷できない中、従業員は日々、商品の問い合わせや欠品に対するクレームに多数対応せざるを得ず、その苦労・負担は相当なものであった。また、医療関係者も買い占めのあおりを受けて品薄になったN95マスクや消毒液の調達がままならない中で、得体のしれない新型感染症との戦いの最前線で、不安を抱えながらの懸命な措置を行った。その苦労やストレスは計り知れないものがある。

　こうした中にあって、心無い利用者や国民が理不尽な発言や行動、誹謗

中傷を繰り返し、あるいは自身の一方的な主張を繰り返し、それに対応するように迫る「カスタマーハラスメント」の事例も多く見られた。

　カスタマーハラスメント自体は、新型コロナウイルスの流行前から存在していたが、現場で生じているカスタマーハラスメント対応の負担を可能な限り小さくできるよう、本稿では、カスタマーハラスメントへの対応のポイントについて解説する。

1　カスタマーハラスメントの現状

　まず、カスタマーハラスメントの実態について紹介する。
　当社では、2019年５月に全国の20代から60代の顧客対応の経験者約1,000名のご協力を得て、カスタマーハラスメント実態調査を行った。詳細は、当社ホームページで紹介しているが、その中から関係する調査結果を紹介し、カスタマーハラスメントの実態について解説する。

1 カスタマーハラスメントの現状

　カスタマーハラスメントの現状として、「カスタマーハラスメントが直近３年間で増えているか」、「カスタマーハラスメントにどの程度困っているか」について見ていく。

　これらのアンケート結果から認識しておくべき教訓は、次の２点である。
　１つ目は、カスタマーハラスメントはもはや常態化しているということだ。言い換えれば、現場では、カスタマーハラスメントはすでに深刻なリスクであり、「他人ごと」ではないということだ。「当社ではカスタマーハラスメントは発生していない」という企業であっても、実際には、現場ではカスタマーハラスメントが横行していて、組織内で報告されていないだけである可能性を念頭に置くべきである。

図1　カスタマーハラスメントは増えているか

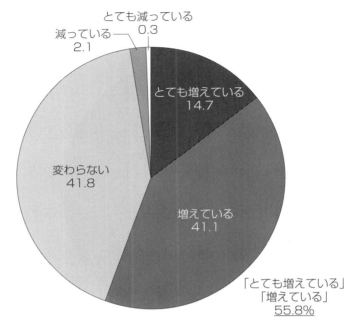

「とても増えている」、「増えている」を併せて55.8％であり、過半数の回答者が、カスタマーハラスメントが増加していると回答している。

　2つ目は、カスタマーハラスメントはお客様相談室だけではなく、B to B業態でも発生しており、営業部門などでは、売上確保の観点からそれにやむなく応じてしまっている可能性を常に認識しておく必要がある。

　2020年1月15日に厚生労働省から示された「事業者が職場における優越的な関係を背景とした言動に起因する問題に関して雇用管理上講ずべき措置等についての指針」（令和2年1月15日厚生労働省告示第5号。以下「厚労省指針」という）では、カスタマーハラスメントについても企業に努力義務を課している。同指針では、対策をすべき行為として、「顧客等

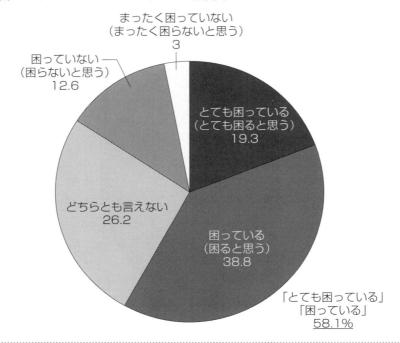

図2　カスタマーハラスメントにどの程度困っているか

まったく困っていない
（まったく困らないと思う）
3

困っていない
（困らないと思う）
12.6

とても困っている
（とても困ると思う）
19.3

どちらとも言えない
26.2

困っている
（困ると思う）
38.8

「とても困っている」
「困っている」
58.1%

　「とても困っている」と「困っている」とを併せて58.1％となっており、回答者の6割がカスタマーハラスメントへの対応に苦慮しているという結果になった。

からの著しい迷惑行為（暴行、脅迫、ひどい暴言、著しく不当な要求）」のみならず、「取引先等の他の事業主が雇用する労働者又は他の事業主（その者が法人である場合にあっては、その役員）からのパワーハラスメント」についても挙げられている。この点からも、B to B業態であっても、カスタマーハラスメントへの対策が必要であることがわかる。

2 カスタマーハラスメント顧客の5つの特徴

　次に「カスタマーハラスメント顧客の特徴について」である。

　「カスタマーハラスメントを受けたことがある方の中で、あなたが以前対応したカスタマーハラスメント顧客の特徴は、どんなものがありましたか」という設問に関する回答は、図3のとおりであった。

　図3に挙げた5つの特徴は、実は昔から変わらないクレーマーの典型的な行動である。

　「クレーム中に何度も同じことを言う」は、自分要求をひたすらゴリ押しし、最後は企業側の根負けを狙っている。堂々巡りの対応に持ち込み、企業側の「対応が面倒だし、時間がもったいない（他のお客様も待たせている）ので要求を飲んでしまえ」という心理状況に陥るのを待っているのである。

　「要求が不当要求である」については、自分を特別扱いさせたいがため

図3　カスタマーハラスメント顧客の特徴

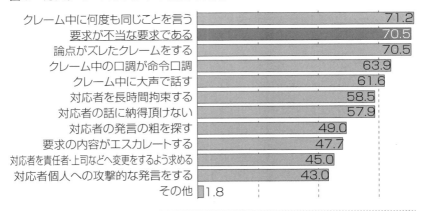

クレーム中に何度も同じことを言う	71.2
要求が不当な要求である	70.5
論点がズレたクレームをする	70.5
クレーム中の口調が命令口調	63.9
クレーム中に大声で話す	61.6
対応者を長時間拘束する	58.5
対応者の話に納得頂けない	57.9
対応者の発言の粗を探す	49.0
要求の内容がエスカレートする	47.7
対応者を責任者・上司などへ変更をするよう求める	45.0
対応者個人への攻撃的な発言をする	43.0
その他	1.8

　回答率（複数回答）のトップ5（カスタマーハラスメント顧客の5つの特徴）を改めて記すと、次のとおり。
・クレーム中に何度も同じことを言う
・要求が不当な要求である
・論点がズレたクレームをする
・クレーム中の口調が命令口調
・クレーム中に大声で話す

に、意図的に無理難題を申し立てている。企業が、CS（顧客満足）のスローガンのもと、お客様に寄り添いすぎる姿勢を逆手にとって、不当・過剰な要求をして、あわよくば自分だけ得してやろうと考えているのである。

「論点がズレたクレームをする」については、企業に対する追及材料を増やし、企業側に何度も謝罪させたり、企業側の落ち度が大きいことを強調して、自身の主張（正論）を受け入れさせて、それに便乗して自身の不当な要求を飲ませようという狙いである。過去にあった些細な事象を持ち出し、その件も含めて謝罪をさせて、企業の担当者に心理的苦痛を感じさせるために論点を変えるのものだ。

また、企業担当者側の対応が上手く、対応にそつがない場合には、何とか突破口を探そうと、色々と言いがかりをつけてくるケースもある。追及材料がなければ、「お前の言葉遣いが気に入らない」、「なんだ、その態度は」など、担当者の個人攻撃をはじめるのが、彼らの常套手段である。

「クレーム中の口調が命令口調」については、「客として」の立場を強調し、「客の要望の応えて当然」、「客のほうが偉い」という上から目線で、無理難題や過度な謝罪を求めてくる。殊更に土下座などを要求するのも、このような上から目線の心理の表れである。エスカレートすると、従業員に対して、誹謗中傷や罵詈雑言を浴びせたりするようになる。

「クレーム中に大声を出す」のも、上記同様、「客として」の立場を強調し、「客の要望の応えて当然」、「客のほうが偉い」という上から目線で言っている場合によく用いられる。また、従業員が毅然とした対応をしている場合などは顧客側が手詰まりになり、その状況にいら立って声を荒げたり、大声を出して威圧して、何とかその手詰まりの状況を打破しようとするときに用いられるケースもある。

いずれにしろ、以前からクレーマーなどが常套手段として用いてきた手口ばかりである。これは非常に重要な点である。クレーマーやカスタマーハラスメント顧客が、企業の担当者を困らせるポイントや手口は、実は決まっているのである。その点を踏まえて、対応策を準備・習得できれば、カスタマーハラスメントに現場が蹂躙されることはない。当社が提唱して

いる、「危機管理的顧客対応指針5か条」は、まさに、カスタマーハラスメント顧客の手口に負けないノウハウを組み込んでおり、クレーム対応時の原理・原則を整理・体系化したものである。

3 カスタマーハラスメントが組織に与える悪影響

　最後にご紹介するのは、「カスタマーハラスメントが組織に与える悪影響」についてである。当社では、従来「不当要求はロスを生む」ことを強調してきたが、それが裏づけられた結果となった。カスタマーハラスメント対策を考えていくうえでも、非常に重要な示唆を含んでいる。

　この結果が示唆する点は、次の2点である。

　1点目は、カスタマーハラスメントや不当要求は「ロス」を生む、ということである。

　カスタマーハラスメントや不当要求に対して、しっかりとした対策や対応をしなければ、ロスの垂れ流しになってしまう可能性が高いことを改めて認識することが重要である。しかも、直接的なロスだけではなく、業務遅延などの間接ロスなど、ロスの連鎖を生むことにも注意が必要である。

　業務遅延とは、例えば、カスタマーハラスメント顧客がゴネたため、対応に長時間を要してしまった結果、本来すでに対応していなければいけない他のお客様への対応や他の業務に着手できずに、新たなクレームを誘発したり、残業に繋がったりという悪循環に陥ることである。このように間接的なロスまで生じさせてしまうと、組織に非常に大きな悪影響をもたらす。

　2点目は、不当要求対応に関する知見の蓄積の重要性である。

　組織として、不当要求対応の要領を標準化し、対応方針を明確化して、ロスの発生を食い止めていく必要がある。特に不当要求は、対応時間が無駄に浪費させられてしまうとか、担当者がストレスを感じて、メンタル不調や退職に発展する事態になるなど、そのロスは計り知れない。そのようなロスを最小限で食い止めるためには、不当要求に関する知見の蓄積により、現場の対応力を上げていくことが不可欠である。

図4 カスタマーハラスメントの組織への悪影響

◆「とても影響がある」「影響がある」の合計

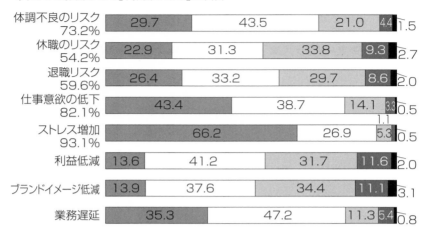

	とても影響がある（とても影響があると思う）	影響がある（影響があると思う）

■とても影響がある（とても影響があると思う） □影響がある（影響があると思う）
■どちらとも言えない ■影響はない（影響はないと思う）
■まったく影響はない（まったく影響はないと思う）

　回答者の８割以上が「影響あり」と回答した上位は次のとおり。
・ストレス増加：93.1％
・業務遅延：82.5％
・仕事への意欲の低下：82.1％
　「体調不良のリスク」も73.2％に上っており、ストレス増加とも相まって、従業員の「心身」に大きな悪影響を及ぼしていることが明確になった。

2 カスタマーハラスメントの基礎知識

1 基本的事項の確認

1 基本事項の確認

　ここで、改めて確認しておきたいのは、「カスタマーハラスメント」とは何か、についてである。

　実は、巷でもカスタマーハラスメント（通称「カスハラ」）という言葉が普通に使われているが、現状では、直接的に規制などを行うための法律がない関係もあり、明確な定義はいまだに存在していない。2021年度には、厚生労働省がカスタマーハラスメントに関して、企業向けの指針を公表すると報じられているが、定義や類型が曖昧なままでは、現場での対応にも迷いが生じる。

●カスタマーハラスメント対策の出発点〜定義と行為類型

　「カスタマーハラスメント」について、企業の不当要求、クレーマーや反社会的勢力対応などを20年以上支援し続けてきた当社が、これまでの多くの実例、現場の実態などをふまえて整理した、定義と行為類型を紹介しておきたい。

　カスタマーハラスメントの定義については、パワーハラスメントやセクシャルハラスメントの定義を参考にして定義づけすることが有意義である。パワーハラスメントの定義や、セクシャルハラスメントの定義を参考にすれば、カスタマーハラスメントについては、「職場において行われる、または業務に関して行われる、①優越的な関係を背景とした顧客（法人などの取引先を含む）の言動で、②業務上又は社会通念上相当の範囲を超えて行われる、③担当者の就業環境や業務推進を阻害し、又は担当者の尊厳を傷つける行為」と定義することができる。

　そして、このカスタマーハラスメントの定義を踏まえて、カスタマーハ

ラスメントに当たり得る行為類型を整理すると、次のようになる。

■カスタマーハラスメントに該当する行為類型

1. 顧客として優遇を求めることを目的とする言動（優越的地位の濫用）

　　例）・「俺は客だ」、「お客様は神様だろう」、「お金を払っているんだから、やって当然」、「対応次第では、今後の取引を考える」などの発言　など

　　　　・「不買運動を起こす」「ネットで炎上させる」、難癖をつけて値引きを要求、「客の言うことを信用できないのか」と質問を遮断する行為　など

2. 不当・過剰・法外な要求、社会通念上相当の範囲を超える対応の強要、コンプライアンス違反の強要

　　例）・対価的に相当な範囲を超えた要求、特別の利益や便宜の供与を求める要求、法令違反（違法行為）の内容への対応要求　など

　　　　・暴行・傷害、強要・恐喝・脅迫、不退去、器物毀棄、威力・偽計業務妨害、名誉棄損などの刑法犯、一方的主張の繰り返し　など

3. 職務妨害行為（就業環境または業務推進阻害行為）

　　例）・長時間に渡る担当者の拘束、その場で解決できない事象への即時対応要求、正当性のない担当者の交代要求、虚偽の申し立て　など

　　　　・就業時間後の拘束、他業務実施の妨害、義務なき文書の提出要求、大声出す、暴れるなどの施設の平穏を害する言動　など

　　　　・同一・類似案件への執拗な対応（回答）要求・電話、業務上必要な機器などを壊したり奪ったりする行為、従業員の警告を無視　など

4. 担当者の尊厳を傷つける行為（人格否定・意思決定権の侵害）

例）・暴言、誹謗中傷、個人的な責任追及（賠償・補償要求）、個人情報の晒しなどをちらつかせること、無許可での撮影・録音

　　・土下座や人格・尊厳を傷つける行為の強要（セクハラ、性的自由の侵害を含む）、SNSなどによる連絡・返信要求・強要

　　・職場や通勤経路、自宅での待ち伏せなど恐怖を与える行為、必要以上の連絡先・個人情報など開示の要求、その他の嫌がらせ行為

　企業でカスタマーハラスメント対策を進めていくうえでは、社内でのコンセンサスを図り、基準を明確にする意味でも、定義や行為類型は重要である。上記の定義や行為類型を参考にして、各社でも、まずは自社におけるカスタマーハラスメントはどのようなものなのかを明確にしておくことをお勧めする。

　なお、カスタマーハラスメントの定義や行為類型を明確にしておくことは、現場での対応の局面のみならず、企業のコンプライアンスの確保の観点からも重要となる。厚労省指針では、行為の対象として、「取引先等の他の事業主が雇用する労働者又は他の事業主（その者が法人である場合にあっては、その役員）からのパワーハラスメント」とされている旨、紹介した。自社の従業員が取引先に対して、その優位性を利用して行うパワーハラスメントも「カスタマーハラスメント」にあたる。

　要は、最前線の自社の従業員がカスタマーハラスメントに蹂躙されないように従業員を守る一方で、自社の従業員が取引先に対してカスタマーハラスメントを行うことがないようにしっかりと教育・マネジメントしていく必要があるのである。だからこそ、コンプライアンスの観点から、取引先などに対して行ってはならない行為類型を明確にし、それがカスタマーハラスメントにあたることを周知しておく必要があるのだ。

2 コロナ禍におけるカスタマーハラスメントの様相

　カスタマーハラスメントは、新型コロナウイルスの流行下でも横行している。もちろん、カスタマーハラスメントが跋扈する状況を許すべきではなく、当社でも、「対応ガイドライン」を公表したり、「カスハラ110番」という相談窓口を設置して、企業の対応負担の軽減に努めている。

　しかし、新型コロナウイルスを理由にして、満足な顧客対応をしなかったり、逆に顧客に迷惑をかけているにもかかわらず、最低限の謝罪もせずに、開き直り、逆切れに近い対応をする企業が少なからずあった。

　感染予防の観点から、ある程度はお客様に不便を強いることはやむを得ないにしても、「コロナの状況だから仕方ない」と言い訳をして開き直るだけでなく、十分な謝罪や説明をせず、お客様の理解を求めようというのは、CSの観点からは全く本末転倒である。

　企業として最低限の対応が取れない状況では、お客様が怒るのも無理はない。そもそも、お客様が怒っている原因は何か。新型コロナウイルス感染症への対応が必要である状況下で、商品・サービス、あるいは接客などに問題はないか、そこをしっかりと検証する必要がある。

　クレーム対応の分野では、昔から言われていることであるが、企業の不適切な対応が、お客様の怒りやクレームを増幅・増長させている現実が、新型コロナウイルス感染症の流行下でも、少なからずあったことを改めて認識しておく必要がある。

2 クレームと不当要求の区別

　CS対応と、カスタマーハラスメント対応の指針を考えていくうえで、押さえておかなければならないのは、「クレーム」と「不当要求」の区別である。

　国内では依然として、企業として真摯に対応すべきクレームと、応じるべきではない不当要求が、「クレーム」という一語に纏められて扱われ、両者の区別、言い換えれば線引きが不明確であることが多く見受けられ

る。そのため、「クレーム」対応の基本方針とされる「お客様満足度の追及」などのスローガンに引きずられ、結果的に、理不尽なカスタマーハラスメントに耐えたり、受け入れてはいけない過剰な要求や、言いがかりに応じてしまうという状況に陥っている。

　実際に対応する担当者の立場からすれば、「クレーム」という一語に纏められてしまうと、どこまで対応すべきで、どこから対応しなくてよいのかが理解できない。したがって、現場でカスタマーハラスメント対策を進めるためには、どこまで対応し、どこから対応しなくてよいのかが判断できるように、少なくともワーディングを分けて、指針を明確にしておく必要がある。

　「クレーム」は、商品やサービスに対するお客様からの不満の表明であり、改善に向けた要望である。従来から言われているとおり、お客様から頂戴する、商品やサービスの改善に向けたヒントである。こうした声に対して企業努力によって、少しでもその改善に努めることで、お客様の満足度も上がり、商品の購入に繋がり、結果的に売上・利益の向上が図られる。

　一方、「不当要求」は、企業としては対応できない要求や要望であり、お客様の言いがかりなど企業にとって、正直に対応すればロスを発生させてしまうものである。「対応できない」と断っても、従業員がお客様に延々と拘束されてしまえば、時間を消費され、その間にすべき別の仕事に対応できなくなってしまう。また、本来、得られるはずの代金をもらえないとすれば、損が発生する。さらに、お客様の中には言葉遣いが乱暴な方もいるため、対応する担当者は精神的に多大なプレッシャーを感じ、疲れてしまうケースも少なくない。企業にとっては、いずれも歓迎できない状況である。

　クレームと不当要求の両概念との関係で「カスタマーハラスメント」を位置づければ、不当要求を通すためなど、執拗に行う暴言・暴行・強要・迷惑行為を「カスタマーハラスメント」と定義づけることができる。

　実際には、お客様の言い分の中には、クレームと不当要求が混在してい

る場合があり、はじめから明確に割り切れるものではないが、引き際を意識し、お客様から出された要求が、「クレーム」なのか「不当要求」なのかを適宜見極めながら対応していく必要がある。いずれにしろ、その指標として、「クレーム」と「不当要求」の言葉の使い分けなどの工夫が重要であることを改めて認識していただきたい。

3 カスタマーハラスメント顧客の特徴の背景にある思考回路

カスタマーハラスメント顧客や不当要求者は、自分の都合で情報を解釈し、自分なりの理論武装をして、「自分は絶対に正しい」として自己主張を行う。新型コロナウイルス禍での自粛や不便を強いられていることへのストレスを感じていて、そのはけ口を求めている中で、「けしからん」と思うことがあった場合や、少しでも自分の思い通りにしたい欲求から、企業に対する自己主張を強めている。

そして、自分の要求が通らない状況や、自分の思い通りにならないときは、客の話を聞かないモラルがない企業ということで、その理由を「相手のせい」にしてくる。ここでいう「相手」とは、申し立てをする先の企業である。そのため、お客（自分）の話を聞かないモラルのない企業、不良担当者ということで、企業姿勢や担当者としての資質を問題視し、暴言や大声を出して自説を述べ、それができなければ無能呼ばわりする。また、けしからん企業・担当者であることを強調するために、過去の事例を持ち出して対応を批判して、執拗に謝罪や見解を求めてくる。その思考回路・ロジックは共通している。

したがって、企業側としては、このようなカスタマーハラスメント顧客や不当要求者のロジックを理解しておくことをお勧めする。「敵を知り己を知れば百戦して危うからず」という格言のとおり、相手のロジックや心理を知っていれば、実際の対応もしやすくなることは言うまでもない。

3 カスタマーハラスメントへの対応ガイドライン1 〜現場編

　実際にカスタマーハラスメントにどのように対応し、対策を取るべきか、ここからは、その概要を説明する。

1 厚生労働省の指針におけるカスタマーハラスメント対策の努力義務

　厚労省指針では、企業に対して、「カスタマーハラスメント」についても、努力義務を課している。努力義務である以上、法的義務は発生しないとはいっても、努力義務を怠った結果、担当者らがメンタルに不調などを訴えれば、危機管理の観点からも世間からの誹りを免れないであろう。

　厚労省指針が列記している取り組み例は、下記のとおりである（詳細については、当社著『体制整備は会社の義務です！ 図解 パワハラ防止対策法制対応ガイド』（第一法規）でも解説している）。

● 相談に応じ、適切に対応するために必要な体制の整備
 ⅰ．相談先（上司、職場内の担当者など）を定め、労働者へ周知する
 ⅱ．相談先が相談の内容に応じ、適切に対応できるようにする
 ⅲ．労働者がⅰの相談をしたことを理由として、解雇その他不利益な取扱いを行ってはならない旨を定め、労働者に周知・啓発する

● 被害者への配慮のための取り組み
 ⅰ．相談者から事実関係を確認する
 ⅱ．問題が認められた場合には、速やかに被害者に対する配慮のための取組を行う
 　と説明し、例として、「被害者のメンタル不調への対応相談、著しい迷惑行為を行った者に対する対応が必要な場合に1人で対応させない」などが挙げられている。

● 被害防止のための取り組み

　例示として、「対応するためのマニュアル作成や研修の実施などの取り組みを行うこと」を挙げ、「業種、業態などにおける被害の実態や業務の特性を踏まえて、状況に応じた必要な対応、取り組みを進めることが、被害の防止に効果的」と解説している。

当社でも、以前より、企業として行うべきカスタマーハラスメント対策として、下記の内容を説明していた。

● 「不当要求＝ロス」の意識を持つ
　➢ 不当要求：ロスしか生まない。損失を認識せよ
　➢ 不当要求：金銭的・時間的・精神的・人材ロス誘発
　➢ 「ロス」としての明確化⇒「断る」理由ができる
● 現場で戦うための武器の整備
　➢ 理不尽な行為・要求を断る方針の明確化・明示
　➢ 敵を知る：不当要求者の手口は決まっている
　　　……危機管理的顧客対応指針５か条の活用
　➢ 会社の方針として、従業員を守る姿勢を明確化・宣言する
　　✓ 店内放送・掲示などでカスタマーハラスメントをけん制する
　　✓ 対応ガイドラインや要領を従業員に研修する（手口は単純）
● 現場スタッフの安心感の醸成
　➢ 従業員や店長が対応を相談できる窓口を設置・開設する
　➢ 時間的・精神的「ロス」も勘案し、専門家も活用する
　➢ 上司のサポート：従業員を守るための指示
　➢ 現場支援：メンタルケア・対応専門家の派遣などのスキームの整備
　➢ カスタマーハラスメントへの対応打ち切りを咎めない

当社の推奨する内容は、現場での対応も視野に入れた視点を加味してい

るが、組織体制については、概ね厚生労働省の指針の内容を網羅している。厚生労働省の指針は、同省の職務管轄の関係で組織内の事項のみに特化されているが、実質的なカスタマーハラスメント対策については、実際にカスタマーハラスメントに晒される現場と連動させた対応が重要となることに留意いただきたい。

　なお、「会社の方針として、従業員を守る姿勢を明確化・宣言する」という点については、当社の会員制組織であるSPクラブ会員企業でも「カスタマーハラスメントに対する当社の対応方針（ポリシー）」などを公表している企業もある。ポリシーについては、自社の企業ブランドに沿う内容で整備することが望ましいが、カスタマーハラスメントが酷い現場などがある企業については、少し強めの警告文を掲載することも一手である。参考までに、ポリシー案と警告文例をここで紹介しておく。

■ポリシー例

　当社では、従業員が、働きやすい職場環境で、最大限の能力やパフォーマンスを発揮できてこそ、お客様に満足いただける、当社製品・サービスの提供が可能であると考えています。

　また、当社では、お客様との良好かつ健全な関係作りを通じて、お客様に当社の商品・サービスに共感いただくことを、重要な企業理念としています。

１．社員一丸となって、ハラスメントのない職場環境づくりと働きやすい職場環境を、目指します。

　　また、当社従業員が、取引先などに対して、ハラスメント（カスタマーハラスメントを含む）を行うことがないように、当社従業員にカスタマーハラスメントを含むハラスメント防止研修を実施するとともに、内部通報窓口の設置など、ハラスメントの抑制に向けた各種施策を積極的に実施していきます。

２．当社では、カスタマーハラスメントを別紙のとおり定義しています。他のお客様にもご迷惑をおかけすることになる一部のお客様からのカスタマーハラスメントに対して、組織一丸となって、毅然と

対応します。

① 担当者に対して、カスタマーハラスメントへの対応要領などの研修を実施して、担当者の対応負荷を軽減します。

② カスタマーハラスメントに関する社内相談・サポート体制を整備し、担当者を理不尽な行為から守ります。

③ 外部の専門家とも連携してカスタマーハラスメントに断固たる対応をするとともに、担当者のメンタルケアなどに努めます。

④ コンプライアンスの推進と、お客様が利用しやすいサービス（店舗）環境を整備する観点から、カスタマーハラスメント対策を積極的に推進します。

3．当社従業員と、お客様との良好かつ健全な関係作りを目指し、お客様にご満足いただける店舗作り（クオリティ追求）に邁進します。

① 当社では、当社の商品、サービス、接客などに関するお客様からのご指摘・ご要望・ご意見をお聞きする苦情対応窓口を設置します。

② 当社では、取引先などから、当社従業員のハラスメントに関する通報・苦情をお受けする窓口を設置し、当社従業員のハラスメントの抑制に努めます。

③ 窓口にいただいたご指摘・ご要望・ご意見・苦情などを踏まえて、当社では、一層の商品・サービスのクオリティ向上と接客レベルの向上に努めます。

■警告文例

　最近、一部のお客様から、従業員に対して、度を越えた暴言や暴力行為、長時間にわたる苦情申し立てによる拘束、対応できる範囲を超えた無理（社会通念を超えた）な要求への対応の強要などの行為が頻発しています。

　当該お客様の事情・言い分を執拗に振りかざし、特別扱いを求めるこのような行為は、犯罪行為が行われる場合があるほか、他のお客様への対応の時間を無視して執拗かつ長時間に渡り行われるなど、多くのお客様に当社商品・サービスへのご満足度を高めていただく観点か

らも、当社としては到底看過できるものではありません。

　当社としては、コンプライアンスの観点、及び他のお客様へご迷惑をおかけする事態を回避すべく、このような理不尽な行為に対しては、警察その他の関係機関と連携しながら、断固として対応してまいります。

　このような警告文を掲載しておくことで、警告しているにもかかわらず、お客様はそれを無視して、カスタマーハラスメントを行ったという外形を作り出すことができる。このような外形を作り出すことで、顧客の悪質性を強調することができる。

　なお、警告文の掲示だけではなく、店内や施設内での放送などを利用した、利用ルールの告知も重要である。航空機に乗ると、出発前に非常時の案内とともに禁止事項が放送されるが、あのような放送で、事前に（定期的に）周知していくことも、有効である。放送で流したにもかかわらず、それを無視して禁止行為などを行ったなどの事実があれば、それ自体が顧客側の故意性、悪質性を強調することに繋がる。禁止されていることをやったのは、顧客自身の自己責任であるから、それを理由に警察対応や退店要請を受けても、顧客側の自己責任と言わざるを得ないのである。

　コロナ禍においても、自身のポリシーを振りかざしてマスクの着用を拒否し、従業員からのマスク着用要請や、周囲のお客様の不安への配慮から席の移動や退店を要請しても、それも拒否して自分を正当化して、トラブルを巻き起こす事例が複数報道された。このような施設利用ルールを無視したり、ルールに従うように要請した従業員の指示や警告を無視する行為は、本人たちがどんなにSNSなどで正当化しようとしても、カスタマーハラスメントにほかならない。意見としては否定しないが、当該施設などを利用する以上、安全管理を目的とした利用ルールには従う義務がある。

　カスタマーハラスメント対策の肝は、①ルールなどを明確にすること、②ルールなどの案内・説明を徹底して、顧客自らの意思でそのルールに違反する行為をしている、続けているという既成事実を作り、故意によるも

のであることを明確にすること、③ルール違反行為に対して、ルール順守を繰り返し促し、ルールを順守しない場合は、退店・退館などを促し、顧客がそれに従わずに我がままにふるまっているという既成事実を作り、顧客の悪質性を明確にすることになる。

　この点は、特に、警察対応を行ううえでは、重要な視点である。巷では、カスタマーハラスメント対応に関して、警察対応とすべきと言われる。たしかに、最終的には警察対応が必要であり、間違いではないが、警察対応は口で言うほど簡単ではない。警察に対応を申し出る以上、違法性を明確にしておくことも現場レベルでは重要になる。詳細は後述するが、警察対応に導くための手法については、カスタマーハラスメント対策の観点からも、ぜひ押さえていただきたい。

2 危機管理的顧客対応5か条の有用性

　従来より、当社は、CSベースに立脚しながら、不当要求やカスタマーハラスメントにも負けないための顧客対応指針として、「危機管理的顧客対応指針5か条」（以下「5か条」という）を提唱してきた。

　クレーム対応の現場で、本当に重要な5つの基本エッセンスを抽出・体系化し、クレーマーや不当要求を行う者の手口もふまえて、不当要求やカスタマーハラスメントに晒される現場で戦うための武器として、危機管理会社としての対応のノウハウをまとめたものである。クレーム対応は、どうしてもケース・バイ・ケースで考えられがちであるが、実は、やるべきことは多くはなく、実際の対応のプロセスに合わせて、ロジカルかつシステマティックに体系化していくことが可能である。当社では20年以上、不当要求対応の最前線で対応を行い、または対応を支援してきたが、そこで得られた知見は、「クレーマー側の手口・ロジックは決まっており、それを理解して対応に当たれば、現場の対応はそれほど難しくない」、「不当要求対応に魔法の杖は不要であり、CS対応の基本を踏襲して対応すればその延長線上で対応できる」ということである。

　実際に、5か条は、不当要求対応などを現場の最前線で直接的に支援す

る当社の現場スタッフ（リスクマネージャー）の対応の勘所や思考回路を
分析・整理して体系化したもので、まさに現場たたき上げのノウハウである。

　5か条の詳細については、すでに書籍にて公開している（当社著『クレーム対応の「超」基本エッセンス　新訂版　エキスパートが実践する鉄壁の5ヶ条』（第一法規））。

　詳細は同書にて確認いただくことを前提として、本稿では、その各論として、カスタマーハラスメント対応ガイドラインの内容をベースに、現場でどのように対応していくかについて、解説していく。

4　カスタマーハラスメントへの対応ガイドライン2 ～基本原則

　ここからはカスタマーハラスメントへの対応要領について解説していく。

1 理不尽な行為・要求への対応は「断ってよい」

　「カスタマーハラスメントや不当要求には応じない」、具体的には、それらへの対応は「断る」。これが最も重要となる基本方針である。

　クレーム対応に関して、現場での対応要領を明示するうえで大切なことは、具体的な行為、やり方を明示することである。したがって、ここでは「カスタマーハラスメントや不当要求は断ってよい」と、具体的に明示しておくことが重要である。

　「カスタマーハラスメントや不当要求を断ってよい」というと、驚かれる方もいるが、この段階になれば、もはやCS対応や寄り添った対応をすべき「クレーム」ではない。

　「クレーム」と「不当要求」を区別することの重要性はすでに説明したが、両者を明確に区別することで、「断る」ことが可能となるのであり、また、断らなければならないのである。

カスタマー・ハラスメント、不当要求には、応じない
⇒要求などへの対応は、「断ってもよい」！！

不当要求は ロス	● 不当要求は、企業にとっては、「ロス」にしかなりません。 ● 「クレーム」と「不当要求」は明確に区別しましょう。 ● お客様は神様「だけ」ではありません。
断ってよい 理由	● 不当な暴言・暴力などから「皆さんを守るため」 ● 対応できないことに対応する「皆さんの負担を減らすため」 ● 不当要求により「皆さんの努力を無駄にしないため」
大切なのは 「断り方」	● 理不尽な行為が続く場合は、最後は警察対応 ● 警察に対応してもらうためにも、道筋が必要 ● 謝罪は1回。「事実」と「方針」を伝える。「要望」として聞く ● 暴力や暴言には、明確に「拒絶」の意思表示をする

2 対応を断るための理由づけ：不当要求＝ロス

　不当要求は企業にとっては「ロス」にしかならない。

　日本企業ではまだまだ「お客様は神様」的な発想が根強い。そのスタンス自体は否定しないが、実際は、「神様」だけではなく、「悪魔」や「死神」も少なからず存在していることを忘れてはならない。

　様々な現場の最前線でクレーム対応に当たる担当者は、「カスタマーハラスメントや不当要求は断る」ことを意識しておくことで対応が楽になる。

　では、なぜ、「断ってもよいのか」。

　それは、①不当な暴言や暴力など、カスタマーハラスメントの典型的な行為から「皆様（担当者）を守るため」である。また、②一方的な言いがかりや、不当や要求に対応させられる「皆さんの負担を減らすため」であ

る。そして、③不当要求に応じてしまうことで「利益や皆さんの努力が無駄にしないため」である。

　カスタマーハラスメントや不当要求への対応を断ることに躊躇しないように、具体的な理由を説明して、現場のスタッフに周知することが重要となる。

3 大切なのは「断り方」

　「カスタマーハラスメントや不当要求は断る」といっても、担当者が高圧的な態度やけんか腰で対応するのは、賢明な方法とはいえない。今や、簡単にSNSで動画がアップされる時代である。どんなに相手が理不尽な行為・要求をしてきても、それに対して従業員が同じレベルで高圧的に対応していては、その企業姿勢自体は適切なものとは言い難い。したがって、要求を断る（対応しない）うえで重要なのは、「断り方」である。

　また、警察対応に持ち込むためには、警察に対応してもらえるような道筋をつける必要がある（もちろん、本来警察が介入してよい案件まで、民事不介入を理由に警察が介入しないことで、クレーマーやカスタマーハラスメントを跋扈・助長させた側面があることは、指摘しておかなければならない。ただ、どういったものでも警察を呼べばよい、という企業側の対応にも問題があることは事実である）。

　カスタマーハラスメント対策として、企業としては、警察が対応しやすい道筋のつけ方を理解しておく必要がある。

　カスタマーハラスメントの「断り方」について押さえておくべき点は、以下のとおりである。

> ➢ 「会社の方針」＋「事実」で回答していく。憶測で安易に回答しない。
> ➢ 対応できないこと（要求）は「断る」。できること、できないことを明確にしておく。
> ➢ 謝罪は基本１回。謝罪トークは、「ご期待に沿えず申し訳ござい

ません」を基本とし、あくまで企業・店舗として、お客様に満足
いただけなかったことに謝罪する。
　※「謝罪をすべき部分は謝罪しても、後々困ることはない」こと
　　は後に解説する。
➢　お客様の言い分は、「ご意見・ご要望」、「お気持ち」として聞く
➢　暴言・暴行・迷惑行為があった場合には、「〜するのは止めてく
　　ださい（〜してください）」と明確に伝える。

　4つ目の項目までについては、以下で実際にあったケース・スタディの
中で解説する。
　あらかじめ押さえておいて欲しいのは、5番目の項目である。「暴言・
暴行・迷惑行為があった場合には、『〜するのは止めてください（〜して
ください）』と明確に伝える」という対応要領は、カスタマーハラスメン
ト対策では極めて重要な意味を持つ。明確な拒絶（要請）の意思表示をす
ることで、嫌がっているのに（ルールに従ってもらうように依頼している
のに）、嫌がらせを続けた（ルール無視を続けた）、という事実を積み重
ね、お客様側の言動・対応が故意性・悪質性の高いもの（しかも、認識し
たうえでやっている）であることを明確にできる。それにより、「お客様
自らの意思で、犯罪や悪質な行為、迷惑（業務妨害）行為を続けた」こと
が明確になるため、警察対応に持ち込みやすくなるのである。
　それでは、新型コロナウイルス感染症が流行しマスクなどが品薄になる
中で、ドラッグストアなどで行われた不当要求やカスタマーハラスメント
のケースを紹介しながら、上記の対応要領に関して、そのポイントを解説
していこう。

ケース1

　新型コロナウイルス感染症に伴う緊急事態宣言下でも、品薄のマスクを
求めてドラッグストアにお客様が殺到したが、その中で、感染拡大予防の
ためにマスクをしている従業員に対して、「おまえがマスクをしているの

に、なぜ客に売るマスクがないのか。今すぐ仕入れてこい。今すぐ売れ」
と凄むカスタマーハラスメントについて取り上げる。

　この手のカスタマーハラスメントに対して、どのように対応するかであ
るが、対応の仕方を整理すれば、対応を行う際のトークの作り方は基本的
には、次のような流れになる。

　「方針・事実の伝達」→「ご期待に沿えないことへの謝罪」→「お客様
の指摘は意見・要望として承る」→「理不尽な行為があれば『止めてくだ
さい』とけん制」

　具体的には、先述した「おまえがマスクをしているのに、なぜ客に売る
マスクがないのか。今すぐ仕入れてこい。今すぐ売れ」という事案の場合
は、次のような対応を行う。

- ●**方針**：「**会社の方針で、感染拡大防止の為、従業員にはマスクの着用
  を指示されております**」
- ●**事実**：「**本日、販売用のマスクの入荷はございません**」
- ●**謝罪**：「**ご期待に沿えず、誠に申し訳ございません**」

　これに対して、「更にお客様がマスクを入荷していないことに文句を
言ってきた場合」を想定し、対応策を練る。

- ●**意見拝受**：「**マスクの入荷については、お客様からご要望をいただい
  た旨、改めて本部に伝えます**」

　そして、さらに「ふざけるな。今すぐ仕入れてこい。お前ら無能か。仕
入れるのがお前達の仕事だろ」などと凄んだり暴言を吐いてきた場合のポ
イントは、次のようになる

- ●**警告**：「**申し訳ございませんが、私への暴言は止めていただけますか**」

　警告にもかかわらず、さらに暴言が続き、暴力や周りの物を壊すなどの
器物毀棄行為に及んだ場合は、完全に一線を越えた顧客側のコンプライア
ンス違反行為となる。その対応については、すでに説明したとおりである
が、後に改めて解説する。

　「いつ来てもマスクが売られていない。何度も来てもマスクがないのはお前達のせいなんだから、取り置きしておけ」という、ケース1と同様に無理難題を求める例である。

　この場合も、対応トークの作り方は上記と同様であるが、ここでは「取り置きしておけ」という要求への対応についても、加えて解説していく。

　このケースにおける基本対応は、次のように対応していけばよい。

- **方針**：「現在、当社で、マスクの入荷に全力を上げて取り組んでおります」
- **事実**：「しかしながら、本日のマスクの入荷はございません（本日は品切れとなっております）」
- **謝罪**：「ご期待に沿えず、誠に申し訳ございません」

　だが、こうした対応では、「申し訳ございません、ではすまないよ。何で取り置きができないんだ」とさらに追い打ちをかけてくるであろう。こうした場合の対応は、次のように行う。

- **意見排除**：「マスクの取り置きについては、お客様からのご意見・ご要望として今後の参考とさせていただきます」

　この対応にも更に食い下がるようであれば、明確に次のように拒絶する。

- **要求拒絶**：「当店では、現状、マスクの取り置きはしておりません」

　「マスクを取り置きしろ」という要求については、まずは「意見」として受け入れ、「今後の参考とさせていただく」と対処することがポイントとなる。つまり、CS対応の観点から、お客様の「ご意見」として扱うことが重要である。しかし、カスタマーハラスメントや不当要求を行う輩は、それでは満足しない。必ず、何らかの形で食い下がってくる。その時点で「取り置きしろ」を要求と考え、これについては明確に「できない」と否定しておく。

　なお、不当要求対応の極意は「意見」と「要求」の使い分けにあること

は、当社のクレーム対応に関する書籍（「クレーム対応の『超』基本エッセンス　新訂版」（第一法規））にて詳細を解説している。本稿では、その概要を後述する。

　さらに、例えば、「だったら、俺に、仕事を休んで毎日店に張り付いていろ、というのか。休業補償してくれるんだな」などと凄んでくる輩もいるであろう。これに対しては、次のように対応する。

●方針：「私どもはマスクの入荷に全力を挙げて取り組んでおります。引き続き、入荷できるように全力を尽くしてまいります」

　休業補償などの言葉や、「タラレバ」につき合う必要は全くない。論点を変えてくるときは、相手方の手詰まりの証である。まともに相手の論点のすり替えに乗らず、粛々と会社の方針を伝えて、対応していけばよい。

ケース３

　対応を行うための輪郭が掴めたであろうか。次は、カスタマーハラスメントや、不当要求の局面でもよく遭遇する要求「責任を取れ」について取り上げる。

　「責任を取れ」との要求への対応は、お客様に生じた事象についてではなく、企業や店舗としてなすべき社会的責任は何かを明確にして、それを回答の軸に据えることが重要である。

　ここでは、上記のケースから続いて、「全力を尽くすって、いつ来てもマスクがないじゃないか。さっき、ご期待に沿えず申し訳ございませんと謝っていたが、本当に悪いと思っているのか。悪いと思うなら責任を取れ」とさらに食い下がってきたときの対応を考えていこう。

●意見拝受：「マスクの入荷については、お客様からも強いご要望をいただいた旨、改めて本部に伝えます」

●方針：「引き続き、マスクの入荷・確保に全力を挙げて取り組んでまいります」

　「悪いと思うなら責任を取れ！」という彼らの常套句に惑わされてはいけない。このようなケースで、「どう責任を取る」、「責任を取れ」と言わ

れた場合、店舗として果たすべき社会的責任は、マスクなどの入荷しにくい商品の入荷に全力を挙げることである。したがって、店舗として果たすべき「責任」について、上記の回答例で必要十分な対応を行っていることを、ぜひ認識しておいて欲しい。

ケース4

　将来の不確実な事項について、回答を求めるケースもみておこう。このケースも、カスタマーハラスメントや不当要求の局面では「あるある」の事例である。

　例えば、「いつ店に来てもマスクが売ってない。いつ入荷するんだ。何度も何度も来させるなよ」というケースへの対応を考える。

- ●方針：「現在、当社では、マスクの入荷に全力をあげて対応しております」
- ●事実：「現時点で、マスクの入荷の目途は立っておりません（いつ入荷するか、わかりません）」
- ●謝罪：「ご期待に沿えず申し訳ございません」

　こうした定石どおりの対応を行うと、お客様から、例えば「いつ入荷するかわからないってどういうことだよ。わからないわけないだろ」などと入荷について言質を取ろうとすることがある。これに対しては、次の対応でよい。

- ●意見拝受：「マスクの入荷について、お客様から強いご要望をいただいた旨、改めて本部に伝えます」

　さらに、「いつもそれだ。仕事を休んで毎日来ないといけないのか」と質問が返ってきた場合でも、店舗としては答えようがないので、次のように対応せざるを得ない。

- ●事実：「マスクは、いつ入荷するかわかりません」
- ●方針：「引き続き、マスクの入荷・確保に努めます」

　「いつ入荷するか」は、将来の不確実な事象であり、これに推測であっても答えてしまえば、できない約束をさせられてしまうことになる。将来

の不確実な事項に関する質問に対しては、「事実」と「方針」による対処策を覚えていただきたい。

ケース5

　上述のように、責任を企業や店舗に押しつける責任転嫁のロジックで対応を迫るパターンの中でも、「タラレバ」を起点にして企業側の言質を取ろうとする手口も多い。これもカスタマーハラスメントや不当要求事案での「あるある」である。

　典型的な例は、「なぜ、マスクを入荷していない。俺がコロナに感染したら、どうする」というケースである。このようなケースでは、後段、すなわち、「俺がコロナに感染したら、どうする」の部分は、仮定の話、すなわち「タラレバ」である。

　対応のポイントとして押さえておいていただきたいのは、「タラレバには、まともに対応しない」ということだ。起きてもいない仮定の話につき合う道理はなく、そのような状況にならないように最善を尽くすのが企業としての努めである。しかも、仮定の話であれば、いくらでも仮定の条件がつけられる。まともに対応すれば、起きてもいない、起きるかどうかもわからない事項について、延々と回答を求められ、何らかの約束をさせられてしまうリスクが高い。したがって、改めて、「タラレバには、まともに対応しない」と肝に銘じて欲しい。

- ●方針：「現在、当社はマスクの入荷に全力をあげております」
- ●事実：「本日のマスクの入荷はございません」
- ●謝罪：「ご期待に沿えず誠に申し訳ございません」

　このようなセオリーどおりの対応をすればよい。「タラレバには回答しない」ことが重要である（そもそも、感染しないように健康管理を行うのは、お客様ご自身であって、企業や店舗ではない）。

　しかし、このようにタラレバを用いてまで責任転嫁をしてくる輩は、簡単には引き下がらない。例えば、「ふざけるな。俺がコロナになったら責任が取れるのか」と、さらに語気を強めて、仮定の話について、企業の責

任を問うてこようとすることもあろう。

こうした発言についても、仮定の話なのでまともに答えず、次のように対応する。

●意見拝受：「マスクの入荷につきましては、お客様からご要望をいただいた旨、改めて本部に伝えます」

これに対して、いよいよ痺れを切らせて、「お前は馬鹿か。客を馬鹿にしているのか」と、担当者個人への誹謗中傷をはじめるようであれば、次のようにけん制を行うことになる。

●警告：「当社の方針はお伝えしたとおりです。私への暴言は止めていただけますか」

さらに暴言などがスカレートしたり、暴行などに発展したりするようであれば、対応の打ち切り、ないし警察対応をしていくことになる。その対応プロセスは後述する。

このように、これまで説明してきた対応を続けていけば、カスタマーハラスメントへの対応はそれほど難しくはない。対応方針や回答例もほぼ同じになっていることに注目して欲しい。

ケース6

最後に取り上げる事例は、これも新型コロナウイルス感染症の流行下の販売シーンで、個数制限を行っていた場面でよく見られたケースである。

例えば、「何でマスクの購入に個数制限があるんだ。ようやく買えたのに、在庫がなくなって手に入らなかったら、どうしてくれる」というケースの対応方法を考えてみよう。

●方針：「現在、マスクについては、品薄の状況ですので、お１人様１個でお願いしております」

●謝罪：「複数購入のご希望・ご期待に添えず、誠に申し訳ございません」

●意見拝受：「お客様から、個数制限についてご意見をいただいた旨、改めて本部に伝えます」

　そうすると、将来の確約が欲しいので、さらに「今度来た時に買えなかったらどうする。責任が取れるのか」と問い詰めてくる。これへの対応は、次のようになる。

　●**方針：「現在、当社では、マスクの入荷に全力をあげて取り組んでおります。引き続き、安定して入荷できるように努めてまいります」**

　このように、将来の未確定の事項については、事実と方針で対応すればよいことは、すでに解説したとおりである。

　そもそも販売個数制限などは店舗の販売ルールの問題であり、店に決定権がある。お客様から、「買えなかったら、責任を取れ」と言われる筋合いのものではない。店舗として果たすべき責任は、入荷しにくい商品の入荷・確保に全力を尽くすことである。したがって、方針を伝える対応を行えばよいのである。

4 暴言・誹謗中傷・暴行などに対する対応方法

　6つのケースでみてきた、暴言・誹謗中傷・暴行などの理不尽な行為、まさにカスタマーハラスメントの典型的な行為についての対応要領について詳しく解説する。

　上記のケース・スタディでいうと、「警告」から先の進め方である。

　対応のエッセンスは次ページの図のとおりであるが、暴言・誹謗中傷・恫喝・暴行などの理不尽な行為については、絶対に耐え続けるような対応を現場に強いてはいけない。

　対応する際は、「止めて欲しい」という意思表示をする。そして、それを何度か繰り返す。再三にわたり、「止めて欲しい」と伝えているにもかかわらず、顧客側がさらに理不尽な行為を続けたとすれば、悪質かつ意図的なものであることが浮き彫りになってくる。店が拒絶する意思表示をしている行為を、顧客が続けたことによって顧客が不利益を受けても、それは顧客の自己責任であり、自業自得であるといえよう。顧客が、店が「止めて欲しい」という行為を繰り返し行い、悪質かつ意図的に行っている以

■担当者個人への誹謗中傷（罵詈雑言）や暴力行為、威圧行為（ものを投げる、大声をだすなど）が行われた場合の対応

> 不当要求に対応しているうちにお客様が、エスカレートしてきた場合
> ⇒そのような理不尽な言動に、耐え続ける必要はない！！

自分の要求をのませるために、担当者を困らせたり、怖がらせるために行っていると思われる場合

1. まずは、やんわりと、「止めていただきたい」旨、お願いする
   …例：「誹謗中傷は止めていただけますか」
2. それでも続く場合は、警告する
   …例：「止めてください。これ以上続けられると、お話させていただくことは難しくなります」
3. それでも止めない場合は、対応打ち切り
   …例：「止めていただけないようなので、これで打ち切らせていただきます」

「止めて欲しい」という明確な意思表示をすることが極めて重要です。暴言や暴行に対しては、必ず意志表示してください。

▶ これにより、「拒絶の意思表示をしているのに、お客様自らの判断で当該行為を続けた」という形を作る（打ち切られても、お客様の自己責任）

サッカー的な発想で「イエローカード」で牽制。それでも続けば「レッドカード」で打ち切るイメージです。「嫌がっている」のに執拗に続けたという既成事実を作り、行為の悪質性・違法性を高めていきます。こうすることで、警察を呼んでも、取り扱い・事件化しやすくなります。

上、警察対応もしやすくなる（明らかな迷惑行為以上の悪質性を有する行為を警察が扱わないとすれば、それはそれで大きな問題である）。

上図中にもあるように、サッカーでイエローカード（警告）を受けたにもかかわらず違反行為を繰り返せば、レッドカードとなり審判が選手を退場させるイメージである。顧客が、その警告を受けた行為を繰り返した

ら、退場させる（対応を打ち切る）イメージでよい。ただ、サッカーとは違うので、「イエローカード」→「オレンジカード」→「レッドカード」と三段階で進めていく必要がある。「2回も警告したのに止めなかった」という既成事実を作り、顧客側の悪質性を明確にするために、3段階で進めていく必要がある。

　具体的には、124ページの図の点線囲い部分にあるように、暴言や誹謗中傷などに対して、まず「止めていただけますか（私に対する暴言・誹謗中傷は止めていただけますか）」とお願いするような言い方で伝える。それでも行為が続く場合は、今度は「止めてください」と伝えたうえで、「それ以上続けた場合のリスク（顧客側が負う不利益）」を伝える（「私に対する暴言・誹謗中傷は止めてください。これ以上続けられるようなら、対応を打ち切らせていただきます」）。

　顧客が暴力に及んだ場合は、リスクの告知部分は、「これ以上続けられるようでしたら、警察を呼びます」となる。そして、それでも行為を止めないようであれば、「止めていただけないようなので、対応を打ち切らせていただきます（警察を呼びます）」とレッドカードを突きつける。

5 執拗に同じ話を繰り返したり、要求が通るまでゴネて帰ろうとしない場合

　カスタマーハラスメントの対応で困るもう1つのケースは、同じ話を何度も繰り返したり、企業や店舗の対応に「納得せきない」、「おかしい」などと言って、いつまでも引き下がろうとしなかったりする顧客への対応であろう。企業としては、同じ話を延々とされ、時間を浪費させられてしまい、不利益が大きい。

　この場合の対応要領は、次のとおりである。

　このようなケースでは、まずは、ケース・スタディで繰り返し解説してきた基本的な対応（方針と事実を伝えたうえで謝罪し、ご意見・ご指摘として承る）を行う。この基本対応は絶対に行わなければ、企業として最低限の対応ができていないことになるので、打ち切り対応は難しくなる。

そのうえで、30分ぐらい時間が経過した段階、または同じ話を繰り返し堂々巡りの話が3回目になった段階が、話の切り上げ時である。

この段階で、「申し訳ございません。当社の見解は、先ほどからお伝えしているとおりです」、あるいは「申し訳ありませんが、いったん事実確認をさせていただかないと、これ以上の対応についてのお話を続けることはできません」と伝えて、いったんお引き取りいただくように要請する（何日も同じ話をしてきているようであれば、「回答は変わりません」と伝えればよい）。それでも、なお引き下がらない場合は、下図中にあるように、改めて、「今日のところは対応を打ち切る」旨を伝えることが重要となる（例示を再度記載すれば、「申し訳ありませんが、何度おっしゃられ

自分の要求をのませるために、延々と対応を引き延ばそうとしている場合

1. まずは、これまで説明してきた、基本対応を行う（方針・事実・謝罪・意見として聞く）
2. 対応打ち切りの目安
 …「1人のお客様の対応に30分以上かかっている」、または「同じ話（要求）が3回目」
3. それでも引き下がらない場合は、対応打ち切り
 …例：「申し訳ありませんが、何度おっしゃられても当社の対応・方針は変わりません。他のお客様への対応や品出しなどもありますので、これで対応を終了させていただきます」
 …例：「いずれにいたしましても、今日のところは商品をお譲りすることはできませんし、当店の対応も変わりませんので、同様のお話をされるのであれば、お引き取りください」

対応打ち切り後も、延々と他のスタッフに絡んでいる場合は、再度、同じ話では店舗としてこれ以上対応しない旨お伝えし、退店要請する

▶

これにより、「対応は変わらないことをお伝えしている、延々と居座り、迷惑であり、営業にも支障が出ている」という規制事実を作っていく

ても当社の対応・方針は変わりません。他のお客様への対応もありますので、これで対応を終了させていただきます」、あるいは、「いずれにいたしましても、今日のところは商品をお渡しすることはできませんし、当店の対応も変わりませんので、同様のお話をされるのであればお引き取りください」)。

　何か特別な手続やミーティングがある場合はともかく、通常の接客対応であれば30分もかかることは稀であり、そもそも延々と堂々巡りを繰り返すこと自体が、特異であり、その意味で、30分を目安とすることはCSの観点からも十分に合理性があるといえる。電話の場合も理屈は同じである。

6 その他のカスタマーハラスメントへの対応

　次に、「土下座の強要」と「スマホによる撮影」について取り上げておこう。対応要領の概略は次ページの図のとおりである。

1 土下座の強要への対応

　土下座の強要は、昔からよく行われる「不当要求」である。土下座は、「地面や床にひざまずいて謝罪の気持ちを表すこと」(『日本国語大辞典』)とされている。顧客対応の場面にあてはめれば、企業や店舗に非がある場合に、非を詫びて許しを乞うために従業員が「自主的」に行うならばともかく、顧客から要求・強要されて行うものではない。したがって、土下座をする意思のない従業員に対して、土下座による謝罪を無理強いされれば、それは強要罪に当たりうる行為となる。

　結論を言えば、企業や店舗の担当者は、顧客側から土下座要求があった場合に、土下座をする必要はない。図中にもあるが、「会社の方針で土下座はお断りします。どうしても、と強要されるのであれば、会社の方針で、警察を呼びます」と対応すればよい。

　ここでも「土下座はしない」という会社の方針を明確に伝えることが重要である。「しない」、「断る」旨を伝えているのに、それを無理強いする

土下座 要求	● 土下座の要求は、不当要求であり、それを無理強いするようであれば、「強要罪」に当たりうる行為となります。 ● 土下座の要求には、次のように対応しましょう。 「土下座は致しません。どうしても「土下座しろ」ということであれば、会社の方針で、警察を呼びます」
スマホなど での撮影	● 「店舗では施設管理権により、店内での撮影はお断りできます。 ● スマホでの撮影には、次のように対応しましょう。 「店内及び従業員に対する撮影はお断りしています。撮影は止めてください」 「撮影を続けられるなら、これ以上対応は致しません。お引き取りください」（何度か退店を促し、帰らなければ１１０番）

ことで顧客側の故意性・悪質性は高まる（強要罪の構成要件として「義務なきことを行わせる」ことが必要であるため、会社の方針として、「土下座はしない」と明確に伝えることで、義務なき行為を無理強いしたという外形を作る）。顧客側の故意性・悪質性を高めて、警察対応や打ち切り対応をしやすくするという対応のロジックはここでも変わらない。

2 スマホなどによる撮影への対応

　最近は、インスタ映えを狙って、平気で店内や施設内の撮影をするお客様も増えた。YouTubeに不謹慎な行為や迷惑を顧みない動画をアップする自称"ユーチューバー"も増えており、平気で施設や店舗内で無許可撮影を繰り返す事例も増加している。企業や店舗としても、他のお客様や従業員が映像に映り込んだりする場合は、それが勝手にインターネット上に晒される可能性もあり、無許可での撮影は厳しく規制していく必要がある。

まして、顧客がクレームをつけて、従業員が謝罪する場面などを撮影することはもっての他であり、このようなカスタマーハラスメントは絶対に許してはならない。

　まず対応の大前提として、企業の敷地内（管理区域）内や店舗内では、当該企業・店舗に「施設管理権」があり、企業・店舗の判断・裁量で、そこでの写真撮影は禁止ないし許可制にすることができる。したがって、店内での従業員などに撮影行為に対しては、施設管理権を根拠に、お断り（禁止）することが対応の基本となる。

　具体的には、次のように対応すればよい。

・「店内及び従業員の撮影はお断りしています。撮影は止めてください」
・「撮影を続けるなら、これ以上対応は致しませんし、店舗への入店や利用をお断りします。お引き取りください」

「お引き取りください」と伝えても、どうしても帰らない場合は、管理権限者の意思に反して当該施設・店舗に居座ることにほかならないことから、不退去罪などでの警察対応を視野に入れて対応していくことも念頭に置いていただきたい。

7 カスタマーハラスメントや不当要求を行う者のロジック

　ここでカスタマーハラスメントや不当要求事案でよく用いられるクレーマー側の手口について解説しておく。

　カスタマーハラスメントや不当要求への対応に関しては、5か条の中でも重要なエッセンスである「第4条　お客様の「話」は4つの要素の使い分けを意識せよ」に関連して、クレーマーなどのロジックと、それを踏まえた実践的な対応要領を知っておくと、現場での対応が楽になる。

　お客様の「話」の4つの要素とは、「事実」、「不満」、「意見」、「要求」である。カスタマーハラスメントや不当要求の対応の極意は、この4つの要素のうち、「意見」と「要求」の使い分けにある。この使い分けと、それに基づく対処を覚えてしまえば、対応は非常に楽になる。

　まず、「意見」は、「考え・感じ方」（頭の中）や「気持ち」（心の中）な

ど人の内面が表明されたものと整理している。厳密に定義しなくても、顧客対応を考えていくうえでは、これで十分だからである。一方、「要求」とは、金品や行為を求める具体性のある発言をいう。

　不当要求などを求めるクレーマーは、自説や感情を企業の担当者にぶつけて、それに同意・謝罪させようとする。自説が正論と言って同意を求めてきたり、様々な企業側の不備をあげつらって謝罪をさせたり、子どもや知人を持ち出して情に訴え、謝罪・同意を引き出そうとする。また、攻めどころがなければ担当者個人の言葉遣いや態度などに文句をつけて謝罪させるなど、ともかく企業に対して自分の考えや気持ちに同意・謝罪させようとする。「お前が客の立場だったらどう思う？」などの物言いも、要は自分の考えに同調させたいからである。彼らが論点をころころ変え、また過去の事例を持ち出すのは、そのためなのである（もちろん、手詰まりのため、突破口を探すべく、あれこれ文句をつける場合もある）。

　そして、企業の担当者から同意や謝罪を引き出しておいて、「だったら、〜をしろ」と後出しじゃんけん的に「要求」を出してくる。心理学でもフット・イン・ザ・ドアテクニックなどと称されるやり方に似ているが、企業の担当者の中には、顧客側の考えに同意し、あるいは非を詫びているため（顧客側の考えや気持ちを受け入れてしまっているため）、副次的な要求も受け入れないといけないとの心理状況に陥ってしまう。これが相手方の狙いであり、その術中に嵌ってしまうと、本来は企業としてきちんとお詫びしないといけないにもかかわらず、「謝ったら、後で何を言われるかわからない」と考えてしまい、適切に謝罪できない担当者すら出てきてしまう。それほど、この手法は効果的なのである。だからこそ、このロジックがクレーマーが使う常套手段であり、しかも、「意見」の部分で多くの同意や謝罪をさせたほうが、要求に応じてしまう威力が増すため、殊更、かつ執拗に、企業や担当者の非をあげつらったり、一般論・正論を振りかざしたりするのである。

　つまり、彼らは、巧みに心理学的な手法を用いて、４つの要素のうち、「意見」と「要求」を紐づけし、担当者が、顧客側の「意見」を受け入れ

てしまうと、「要求」も受け入れざるを得ない（不当要求に応じる）というロジックを自然と組み立てているのである。

　それでは、このようなロジックに対して、どのように対応していけばよいのか。その答えは、「意見」と「要求」の使い分け、言い換えれば、両者の接続性（紐づけ）を断ち切ることである。

　まず、「意見」、すなわち顧客側の「考え」や「気持ち」は受け入れる。訴えが正論や一般論であれば、同意を求められれば同意し、あれこれと企業側の非を挙げてくれば謝罪をする。CSの観点からも、お客様のお考えやお気持ちを否定するのは妥当ではない。

　そのうえで「だったら、〜をしろよ」、「そうと思っているなら、〜をしろよ」と要求を言ってくれば、その内容が不当要求であった場合には、その要求については「対応致しかねます」、「対応できません」と拒否する。そうすると、相手方は「納得できない」、「おかしいだろ」、「お前は謝罪しただろ、悪いと思っているんだろ」など、結局、また「意見」を言ってくるしかなくなる。そうなれば、「お気持ちは理解できますが、ご期待に沿えず申し訳ございません」とそのお気持ちを受け入れてしまう。あるいは、「ご意見として承る」旨を伝え対応する。こうすれば、顧客側の気持

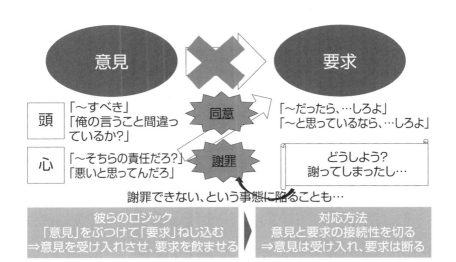

ちや考えは否定せずに、不当要求を突っぱねることが可能となる。

　こうした対応を行った結果、顧客側がエスカレートして、暴言や暴行に及ぶようであれば、先ほど説明した、「止めてください」という意思表示をして、警告すればよい。

8 警察対応のポイント

　これまで説明してきたように、カスタマーハラスメントに対応していくうえでは、最終的には警察対応が重要となる。ただし、単に警察に通報するだけでは効果はなく、カスタマーハラスメントを行う顧客に悪質性や故意を明確にしてから（道筋をつけてから）、警察対応に持ちこむ必要があることはすでに説明したとおりである。

　警察対応のポイントを箇条書きにすると下記のようになる。

（警察対応をするときのポイント）

■事件ではなくても110番通報してOK（警察には、自傷・他害の危険防止や泥酔者保護などの義務がある）

■110番通報後の対応。臨場した警察官に、「何をして欲しいのか」を明確に伝える。

　●「どうしたらよいですか？」ではなく、「帰らせてください」など要望を明確に伝える。

　●「できない対応を迫られている」こと、「お客様には説明した」こと、「迷惑行為などで業務に支障が出ている」ことも伝える

■被害届と告訴状。被害者本人が直接提出する必要がある。積極的な協力が基本。

■警察への相談を活用する（友好的活用＝有効的活用）

　●「警察に相談している」と言うだけで、相手にはかなりの牽制力がある！！

> 相手方に警察に相談していることを伝えるためには、事前に警察に相談した際に「警察に相談している旨を話してもよい」、という了解を得ておく必要がある。

■カスタマー・ハラスメントを繰り返す顧客への対応

●相手に対して、要求が不当であり"警察に相談している"ことを告げる。

●"繰り返し要求を受けた場合、警察に連絡するように指導を受けている"ことを告げる。

5 カスタマーハラスメントへの対応ガイドライン3 〜組織的対応

カスタマーハラスメント対策は、これまでに説明してきたような現場での対応要領に加えて、組織的な対応が不可欠である。そして、組織的対応には、組織的な対応体制を確立するということのほかに、現場のスタッフが行う対応を支援できる環境整備も重要となる。そこで、次に、カスタマーハラスメントへの組織的対応のポイントを解説する。

1 「店舗ルールの明示」の重要性

店舗などで不特定多数のお客様が利用する施設については、あらかじめ、ルールなどを館内に掲示したり、店内放送で流すなど、店舗における各種ルールを従業員にもお客様にもわかる形で明示することが効果的である。

すでに説明したように、企業や店舗には、「施設管理権」があり、お客様は基本的に店舗の管理ルールに従う義務がある。したがって、例えば、新型コロナウイルス感染症の流行下での店舗営業時に関しては、マスク着用や消毒の徹底などの感染予防対策、販売個数制限、ソーシャルディスタンスをとるための措置、入場制限、店内商品の返品場所の指定、従業員のマスク着用、動線などといった店舗や販売に関するルールについては店舗で決めてよい。まして、緊急事態の中で、お客様が殺到する状況の場合、「三密」を避け、新型感染症対策を行う必要性もあり、平常時とは異なるルールを定めることは問題ないといえよう。

そして、店内・販売に関するルールの明確化と、そのお客様への周知は、現場の従業員の対応を楽にする効果もある。特に、制限事項（立ち入り禁止区域含めて）や、ルール違反を明確にするために禁止事項を掲示・

店舗ルールの明示	● 従業員のマスク着用や個数制限、入場規制など、企業や店舗の方針・ルールをお客様にもわかる形で明示する ● 店内放送や店内掲示で、お客様に知らせる
カスタマー・ハラスメント撲滅も明示	● 併せて、カスタマー・ハラスメントには断固として対応する旨を掲示して、従業員を守る姿勢を明確にする ● カスタマー・ハラスメントには、毅然と対応する
組織的な対応	● 本部に電話するなど、カスタマー・ハラスメント顧客は、店長などにこのような物言いでプレッシャーをかける ● 本部も、店舗の対応を尊重し、店舗を守ることが重要 ● CSも重要だが、今は非常時オペレーション。効率性も重要

周知することは、カスタマーハラスメントに対する危機管理対策として、極めて重要である。

　ルールを明示・伝達していれば、当該ルールに違反する顧客に対して従業員も具体的に内容を示して注意、停止要請をすることができる。また、禁止行為のルールを明示・伝達して注意しているにもかかわらず、顧客側がそれに従わずに禁止行為やルール違反を繰り返すのであれば、それは故意により悪質性の高い迷惑・業務妨害行為を顧客自身の意思で行ったことを明確化できる。顧客自らの意思で、禁止行為やルール違反を繰り返し、故意により悪質性の高い迷惑・業務妨害行為を続けた以上、それにより対応の打ち切りや入店拒否、警察対応など、顧客が被る不利益は自業自得というほかない。

　大多数の善良なお客様が決められたルールに従って利用しているのに、特定の顧客がルール無視の自分勝手な行為を繰り返す場合は、当該顧客の迷惑行為をけん制・制止していかなければ、多くのお客様に迷惑をかけ、

満足度を低下させてしまうことになりかねない。

　すでに、警告文の活用の部分で解説したが、警告文と同様に、伝家の宝刀としてカスタマーハラスメントを行う顧客の理不尽な行為や迷惑行為を止めさせるためにも、ルールの明示・伝達を有効に活用すべきである。

　なお、店舗ルールなどの掲示に関して、具体的には次のようなものが考えられる。

　当店では、新型コロナウイルス感染症に関連して、緊急事態宣言が発出されたことを受け、お客様及び従業員の新型コロナウイルスへの感染予防・感染拡大防止の関連から、以下の対応をさせていただいております。

　お客様にはご不便をおかけいたしますが、現在の社会の状況を踏まえ、何卒、ご理解いただきますよう、よろしくお願いします。

１．従業員には、勤務時間中のマスクの着用を義務づけております。

２．入口、レジ周辺にアルコール消毒液を設置しております。アルコール消毒のご利用をお願いいたします。

　　なお、従業員がアルコール消毒液をお客様の手指に噴霧させていただく場合もございます。

３．ソーシャルディスタンスを維持するため、店外で整列いただく場合やレジでお待ちいただく場合は、相応の距離を取っていただきます。

４．お買い上げいただかない商品は、棚には戻さず、レジで、その旨を従業員にお申しつけください。

５．入店時は、マスクの着用をお願いします。マスクを着用されていないお客様のご入店はお断りします。

　　　　　　　　　　　　　　　　　　　　　　　　　　　　　　店長

　文例の中の「１．」にも記載してあるが、会社として従業員にマスク着用を義務づけていることを明示しておけば、緊急事態宣言下のドラッグストアなどで発生した、マスクが入手できない怒りを従業員にぶつけ、従業

員がマスク着用していることを批判して、無理難題を言うようなカスタマーハラスメントにも、現場は、「会社の指示」と明確に答えることができる。

　企業が決めたルールに対して、「おかしい」などと批判をしてきても、「ご意見として承る」旨対応してしまえば、そこまでである。施設の利用ルールは企業・店舗が自由に設定することができ、利用者はそれに従わなければ施設の利用はできない以上、所詮は見解の相違でしかない。自説を主張して、ルールを無視することは正当化できるものではない。まして、従業員の指示や命令（マスク着用や他のお客様のご迷惑にならない場所への移動など）に従わなければ、それは、顧客自らの意思で指示に従わないという意味で故意的で悪質な言動であり、入場制限などをされても自業自得でしかない。ルールを順守するように要請や命令を繰り返し、それに従わない場合は、退去要請をし、不退去や業務妨害などでの警察対応を視野に入れて対応していくべきである（「民事」では解決不可能な状況なので、民事不介入の問題は関係なく、警察は不退去罪などの積極的な活用をするべきである）。

2 研修の実施

　もう1つ重要なのは、きちんと、不当要求への対応要領を従業員にレクチャーすることだ。カスタマーハラスメントなどの不当要求は、前述のように大きなストレスを担当者にもたらす。ストレスフルな業務について、合理的かつ効率的な対応要領を教えず、ただ現場任せにしているようでは、それこそ担当者がメンタル不調になれば、企業としてのやるべきことをやっていなかったとして、安全配慮義務違反が問われる可能性がある。また、そのような職場で働きたいスタッフはほとんどいないことから、ますます人材確保が難しくなり、そもそもその店舗などの運営自体が立ち行かなくなる。これは明らかに経営サイドの失策である。

　不当要求対応は、その勘所を押さえてしまえば決して難しくはない。原理原則を押さえ、相手の手口やロジックを踏まえた合理的な対応方法を従

業員にしっかりと研修し、訓練し、さらに実際の対応の際は磐石のサポート体制を組むこと、実はこれが最も合理的かつ効率的にカスタマーハラスメントに対応できる方法論なのである。

　ところで、不当要求対応の研修しかり、クレーム対応マニュアルの作成しかり、コストがかかるとして、専門家などに頼まず、自社のみで対応しようとする企業も依然として、少なからず存在している。担当部門などの現場が悲鳴をあげているのに、経営層の無理解で内製化し、結果として十分な対策を取れないようでは、カスタマーハラスメントには対応できない。

　危機管理の対策では往々にして、当該リスクの本質を見誤り、「コスト」を理由に十分な（あるいは最低限の）対策が行われず、結果として事故やトラブル、ロスとして顕在化させていることが多い。そして、このような場合、その原因は、ほとんどが現場の管理職の管理能力や資質という個人的な問題に「すり替え」られ、管理職を変えるという処置が取られる。結局、抜本的な対策はなかなか取られない。同様に何人か管理職が代わり、一向に問題が改善されない現実を知り、ようやく問題の本質がどこにあるのかを認識するが、時すでに遅し、となる。

　危機管理対策ではよくあるこの「悪循環のループ」は、クレーム対応体制の整備やカスタマーハラスメント対策においても同様の様相を呈している。改めて、不当要求はロスしか生まないこと、そして敵は場数を踏んだ熟練者が多く、それに対応するためには、自社も相応の専門的なノウハウ、知見を蓄積し、現場で戦うための体制を整備して、戦える武器としてのノウハウを使いこなせるように訓練しておくことの重要性を、特に経営層、経営幹部の方々には認識していただきたい。

3 上司のフォローとメンタルケア

　最後に、カスタマーハラスメント対策としては、上司のサポート・指示も不可欠である。「指示」のほうから解説すると、現場の担当者からすれば、カスタマーハラスメントで困っている時こそ、上司からの「不当な要求は断ってよい。困ったら、責任者が対応を代わる」という指示ほど、心

強いものはない。「良きに計らえ」とか「何とかしろ」などの、お客様の理不尽な行為の受忍を強いるような指示はもってのほかで、カスタマーハラスメントに耐えろというような指示は、パワハラにもなりかねない点に注意が必要である。

　そして、そのような指示を出すうえでも重要なのが、上司の現場のサポート体制の整備である。上司自らが対応に忙殺されていては、現場が必要な時に相談もできないし、カスタマーハラスメントを断るための指示も適切に行うことができない。そこで、上司、特に部門責任者自らが対応に忙殺されることのないように、次席の者を現場対応の最終責任者とするなどの階層的な対応体制の整備が重要となる。企業の職制でいえば、課長クラスを対応の最終責任者として、部長は全体の統括や適切なアドバイス・指示を出せるように極力在席している体制を組むことが重要となる。部長などの部門長が統括指揮できる体制ができていれば、必要に応じて速やかに法務部門や弁護士とも相談・連携したり、さらに上の役員と対応方針の協議なども行いやすい。相当に重大な案件は部長自らが対応に当たらざるを得ないとしても、次席者を原則として最終責任者とすることで、組織としても一体となった対応を行うための機動性を確保できる。このメリットは、特にカスタマーハラスメントと不当要求対応においては、非常に大きいことを認識しておくべきである。

　また、長時間の対応や電話を終わったスタッフには、上司は、「大変だったな。何か困ったことがあったら、いつでも相談しろよ」と一声かけてあげていただきたい。ちょっとした些細なことではあるが、現場スタッフとしては、長時間対応に当たっているのを見ていてくれる安心感、大変さを少しでも理解してくれることや、いつでも相談できる環境づくりなど、上司のサポートが非常にうれしく感じられることを知っておいていただきたい。仮に対応を失敗しても、くれぐれも現場のスタッフをその場で叱ったり、担当者を批判、けなすことのないように注意していただきたい。対応は結果論でもあり、担当者は常に、この対応でよいのかなと一抹の不安を抱えながら対応しているものである。対応ミスを叱ったり、けな

したりしては、上司は現場を知らないと、担当者の上司への信頼感が薄れることを認識しておく必要がある。なお、上司を呼べと言われて上司が担当者の代わりに対応することになった場合は、上司は対応の責任者として、カスタマーハラスメントに対しても、毅然とした態度で臨んで欲しい。「お客様、当社のスタッフに対する暴言や威圧行為は到底看過できません。そのような行為をされるのであれば、当社は従業員を守るため、お客様への対応は一切お断りせざるを得ません。そのような行為は今後、一切止めていただけますか」と冒頭に、警告を発し、企業としての強いメッセージを発することも重要である。

　こうすることで、現場のスタッフには、困ったときに対応方法について相談できる社内の窓口がある安心感と、必要に応じて適切なアドバイスや指示をもらえて、いざとなったら責任者がカバーしてくれるという社内体制への信頼感が生まれる。これこそ、現場スタッフの安心感の醸成に大きく寄与する重要な視点である。

　もし、組織規模などで階層的な組織体制の整備が難しい場合は、弁護士のような外部の専門家を利用した対応代行体制を検討すべきである。当社でも、設立以来、リスクマネージャーを企業に派遣して、案件によっては、企業の現場対応を直接的に実施している。現場スタッフにとっては、いざというときに対応を代わってくれる安心感や、何かあったときにカスタマーハラスメントや不当要求に対応してくれる専門家が後ろに控えている安心感は何よりも心強いものである。

　また、現場支援という観点からは、メンタルケアのための体制も整えて欲しい。カウンセラーを常駐させたり、ストレスを少しでも低減できるような執務環境、こまめな休息・休暇などを与えるマネジメント(配置)など、従業員が過度の緊張状態、ストレスフルになることを少しでも回避できるような対策に意を用いていただきたい。

■おわりに

　新型コロナウイルス感染症の流行の中で、社会問題として顕在化したカ

スタマーハラスメント対策について、危機管理の観点を加味して、考察・解説してきた。

営業自粛や営業時間の短縮を余儀なくされてきた飲食店に対する自粛警察などによる嫌がらせ行動も、その本質は同じである。

こうした行き過ぎた行為に対して法制化を望む声もあるようだが、法制化はそれほど簡単ではないはずだ。昨今の社会情勢を見ても、企業としては、今や顧客対応に関しても「危機管理」の視点を取り入れることが不可欠であり、その危機管理が最も重要になるのが、カスタマーハラスメント対策である。

残念ながら、カスタマーハラスメントを行う輩は我が物顔で跋扈しているし、自覚のないままカスタマーハラスメントを行っている者もいる。傍若無人な行為を行う顧客の我がままを許し、カスタマーハラスメントを容認すると、顧客対応を行う現場に暴言や暴行がはびこっていく。また、善良なお客様は、いつ自分もその煽りを受けるか不安になり、利用を避けるようになるし、不快を与える状況を放置する企業の姿勢に疑問を持ち、より快適に利用できる他社に乗り換える契機となる。

そして、カスタマーハラスメントは、企業にとって大切な社員の心身を傷つける。働き方改革が叫ばれる昨今、目指すところは「働きやすい環境づくり」であり、その観点からもカスタマーハラスメントの撲滅は重要な経営課題といえる。必要な対策を怠り、担当者がメンタル不調をきたせば、安全配慮義務違反などの問題も提起されかねない。

日ごろから自社の商品・サービスを利用いただいている善良なお客様を守り、現場で働く大切な従業員を守り、自社の企業ブランドを守るためにも、ぜひ、カスタマーハラスメント対策に本格的に取り組んでいただきたい。

なお、今後、カスタマーハラスメント対策としての従業員のケアの在り方についても、適宜、セミナーなどで解説していく。ご興味がある方は、当社までご連絡いただきたい。

第4章 店舗トラブル

②店舗におけるロス対策

上級研究員　伊藤　岳洋

1　新型コロナウィルス感染拡大の影響

　新型コロナウィルス感染症の拡大は、さまざまな企業に大きな影響を及ぼしている。感染拡大第1波を受けた経済産業省の「新型コロナウィルスの影響を踏まえた経済産業政策の在り方について」によると、2019年4月同期と比べて売上が減少した企業の割合は、全体の84％に及ぶという。とくに、飲食、宿泊、フィットネスクラブ・映画・劇団などでは、売上が減少した企業の割合は95％以上となっている。サービスの提供方法に「3密」を伴う業種が、営業自粛などによって大幅な減収となった。

　新型コロナウィルスの感染拡大による、いわゆる「コロナ禍」は、リーマンショックなどの経済危機と比べて戦後の国際社会が経験したことのない未曽有の経済危機といえる。

　今回の経済危機は、需要と供給が同時に「蒸発」したのが大きな特徴だ。供給面では、グローバルサプライチェーンが寸断され、商品・サービスの供給停止に追い込まれた。需要面では、対面サービスの需要の急減や人の移動に関連した需要がまさしく「蒸発」した。その結果、所得や雇用の急減による経済悪化のさらなる連鎖拡大が懸念される。

　一般的に、自然災害の場合は、生産設備や社会資本の破壊により供給能力が大きく毀損されるが、その影響範囲が局所的なものであるため、他の地域から需要・供給力の投入が可能である。だが、コロナ禍は、影響範囲が全世界的であり、外部からの供給力の投入が難しい点がその深刻さを増

す要因となっている。

　緊急事態宣言直後の雇用への影響をみると、新型コロナによる休業者数は統計開始以来、最多となっている。4月時点で国内の自営業者を含めた休業者数は、597万人と前年の約3倍強に増加している。これは労働力人口6,800万人のうち、実に9％が休業した計算となる。ただし、統計にカウントされない「隠れ休業者」も相当数に上ると推測される。

　2020年7月9日までに3〜5月期業績を発表した消費関連企業の小売り・外食など50社の最終損益の集計結果によると、四半期で赤字となっており、この状況はリーマンショックの影響があった2008年以来となる（日本経済新聞　2020年7月10日付朝刊）。

　各企業の業績をみていくと、とくに衣料関係の苦戦が目立った。百貨店や外食は軒並み営業赤字に転落した。総合スーパーのイオンは四半期として過去最大となる539億円の最終赤字となり、その幅も大きかった。また、外出を自粛する消費者が増えたことで、外食も厳しい決算となった。ファーストリテイリングは、国内店舗は最大で4割が休業し、売上収益も約4割減った。

　コンビニは、郊外店舗は増収だったが、オフィス街など都心型の店舗の来店客が減った。かねてから激化していた出店競争の末、各社がオフィスビル内や病院、エキナカや駅構内など新たな立地を開拓したその分野が、軒並み客数を減らした格好だ。一方、スーパーマーケットは、コンビニとは対照的に売上を伸ばした。形勢逆転の要因は、外出自粛によって「まとめ買い」と「低価格」にニーズが集約されたことにある。

　全体が赤字の中、稼ぐ力を磨いた企業の1つがニトリだ。前年同期比で25％の増益となった。商品調達が感染の軽微だったベトナムのため、欠品が避けられた。また、販売面では、百貨店内を除いて、営業を続行し、主力店舗が郊外に集中していることが功を奏した。目立つところでは、在宅勤務の定着で、机や椅子の需要も増益を後押しした。さらに、家電にも参入し、生活用品が1つの店舗で「まとめ買い」できるニーズにもマッチした。注目されるのは、コロナで物流が混乱するなか、自社物流を強化して

図表1-1　消費関連企業の3～5月は最終赤字に

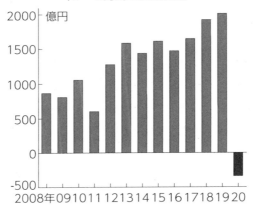

（3～5月期の最終損益）

7/9までに3～5月期業績を発表した
小売り・外食など50社を集計
出典：日本経済新聞　2020.7.10付朝刊

図表1-2　百貨店や外食は軒並み営業赤字に

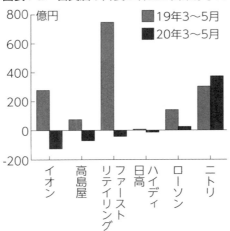

出典：日本経済新聞　2020.7.10付朝刊

きたことも大きい。物流を効率化するために外部に委託することが一般化してきたなかで、そこに投資してきた戦略が実を結んだ。これらは、コロナ後の生活様式の変化に対応できるかで業績に差がでることを象徴しているかのようである。

　4月の緊急事態宣言から半年がたつと、経済活動も正常化に向かう動きとなった。新型コロナウィルスとの共存が続くものの、消費の回復が業種や業態でまだら模様に回復した。ただ、行動や接触が制限されるなかでは、ニューノーマルへの対応力が求められる。低価格衣料品を扱うユニクロやワークマンなどは、既存手売上が10％から20％伸びた。在宅勤務に向くストレッチ性の高い衣服など低価格だけでなく、機能性を訴求した商品が伸びたことも共通している。一方、高額品を扱う百貨店は苦戦している。観光・飲食の需要喚起策「Go To」効果により、外食や宿泊の一部に回復の動きがみられたものの、12月の感染拡大第3波により需要喚起策は一時中止に追い込まれた。そのなかで、持ち帰り専門店や廃業した飲食店の厨房を居抜きで利用したデリバリー専用にシフトさせる動きもある。また、移動スーパー事業を拡大する動きも活発で、ニューノーマルにおいての稼ぎ方を模索する動きも目立つ。

　「新しい生活様式」の実践例も踏まえたガイドラインが、業界団体から公表されている。小売業協会からは「小売業の店舗における新型コロナウィルス感染症　感染拡大防止ガイドライン」が2020年5月14日付けで発信されている（7月31日改定）。

　大枠は、以下のとおりである。

---

① 　各店舗の実情に応じた感染予防対策
② 　従業員の感染予防・健康管理
③ 　買物エチケットに係る顧客への協力依頼・情報発信など

　店舗における感染予防対策については、身体的距離（フィジカル・ディスタンス）の確保や清掃・消毒、接触感染・飛沫感染の防止など、入店か

ら商品陳列場所、レジまで、お客様の買い物導線に応じた対策が具体的に記載されている。加えて、トイレなど店舗内施設の利用に関する対策なども盛り込まれている。とくに、百貨店やショッピングセンター、スーパーマーケット、コンビニ、ドラッグストアなどの業種ごとの感染防止策は参考になろう。例えば、エレベーターやエスカレーターなどの設置や、対面カウンセリングを想定した防止策などである。

　2つ目の項目は、従業員の感染予防・健康管理である。対面での業務に不安を抱く従業員が少なくないことから、この項目はうまく従業員に伝え、徹底を図りたいところである。感染防止に関する基本的知識を正しく身に着けることも、自身や仲間を守ることに繋がるということを強調しておくべきであろう。妊娠をしている従業員や高齢の従業員に対する配慮なども求めている。

　3つ目の項目は、お客様への協力依頼と情報発信である。感染防止の対策を徹底し、それをお客様に伝えながら、あわせてご協力いただくことは不可欠である。提示物などに加えて、店内アナウンスなどを頻繁にかつ継続的に流すことで、感染防止策とそれに伴うサービスや内容の変化に対する理解を促進していくことが重要である。

　ガイドラインに記載された具体的な感染防止策を店舗で徹底していくためには、それらをチェックリスト化して実施状況を把握し、不備があれば改善する方法が有効である。感染防止対策は、多岐にわたり網羅的であることから、このような方法によって抜け漏れを防ぐことができ、実施状況が一覧で見える化できる点も優れている。

　外部のコンサルタントが店舗の実態に合わせて、防止対策をカスタマイズしたり、チェックを代行したりすることは、人員が逼迫した店舗では一考する価値があろう。なお、当社では2020年8月25日より新サービスとして「感染症対策監査」を提供している。内容は、第三者の視点でオフィスや店舗の感染症対策の実施状況を5つの監査カテゴリーで独自に調査するものだ。自社では見えてこないリスクやロス原因究明の効果が期待できる。監査だけでなく、要改善箇所については具体的な改善手法や、改善ま

でのスケジュール決定など改善計画策定支援もオプションで追加すること
ができる。参考にしていただきたい。

　新型コロナウィルス感染拡大による企業業績の悪化は、失業者の増加と
いう影響を与えている。総務省統計局の「労働力調査（基本集計）2020年
10月」によると、完全失業者数は215万人と前年同月に比べ51万人増加し
ている。これは9か月連続の増加となる。求職理由別に前年同月と比べる
と、「勤め先や事業の都合による離職（会社都合）」が22万人の増加、「自
発的な離職（自己都合）」が11万人の増加、「新たに求職」が4万人の増加
と、会社都合の失業の増加が目立つ。完全失業率（季節調整値、完全失業
者／労働力人口×100））は3.1％と前月に比べ0.1ポイント上昇しており、
前年平均の2.4％に比べ引き続き高い水準となっている。

　なお、関連して、失業率と犯罪発生率の関係を先行研究にて確認する。
大竹、小原［2010］がまとめた失業率と犯罪発生率の推移（「失業率と犯
罪発生率の関係：時系列都道府県別パネル分析」）をみると失業率と犯罪

図表1-3　失業率と犯罪発生率の推移

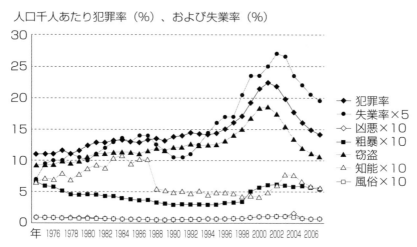

出典：大竹、小原［2010］「失業率と犯罪発生率の関係；時系列都道府県別パ
　　　ネル分析」

率は正の相関関係にある。人口千人あたりの犯罪率と失業率を表したグラフの曲線は同じカーブを描いている。つまり、失業率が増加するとそれに比例して犯罪率が増加する。犯罪種別では、「窃盗」が、「粗暴」、「凶悪」、「風俗」、「知能」と比べて著しく増加する。「粗暴」も件数は少ないものの、増加率が高い。ただし、近年では詐欺などの「知能」犯も懸念される。このように失業率の増加は、短期的にも犯罪発生率、粗暴犯発生率、窃盗犯発生率に増加の影響を与えている。

2 内部不正によるロスとその対策

　店舗におけるロスの発生要因は、さまざまである。主な要因を挙げると、「検品・検収時のロス」、発注や商品管理、販売時など「オペレーションによるロス」、および「チャンスロス」と「廃棄ロス」、値上げ・値下げ処理など「在庫管理ミスによるロス」、棚卸カウントに関連する「棚卸ロス」などである。

図表2-1　店舗におけるロスの発生要因

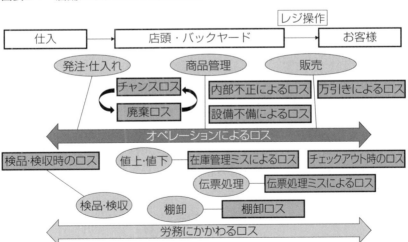

出典：筆者作成「ロスマイニング® ・サービス　（Loss Mining Service）」

その他、商品関連以外では、ヒューマンリソースに関するロスも挙げられる。先にみたように、コロナによる失業率の増加は窃盗の増加をもたらしており、店舗におけるロスの発生要因のなかでも、「万引きによるロス」と「内部不正によるロス」の増加が懸念される。なお、これら２つのロスの特徴や手口については後述する。

　このように店舗におけるロスの発生要因はさまざまであり、具体的な対策は異なるが、共通する基本的な対策がある。まずは、適切に在庫管理できるように環境を整備するところから始めるべきである。

　在庫管理をする環境の整備として5S（整理・整頓・清掃・清潔・躾）を徹底すべきである。5Sとは、以下のように整理できる。

（1）整理：「いるもの」と「いらないもの」を区分して「いらないもの」は捨てること

（2）整頓：「いるもの」を素早く取り出せるように置き場所、数量、置き方を決めること

（3）清掃：置き場所を清掃し、ゴミ・汚れなしの状態にして、同時に点検すること

（4）清潔：ゴミ・汚れなしの状態を保つこと

（5）躾：整理・整頓・清掃・清潔が計画通りに実行され、習慣となること

　5Sの中で最も重要なのは、最初の整理と整頓である。仕入れた時点ではどれも「いるもの」のはずだ。それが時間の経過や市況の変化によって、いつしか「いらないもの」になっていく。整理とは、何が「いらないもの」になりつつあり、またはすでに「いらないもの」になったのかを明らかにする行動である。その際の判断基準もあらかじめ明確にして共有しておく必要がある。そして、その変化を確認するサイクルも決めておく必要がある。そのためには、当事者を明確にすることも必要だ。あらためて、在庫管理責任者を明確にするために適任者を任命する必要がある。ま

た、結果のレビューについては、複数の店舗を統括する立場のマネジメントが適切である。スーパーバイザーによるマネジメントを強化することで、5Sの定着が促進される。

　店長をはじめとした店舗だけの自助努力では、網羅的な整備は難しいことも多く、店長やその上の階層が集合して一旦の整備を実施し、ナレッジ・マネジメント（属人的な知識・ノウハウなどをまとめて共有化、明確化を図り作業を効率化していくこと）の一環として水平展開していくことも有効である。

　次にコロナ禍で増加が懸念される「万引きによるロス」と「内部不正によるロス」（「従業員による盗難」と同義として扱う）を詳しくみていく。

　小売業におけるロス対策および商品管理に関する世界的な調査の報告書「GRTB（Global Retail Theft Barometer）2013-2014日本語版」によると、ロスの原因として「万引き」、「従業員による盗難」、「サプライヤーによる不正」、「管理上のミス・犯罪以外の原因」などを挙げている。報告書は、このような原因によって、帳簿上の在庫と実在庫の差が発生することをロスとし、世界24か国のロス率とロス総額を示している。日本のロス率は世界で2番目に低く0.97％であったものの、ロスの総額は約9,984億円であり、アメリカ、中国に次いで世界で3番目に高い結果だった。アメリカでは「従業員による盗難」が最も高く42.9％、次いで「万引き」が37.4％となっている。日本では、ロスの原因は、多いものから「万引き」が47.0％、「管理上のミス／犯罪以外のロス」が35.2％、「従業員による盗難」が9.2％という順になっている。このうち、原因がわからないものは「万引き」として処理している傾向があり、「従業員による盗難」が正確な割合を示す数字として反映されていない可能性があるものの、業務上のミスと合わせると従業員を起因とするロスが相当に大きなロスの原因となっていることがわかる。

　さらに、被害額という視点では「従業員による盗難」は、「万引き」1件あたりの被害額の15倍におよぶという数字もある。従業員はさまざまな手口で不正を行い、その結果、経済的損失に加えてモラルの低下をもたら

す。これは、従業員は小売業にとっての最大の資産にもなり得るし、最大の敵になり得ることも示している。

　多くの場合、従業員は店舗にある全ての資産に近づくことができる。現金の保管場所を知っており、オペレーションの関係からパスワードも一部の従業員には知らされていることも往々にしてある。また、各種の合鍵を持つことも不可能ではない。従業員は、これらに関するセキュリティを熟知しており、不正を働いた場合のリスクを把握できていると考えたほうがよいだろう。さらに、従業員は注意深い管理者と防犯に無関心な管理者の勤務している時間帯を容易に知ることもできる。つまり、従業員は不正が発覚するリスクを最小限に抑えて、確実に不正の果実を得ることができる存在と捉えることができる。

　具体的な不正の手口を見ていこう。もっとも発覚しにくく、被害額も大きい不正としては、商品の窃盗が挙げられる。多様な手口があるが、店舗や倉庫に保管されている商品を持ち帰り、自ら使用したり、あるいはフリマアプリやオークションサイトなどを通じて換金したりすることが代表的な犯行である。

　また、レジに関連しては、友人や家族と共謀してレジ登録をせずに商品を渡す（店の外に持ち出す）という手口がある。さらに手の込んだ犯行として、ショッピングモールなどでは、従業員が近隣の店舗の従業員とお互いの商品を持ち出すことを黙認するというケースもある。一方で、レジ登録を行っているからといって、安心はできない。レジ登録の際に、値引き登録や売価変更登録を悪用して、例えば1,000円の商品を100円で販売することも可能である。精算をしているので現金の不足は発生しないが、差額の900円は、商品評価損として粗利益を低下させることになる。これもロスである。もっとも、値引き登録や売価変更登録は、一般には厳密に管理する小売企業が多くなっており、発覚しやすい不正といえる。ただし、管理する側の責任者が値引き登録や売価変更の不正を行う場合は、見落とされたり、発覚が遅れたりするので、スーパーバイザーや店舗会計部門など本部側のチェックが重要になる。

　また、返品（返金）登録や精算中止操作も古典的な不正である。返品
（返金）登録では、現金を着服する不正だが、架空の返品を仕立てること
は想定しておくべきだ。責任者や他のスタッフが返品の現場で確認すると
いうルールがない場合は、返品（返金）登録の記録が特定のスタッフに
偏っていないか、頻度などもチェックする必要がある。精算中止操作も現
金の着服の不正だが、責任者不在の時間帯に犯行におよぶケースが多いの
が特徴である。特にレジ会計がお釣りの発生しないちょうどの金額の場
合、レシートを受け取らないお客様もいるため、（レシートを出力する段
階の前で）レジ登録をクリアしてしまえば痕跡が残らない仕組みになって
いる場合もある。店舗にとっては商品を失い、従業員は現金を着服し、現
金の過不足はシステム上では発生しないことになる。

　実際に顧客からの返品に関しては、小売企業によって若干の対応に差が
あるものの、平均的には現物（未使用）があれば、生鮮品でない限り対応
しているのではないか。アメリカでは、チェーンストアのほとんどが、購
入した商品について返品期限内であれば、理由を問われず、使用済みでも
返品・返金に応じている。アメリカでは購入後のリスクも店舗が負ってい
る。「無条件返品」は100年以上の歴史があり、返品コストは利益に盛り込
まれている。つまり、返品しない顧客が返品する顧客に対するコストを負
担していることになる。全米小売業協会（NRF）の2017年のデータによ
ると返品率は11％に達した。アメリカほどではないにしろ、日本において
も返品に対して寛大なサービス方針のため、返品詐欺に対しては脆弱であ
る。

　一昔前には、化粧品など高単価な盗品を現金に換金するために、返品と
して店舗に持ち込む詐欺が蔓延した。特に責任者が不在の時間帯を狙って
の犯行が多く、そのような時間帯に勤務するスタッフは十分な教育や情報
共有がされていない（例えば、24時間営業の早朝スタッフは責任者と顔を
合わすことがほとんどない）ことから、容易に騙し取られることになる。
詐欺に対抗するには、必ず現物と自店の購入レシートの両方が揃っていな
ければ返品を断る、または責任者のいる時間帯へ誘導するなどの対応が必

要である。もっとも、フリマアプリなどリユースの拡大により、盗品の換金もそのようなフリマアプリやリユースショップを通じて行われることが多くなった。その意味では、むしろ商品の窃盗のリスクがこれまで以上に高まっていると認識すべきである。

　次に、従業員に起因するロスという点を維持しつつ、店舗商品に限らないビジネス上の不正に視野を広げてみる。

　小売企業では、特定の従業員は商品やサービスを提供する業者からの賄賂や裏金、過剰な接待などを受け取れる立場にある。商品部のバイヤーや購買担当者、物流マネージャー、店舗の立地開発担当者、施設建設担当者などは契約の交渉を担当したり、承認したりする立場にある。商品やサービスを納入する業者にとっては、特にチェーンストアは一旦選定されれば大量の納入が見込めるうえ、企業（商品・サービス）の知名度やブランド力の向上につながるため、不正を働きかけるには十分な動機が存在する。このように担当者と業者との癒着を防止するには、取引の透明性を担保するために競争入札にすることは有効である。また、商談などにはできる限り管理職と担当者、もしくは、複数の担当者が交渉に同席することで癒着を抑制できる。また、業者からの要求や条件についても文書で報告させるべきである。業者から従業員への接待や金品の供与も取引規定などで禁止して、業者との適切な距離感を保つなどのルールは整えたほうがよいだろう。さらに、担当者を定期・不定期に異動させる、長期連続休暇を取得させる（連続休暇を拒む場合は要注意）なども不正の抑止（早期発見）として有効である。取引の期中では、求められている取引の慣行に沿ってない場合や通常使われていない銀行口座を通じた代金や手数料の支払いは不正の可能性があるので注意が必要だ。そのような動きを察知できる監査システムの整備も必要といえよう。

　もうひとつの不正の例は、勤務時間の不正である。従業員が遅刻または欠勤している他の従業員のためにタイムカードの打刻を代わりに行うものだ。さらにいえば、規定の休憩時間よりも長い休憩を取ったり、会社の業務以外のことに時間を使ったりすることもロスにつながる。このような事

態を防ぐには、規律を高く維持して、管理者と従業員の双方のコミュニケーションをよくし、管理者の積極的なリーダシップが有効である。従業員に対して店舗・会社の一員としての参画意識を常に引き出すようなマネジメントが求められる。一方で、本人以外が勤怠打刻をできない生体認証を利用したタイムレコーダーの導入などシステム的な対策も有効だ。指の静脈で本人を認証することでなりすましを防止するようなシステムがメーカーから売り出されている。

　従業員に店舗・会社の一員であることを感じさせる取り組みとして、小売企業は店舗で販売している商品の従業員割引を提供しているケースは少なくない。割引は、通常10％～ 20％程度で運用されているようだ。この制度そのものは従業員にとって有益なものだが、不正という観点では注意が必要である。例えば、割引で購入した商品を共犯者が定価での返品や割引価格を上回る価格で横流しし、フリマアプリで出品・換金するなどの不正が考えられる。また、チェーンストアにおいて特定の店舗が他の店舗より割引購入制度の利用が極端に低い場合は、商品を公然と盗んでいる可能性を疑う必要がある。したがって、割引制度の運用に関してはそのような視点での監視が重要である。

　次いで、機密情報について考察する。機密情報の漏洩は、経営上のダメージにつながり、大きな経済的ロスをもたらす。小売企業が所有している機密情報は、チェーン店であれば出店場所、個店の売上や粗利益率などの店舗損益に始まり、チェーン全体の損益に及ぶ。また、顧客リストや商品の使用履歴やカルテのような機微情報もあるかもしれない。これらの情報を従業員が故意の有無にかかわらず、漏えいした場合は、会社に深刻なダメージを与えることがある。このような情報は、管理・保護を厳格に行う必要がある。

　機密情報へのアクセスを資格や役割によって制限したり、取り扱いを制限したりすべきである。機密文書であれば、セキュリティ対策が施された保管庫に管理する必要もある。不正競争防止法においては、秘密管理性、有用性、非公知性（公然と知られていないこと）という3つの要件を満た

している場合は、営業秘密として保護される。不正に営業秘密を流出させれば、不正競争防止法違反で逮捕・起訴され、損害賠償請求を受ける可能性がある。秘密として管理されていると認められるには、情報にアクセスできる者が制限されている、情報にアクセスした者が営業秘密であることを認識できるようにしていることが必要である。また、有用性の点では顧客リストも経営効率の改善に役立つ営業秘密として保護される。そのような点からセキュリティ対策が施された保管庫に管理し、アクセスを制限する必要がある。また、個人情報や機微情報の保護や機密情報など守られるべき情報について、どのようなものが該当するのか、取り扱う場合はどのように管理するのかといった従業員への教育を定期・不定期で行うことが不可欠である。

　従業員に起因するロスについて考察してきたが、特に不正については被害額が大きくなったり、会社の社会的信用を毀損したりする場合が少なくない。また、管理側の事情に熟知していることから発覚しにくい特徴がある。したがって、従業員の不正は起き得るという前提で、不正をさせない対策や不正が発生した場合には早く見つける仕組みを導入して運用を徹底する必要がある。「内部不正の抑止」という視点においては、「①不正をさせない体制作り、②不正をしてもすぐに発見できる体制作り、③不正をした者が適切に懲戒処分を課され、そのことが公表される体制作り」が必要になる。

　具体的には、仮に不正が起きたとしてもそれを早く発見して厳しい対処を行い、それが公表される仕組みが重要である。内部不正は「割に合わない」ということを浸透させることが抑止効果を高めることになる。

3　万引きによるロスとその対策

　もう1つの懸念されるロスの原因が、万引きである。

　万引きは、ロスの原因のうち多くを占めるもので、なかなか根絶できない犯罪である。万引きは大きく2つに分類できる。1つは、換金目的のプ

ロフェッショナル（プロ）による万引きである。万引きは従来、個人的・刹那的な犯行が中心だったが、昨今は組織的・計画的な犯行に移行してきている。店舗からの万引きによって収入のすべてを賄っている者は少数だろう。しかしながら、プロとアマチュア（アマ）の万引き被害の比率など実態は統計的に明確になっているわけではない。とはいえ、売りやすく換金しやすい商品、例えばスポーツウェアやシューズ、化粧品、たばこ、電動工具などを扱う店舗で、なおかつ防犯対策が脆弱な店舗、または、非常に返品ポリシーが甘い店舗などは、プロにとって魅力的だ。プロはそのような見方で、万引きをする店舗を選んでいるといえる。

このようなプロは、盗品をリユースショップやネットを通じて個人間で売買できるフリマアプリ、もしくはリアルのフリーマーケットを通じて換金しているものと思われる。また、社会経済のグローバル化やIT技術の発達に伴い、盗品の海外処分のルートが容易に形成されるようにもなった。そのようなルートが確認された数年前からは、とりわけ集団窃盗（万引き）が目立つ状況である。

集団窃盗の一部には、強引な手口の犯行も目立つ。ただ、多くのプロは、万引きの準備や手口が用意周到で、一般客とほぼ同じ服装と行動をする。また、店舗の保安員や従業員の様子をうかがうため、数人のチームで活動する傾向がある。防犯タグの電波を遮断するために、アルミホイルで裏打ちされた大きな買い物バックを持ち込む場合もある。

また、プロは換金可能な商品に詳しいといえる。盗品処分のいわゆる闇ルートでは、しばしば商品のブランド、サイズ、色といったものを指定して、盗んでくることを依頼することもある。日本で爆買いの対象となっているような化粧品などは特に注意が必要である。さらに、そのようなプロは、さまざまな種類の犯罪から収入を得ている可能性がある。例えば、薬物の売買や強盗、車両の盗難などにも手を染め、その犯罪歴も多いことが考えられる。したがって、先に述べたチームで万引きを行う場合に、逃走用の車両も盗難車や盗難ナンバーをつけた車両を利用することがある。犯行の際に、ナイフなどの武器を隠し持ったり、暴力を振るったりすること

も考えられるので、保安員なども身の安全に細心の注意を払う必要がある。

　プロの万引き犯の重要なもう1つの側面は、進化した連絡情報網を整備していることである。店内の保安員を見つける技術や、簡単に万引きができる店舗、新たな万引きの手口などは、驚くほどのスピードで独自のコミュニティに浸透すると考えるべきである。組織的な万引き犯同士の情報共有は、小売業者間の情報共有よりも優れているといわざるを得ない。日本チェーンドラッグストア協会などがイニシアチブを取って、同業者間における万引きなどの犯罪情報の共有を進めている例はあるが、多くの小売業者ではそのような取り組みは行われていないのが現状だ。

　もう1つの種類が、アマによる万引きである。プロが職業的に万引きを行うことに対して、アマは自己消費や衝動的な理由で万引きを行う。プロの犯行と比べれば、1件あたりの被害額は小額である。ただし、店舗としてはこのような犯行が積み重なり、棚卸し時には無視できないロスのボリュームとなる。このタイプの万引き犯は、買う余裕がない商品を盗む傾向が強い。金銭がないため、自己消費する商品、食料品や生活雑貨、化粧品や宝飾品などは狙われる商品の典型といえる。一方で、金銭があるにもかかわらず、万引きに手を染める人も少なくない。その極端な例は、クレプトマニア（窃盗症）である。必要でない物を盗んだり、明らかにサイズが違う衣料品を盗んだり、それらを売るつもりもなく、誰かのために使うわけでもなく、盗むこと自体を目的にしており、自分でもその衝動を抑えることができず窃盗を繰り返すものだ。元日本代表のマラソン選手が、万引きの罪の執行猶予中に、再度万引きで捕まり裁かれた例は記憶に新しい。

　手持ちのお金がないわけでもないのに、万引きをするということでは、高齢者の万引きが挙げられる。高齢者の万引きは、近年の社会問題として認識されている。平成29年に東京都がまとめた「高齢者による万引きに関する報告書」によると、都内の万引きの実態については、認知件数が14,574件と刑法犯認知件数全体の約1割を占めている。報告書では、万引

きで検挙・補導された人員は、少年（6～19歳）1,725人、成人（20～64歳）4,905人、高齢者（65歳以上）2,760人であり、万引きの全件届出が徹底された平成22年以降は減少傾向にある。

　しかしながら、その割合をみると、少年が減少している一方で、高齢者の割合が増加している。さらに、万引きの再犯に目を移すと、高齢者の再犯率は58.7％と他の年齢層に比べてもっとも高くなっている。万引き再犯者における初犯の罪種が万引きという者が76％を占めていることと合あわせて考えれば、万引きを防止するためには、そもそも手を染めさせないという点も重要だが、再犯防止の取り組みが不可欠であることがわかる。

　高齢者による万引き取り組み強化や再犯防止の取り組みには、高齢者による万引きの要因を把握しておく必要がある。要因としては、経済的要因、身体的要因、周囲との関係性の3つが挙げられている。

　経済的要因の背景として、高齢期は定年退職や世帯構成の変化により、世帯月収が減少する傾向があるが、統計上も所得に占める公的年金などの割合が高く、その世帯所得は、現役世代の世帯所得と比較して低くなる。長寿化に伴い、退職後の期間が長くなり、将来の生活設計に不安を抱く高齢者も少なくない。万引きの動機として「お金を払いたくないから」、「生活困窮」がそれぞれ3割を占めている。一方で、実際の生活保護受給者は2割程度であることから、真に「生活困窮」状態にあるものは少ない。つまり、購入するお金がないから万引きをするというより、将来的な不安から万引きに走るケースが少なくないと推測される。

　身体的要因として加齢による心身の機能低下がある一方で、判断力や理解力など過去に習得した知識や経験をもとに、日常生活に対処する能力は高齢期になっても衰えることがないと指摘している。加齢による変化として、聴覚や視覚などの感覚機能や記憶の低下など認知機能の変化や障害、さらにそれが進行すると軽度認知障害など日常生活への影響や問題行動を引き起こす可能性も指摘している。このような加齢による身体的な変化が万引きに及ぼす影響は、ごく一部を除いて、要因としてはあまり説得力を持つものではないだろう。

３つ目の周囲との関係性についてだが、万引き被疑者のうち、「独居」は56.4％、「交友関係いない」が46.5％を占めている。周囲に家族や友人だけでなく、サポートしてくれる人がいない状況から社会関係性の欠如による孤独や不満、ストレスが問題行動へと発展するという指摘は、日本社会の抱える問題としても捉えるべきだろう。高齢社会問題と万引き問題は、同源の問題であり、犯罪者本人を罰するだけではその効果は限定的であり、根本的な解決に至らないというところに、この問題の本質がある。

　「自分の意思ではやめられない」というセルフコントロールが効かない常習者に対しては、治療が有効だ。これは、薬物常習者への対応と共通している。しかしながら、常習者は自ら進んで治療を受けないことも共通であるため、複数回逮捕されたときの治療的なプログラムを整備しておくようなフォーマルな対策は有効である。また、別の視点では、被疑者の人たちは生活で「家族や親しい友人と交流すること」の必要性を挙げていることから、万引きからの脱却はインフォーマルな支援が重要な手がかりとなり得ることを示している。

　実は詳細までみていくと、万引き犯を明確に分類することは難しい一方で、万引きの動機や手口、盗まれる商品を把握することによって、万引きを抑止し管理することは可能である。また、時代によって万引きの実態も変化し続けている。自社、自店で起こっている万引きの典型を理解することは、ロス問題の診断において重要である。同様のことは、内部不正についてもいえる。コロナ禍による経済状況の悪化がもたらす犯罪の増加、とくに窃盗の増加は、小売企業にとって売上の低下に加えた直接的なダメージになる。外部からの窃盗だけでなく、内部不正に対しても監視の強化が求められる。コロナ禍の緊急事態だからこそ、ロス問題の診断を詳細に行うことで、費用対効果や優先順位を考え合わせた防犯体制の構築につながる。

〈参考文献〉
・チェックポイントシステム社「GRTB（Global Retail Theft Barometer）2013

　－2014日本語版」（2014）
・伊藤岳洋「LMSトピックス　ロスマイニング®・サービス　（Loss Mining Service)」エス・ピー・ネットワーク（2016）
・大竹文雄・小原美紀「失業率と犯罪発生率の関係：時系列都道府県別パネル分析」（2010）
・経済産業省「新型コロナウィルスの影響を踏まえた経済産業政策の在り方について」（2020）
・経済産業省商務情報政策局情報経済課「我が国におけるデータ駆動型社会に係る基盤整備　（電子商取引に関する市場調査）報告書」（2018）
・総務省統計局「労働力調査（基本集計）2020年5月」（2020）
・日本経済新聞2020年7月10日付朝刊「20年7月9日までに3～5月期業績を発表した小売り・外食など50社の最終損益の集計結果」
・日本小売業協会　他「小売業の店舗における新型コロナウィルス感染症　感染拡大防止ガイドライン」（2020）
・東京都万引きに関する有識者研究会「高齢者による万引きに関する報告書」（2017）

第5章 株主総会対策

研究員　吉田　基

■はじめに~現状の認識

　新型コロナウイルス感染症の拡大を受けて、政府は大規模イベント開催について自粛要請を行った。上場企業における株主総会も不特定多数の株主が来場するイベントであり、政府による自粛対象の大規模イベントに該当する。そのため、各社は、株主総会について、政府の要請を踏まえた対策措置を講ずることを迫られた。本章では、コロナ禍における株主総会対策を解説する。

　本論に入る前に、2020年の株主総会に関する状況を全国株懇連合会が全株懇加盟会社の2,095社を調査対象とし（なお、回答した会社は1,667社）、2020年11月に公表した株主総会などに関する2020年度全株懇調査報告書（以下「調査報告書」という）をもとに確認する。調査報告書によると、株主総会に出席した株主数について、20名未満と回答する会社は、757社（46.1％）である。

　2019年が132社（7.5％）であり、大幅に増加している。また、出席株主数の増減に関する質問において、「大幅に減少」と回答した会社は1,321社（80.4％）であった。緊急事態宣言解除後の6月であったとしても、新型コロナウイルスへの感染の懸念と企業による来場自粛要請による影響と推察される。また、所要時間については30分以内と回答する会社は747社（45.5％）、1時間以内と回答する会社は721社（43.9％）で全体の約90％を占める。2019年は、30分以内と回答する会社が229社（13％）、1時間以内

と回答する会社が890社（50.6％）と全体の約64％であり、所要時間を短縮した会社が増加しており、新型コロナウイルス感染拡大防止に向けた時間短縮の効果が表れたものといえよう。また、総会当日に質問があった会社数は、981社である。2019年が1,370社で減少しており、来場の自粛の要請がなされていたことなどからすると当然のことといえよう。

　また、東京証券取引所が公表した2020年定時株主総会の動向によると、開催日の後倒しや延期のための基準日変更を検討する会社が、一定数存在した。基準日の変更を検討する会社は、39社あり、継続会を検討する会社は85社ある。

1　株主総会の開催時期

1　決算発表の遅れ

　新型コロナウイルスの感染拡大の影響により、多くの企業で会計担当者が、在宅勤務となったことや、海外子会社の厳しい外出規制・制限や休業により、決算の集計作業に遅れが生じた。そのため、報道によると、3月決算の上場企業のうち、4月末までに決算発表の延期を発表した企業は、400社近くあった。また、調査報告書によると、招集通知の発送時期に関して2019年に比べて遅れた会社が増加しており、決算に関わる作業の遅れが影響したものと推察される。

　また、新型コロナウイルス感染症の影響を踏まえた企業決算・監査などへの対応に係る連絡協議会においても、従業員や監査業務に従事する者の安全確保に十分な配慮を行いながら、例年とは異なるスケジュールも想定して、決算及び監査の業務を遂行していくことや、法令上6月末に定時株主総会を開催する必要はなく、日程を後ろ倒しにすることは可能である趣旨が示されている。このように株主総会の開催の延期が話題に上がる中、経済産業省（以下「経産省」という）の定例会見で「企業におかれては、6月末に開催されることが予定されている株主総会について、その延期や

継続会の開催も含めて、例年とは異なるスケジュールや方法とすることをご検討いただきますよう、お願いをいたします」との要請がなされている。これに関し延期・継続会に関しては、法務省と経産省より見解が示されており、実務担当者にとって極めて参考になったものといえよう。

2 延期と継続会

1 延期

　会社法296条は、定時株主総会を毎事業年度終了後の一定時期に招集しなくてはならないとしている。これに関し、法務省より、会社法上、3か月以内に必ず定時株主総会を開催しなくてはならないものとはされていない、との見解が示されている。ただ、会社法124条2項が、事業年度終了後3か月以内に、定時株主総会を開催することしており、実務上、事業年度の末日を定時株主総会の議決権行使の基準日としていることが、一般的である。

　そのため、7月以降に延期する場合には、基準日を再度設定する必要がある。また、基準日に関して、定款において定めがなされていることが考えられる。定款の定めに反する場合には取消事由（会社法831条1項1号）となるので、基準日の再設定に関しても検討を要する。この点、開催時期に関する法務省の見解が参考となる。法務省は、「通常，天災その他の事由によりその時期に定時株主総会を開催することができない状況が生じたときまで、その時期に定時株主総会を開催することを要求する趣旨ではない」としている。

　そうすると、合理的な意思解釈としては、基準日株主に議決権行使をさせることが難しいとする場合に、定款上の基準日とは別の日に株主総会を開催することも、定款に反するものではないものといえる。

　次に、剰余金配当と基準日の関係でも検討を要する。3月決算の会社では、剰余金配当の基準日を事業年度の末日とすることが一般的である。そのため、3月末日を基準日とする会社の場合には、6月中に剰余金配当を

実施しなくてはならないこととなる。

　取締役会で剰余金の配当を決定できる会社は問題ないが、株主総会決議を経る必要のある会社は、延期を行う場合には基準日を再設定しなくてはならない。そうすると、当初の基準日株主であっても、新たな基準日の設定前に、株を手放した場合には、配当を受領できなくなる。この点、東京証券取引所において、いわゆる権利落ちについて示されている。これは株主総会の決議により、剰余金請求権が発生すること、発生前はいわば期待権しかないことを理由とする。

2 継続会

　継続会というのは、当初予定していた時期に、株主総会を開催し続行の決議を行うものである。

　継続会を開催した経験を持つ企業は少ないため、金融庁、法務省、経産省より令和2年4月28日に見解が示されている。同見解によると、「当初の定時株主総会の時点で継続会の日時及び場所が確定できない場合、これらの事項について議長に一任する決議も許容される。この場合においては、継続会の日時・場所が決まり次第、事前に株主に十分な周知を図る」とされ、明確に行動指針が示されている。

　ただ、当初の総会と継続会の期間は、合理的期間内とされているが、具体的には示されていない。この点、見解によると、「関係者の健康と安全に配慮しながら決算・監査の事務及び継続会の開催の準備をするために必要な期間」とされている。6月中の開催を断念し、継続会を開催すると決断した会社は、7月以降の感染者数に照らして、どのように健康と安全に配慮していくかにつき、難しい判断を強いられたものと推察される。

3 総会対策としての開催時期

　コロナ禍における株主総会に関しては、継続会や延期の開催を感染者数や監査業務の遅れに鑑み、開催時期を判断しなくてはならなかった。4月、5月の時点での株主総会の開催時期に関する議論では、7月、8月を

推奨する論者もいた。ただ、6月と7月以降の感染者数を比較すると、結果的には6月の開催が望ましかったと推察される。

　他方で、開催時期を検討するにあたり、新型コロナウイルスが未知のウイルスで、従来の他の感染症に関する知見が、妥当するかも不明確な中、将来の感染者数の推移を予測することは難しいものといえよう。そのため、総会対策は、感染者数の推移に配慮し開催時期を検討しつつも、どのように株主総会の本番において、感染症拡大防止に努めるのかという点に注力されていたように思われる。

2　株主総会対策

1 株主来場の抑制

1 来場の自粛要請・人数制限

　経産省が2020年4月に公表した「株主総会運営に係るQ&A」で、来場の自粛に関して言及がなされている。

　Q&Aによると「Q1.株主総会の招集通知等において、新型コロナウイルスの感染拡大防止のために株主に来場を控えるよう呼びかけることは可能ですか」という問いに関し、「会場を設定しつつ、感染拡大防止策の一環として、株主に来場を控えるよう呼びかけることは、株主の健康に配慮した措置と考えます」としている。

　また、「Q2.会場に入場できる株主の人数を制限することや会場に株主が出席していない状態で株主総会を開催することは可能ですか」という問いに関し、「Q1のように株主に来場を控えるよう呼びかけることに加えて、新型コロナウイルスの感染拡大防止に必要な対応をとるために、やむを得ないと判断される場合には、合理的な範囲内において、自社会議室を活用するなど、例年より会場の規模を縮小することや、会場に入場できる株主の人数を制限することも、可能と考えます。現下の状況においては、その

結果として、設定した会場に株主が出席していなくても、株主総会を開催することは可能と考えます。この場合、書面や電磁的方法による事前の議決権行使を認めることなどにより、決議の成立に必要な要件を満たすことができます」としている。

　これを受けてか、「出席自粛要請・役員のみで開催」や「当社役員のみで開催」と招集通知に記載し、一般株主の参加を予定しない会社があった。このような制限は、書面投票制度や電子投票制度による事前の議決権行使が認められることで、決議に必要な要件を満たすとされている。だが、緊急事態宣言が明けた後の6月も同様に考えてよいかは、検討の余地がある。一方で、新型コロナウイルスが未知のウイルスで、感染者数の推移を予測し、対策を行っていく点からして、株主の健康に配慮するための合理的措置として許容されよう。

　株主の入場制限については、「Q3.Q2に関連し、株主総会への出席について事前登録制を採用し、事前登録者を優先的に入場させることは可能ですか」という問いに対し、「Q2の場合における会場の規模の縮小や、入場できる株主の人数の制限に当たり、株主総会に出席を希望する者に事前登録を依頼し、事前登録をした株主を優先的に入場させる等の措置をとることも、可能と考えます」としている。

2 お土産、展示会、イベントなどの中止

　お土産を廃止すると来場株主が減少することもあり、2020年についてはお土産の配布を中止し来場を抑制する会社もある。資料版商事法務436号に掲載された調査結果（調査対象は全国証券取引所上場会社（JASDAQおよびマザーズなどの新興市場を除く）の1,824社）によると、今回（2020年）よりお土産をとりやめた会社は809社あり全体の46.5％となる。他方で「本年の総会に限りお土産は当日にはお渡しせず、議決権行使をしてくださった株主さま全員に2020年4月中を目処に送りすることとします」とする会社もある。お土産との関係でいえば、株主平等原則（会社法109条）が議論されることがある。本来の議論は出席株主にはおみやげを配布し、

書面投票などを行った株主には配布しないことが、株主平等原則に反するかというものである。今回は逆のパターンであるが、株主の健康に配慮し、感染拡大防止をはかりつつ、議決権行使を促進し定足数の確保などに資するもので、お土産が社会儀礼の範疇にあるのであれば、株主平等原則に反するものではないと考えられる。

　また、株主総会終了後に行われる懇親会や事業説明会などのイベントは接触感染、飛沫感染のリスクの観点より中止する会社が多かった。

③ 新型コロナウイルスを罹患すると疑われる株主の入場拒否

　発熱や咳などの症状を有する株主の入場を拒否することや退場を命じることの可否について、経産省の公表したQ&Aで言及されており、「Q4.発熱や咳などの症状を有する株主に対し、入場を断ることや退場を命じることは可能ですか」との問いに対し、「新型コロナウイルスの感染拡大防止に必要な対応をとるために、ウイルスの罹患が疑われる株主の入場を制限することや退場を命じることも、可能と考えます」とされている。

　実際に入場拒否、退場をさせた場合には、株主より株主権を侵害されたとして、瑕疵があると主張される可能性があり、留意する必要がある。会社としては、危機管理の観点より、入場拒否や退場措置が正当であったことについて、エビデンスを残す必要がある。具体的には、ウイルスに罹患していると疑われる株主には、別室に移動してもらい検温を依頼したり、待機させておいた医師や看護師に対応してもらうことが考えられる。

2 会場設営

① 受付

　新型コロナウイルス感染拡大防止のために、密になることを避けることが要請されている。そのため、受付においても、間隔を空けて、来場株主に受付の順番待ちをしてもらうという措置がとられていた。また、受付で、会場スタッフがアルコール消毒を株主に行う会社、サーモグラフィー

を設置し、体温の高い株主に検温を依頼する会社、来場者全員に検温を依頼する会社があった。

　会場側の協力を得ることができれば、会場や動線上にアルコール消毒を設置し、会場スタッフが消毒の実施を促すことも措置として有用である。また、受付にアクリル板を設置したり、スタッフ全員がフェイスシールドを着用したりすることも飛沫感染防止の点で有用である。

２ 総会会場

　会場内の座席は、間隔を空けて配置する企業が多かった。ただ、いわゆるソーシャルディスタンスに従い、前後左右２メートルを空けることは、会場の大きさ、予測される株主数にもよるが、現実的ではない。そのため、座席を波状にする形で設置したり、株主の前に別の株主が座らないよう促す会社があった。

３ マスクの着用

　受付時や会場内では、会場スタッフと株主の近距離での会話や接触が避けられない。そのため、会場スタッフは、マスクの着用を徹底する。また、株主にも、マスクの着用の徹底を図るため、事前に招集通知などで案内する会社があった。マスクを持参しない株主も想定されるため、会社として、マスクを準備しておき、受付でマスクを渡して着用をお願いすることとなる。

　では、一歩進んで、マスクの着用を義務づけて、これを拒否する場合には、議長が当該株主を退場させることができるのであろうか。この点について、2020年４月に公表された大阪株懇法規研究分科会資料において言及されており、「マスクの着用を拒否する株主がいる場合において、その拒否事由に客観的合理性がないときは、議長は当該株主に退場を命じることができるだろう」としている。その理由として「感染症対策としてマスク着用が有益である場合、あるいは多くの出席株主がマスクを着用しないと株主と閉鎖空間で同席することを危険視する場合、参加者全員がマスクを

着用することは、会議体の秩序維持のために必要である」としている。

　なお、マスクをすると顔がかぶれる、皮膚が荒れるなど、マスクの着用により悪影響がある体質の人もいる。このような株主が来場した場合は、マスク着用を拒否することが想定される。この点、総会は、短時間であり、クラスター感染防止を重視すると、マスクの拒否事由としては客観的合理性が認められないようにも思える。ただ、会社として全体の利益も配慮しつつ、少数の株主に配慮する必要がある。そのため、代替案としてフェイスシールドを用意しておくことも対策の１つに挙げられる。

　また、議長席や役員の席と株主席を、２メートル以上離す企業が多かった。そのため、飛沫防止のためのマスク着用は、役員に関しては、意義に乏しいとも思える。

　しかし、株主側からみると、会社は、マスクの着用の徹底を要請しているのに、役員は、マスクを着用しないのか、との疑念を抱かれる可能性がある。マスク着用を要請する会社側が、積極的にマスクを着用し、感染防止の徹底をすべきであるとも考えられる。現に当社も参加し支援したある会社の株主総会リハーサルでは、マスクを着用しない役員がおり、株主役より「役員がマスクを着用しないのは、どういうことか」との質問がなされた。不必要な質問をさせないこと、安心して株主が総会に臨める環境を整えることからすると、役員全員マスクを着用することが無難であろう。

3 議事進行

1 株主総会の時間の短縮

　経産省のQ＆Aでは、株主総会の時間の短縮することについて、「Q5.新型コロナウイルスの感染拡大防止に必要な対応をとるために、株主総会の時間を短縮すること等は可能ですか」という問いに対し、「新型コロナウイルスの感染拡大防止に必要な対応をとるために、やむを得ないと判断される場合には、株主総会の運営等に際し合理的な措置を講じることも、可能と考えます」としている。

　しかし、短時間で終了させるために、発言を希望する株主を無視して株主総会を進めることは許されない。そのため、議事進行における説明、監査報告や報告事項の短縮が考えられる。一般的な株主総会では、株主の発言時期、質疑応答の手順などは、開会直後に議長より説明がなされる。これを、書面で配布したり、会場内で映像などを用いてアナウンスしたりしておくことで、説明に代えることが可能となる。

　また、監査役、監査等委員は、取締役が、株主総会に提出しようとする議案、書類等が法令もしくは定款に違反し、または著しく不当な事項があると認めるときは、調査をして、その結果を株主総会に報告しなくてはならない（会社法384条、399条の5）。そうすると、問題がない場合には、監査報告は省略しても差し支えないこととなり、実際に監査報告を省略する会社も存在した。

　事業報告についても、簡素化が可能である。例年の株主総会であれば事業報告を議長が読み上げたり、ナレーションを用いて報告がなされていた。報告内容は、事前に送付される招集通知の添付資料に記載されている。そのため、時間短縮のために総会においては、送付した書類記載のとおりとする会社があった。また、決議事項の内容も招集通知に併せて、参考書類として送付しているので報告事項と同様に考えることが可能である。

2 質疑応答

　株主総会の時間は、年々、長時間化しており、その主たる要因は質疑応答である。そこで、コロナ禍における株主総会では、質疑応答の制限を行う会社が増加している。具体的には、調査報告書によると、質問時間の制限を設ける会社、設問数に制限を設ける会社、時間・質問数の両方に制限を設ける会社があった。このとき、質疑応答が株主にとっては、限られた経営陣との対話の手段の1つであることに留意しなくてはならない。不十分な質疑応答であると、役員の説明義務違反（会社法314条）となる可能性があるため、時間短縮のための質問の打ち切りに関しては、慎重な判断

を要する。

　また、事前に質問を株主から自社の株主専用サイトなどで募り、総会時あるいは総会終了後に回答する例が相当数見られた。来場自粛を呼びかけ、当日の質疑応答の時間を短縮する方針から、従来の質疑応答の代替手段として事前の質問を積極的に募ったものと思われる。ただ、総会当日に回答する場合、あえて総会に出席した株主に配慮する必要がある。すなわち、新型コロナウイルスの感染拡大防止の観点から総会の短縮が図られているのにもかかわらず、出席しない株主の質問の回答に時間を要してしまうと、出席した株主に不満を持たせてしまう可能性があることを理由とする。次に実際の質疑応答における対策について述べておく。会場における質疑応答では、マイクが利用されることが一般的だが、コロナ感染症の接触感染の原因となりうる。すなわち、仮に感染者が来場し、マイクを使用して質問をした場合、持ち手部分にウイルスが付着し、他の質問する株主や会場スタッフに感染することが考えられる。一般的に、株主総会では、マイクスタンドを利用する場合とハンドマイクを利用する場合がある。それぞれ適切な対策をとる必要があるため、順に説明したい。

　まず、マイクスタンドを利用する場合は、マイクを２本用意する。株主が１本目のマイクスタンドを利用した後、すぐに２本目に入れ替え、次の株主が発言している最中に消毒を行う。消毒剤は、音響の専門家などが使用するマイククリーナーなどが望ましいが、各施設で、利用しているものがあれば、これを利用することは差し支えない。マイククリーナーが噴射式の場合には、ウイルスが飛散する可能性もある。そのため、マイクスタンドより、マイクを取り外して、株主より離れた位置で消毒するべきであろう。

　マイクスタンドの周辺に株主を着席させない、ないしは座席を設置しないなどの措置をとる会社がった。また、株主には、マイクやスタンドに触れないようにお願いし、スイッチのオン・オフや高さ調整などは、スタッフが行うべきである。その際、スタッフは、マスクとビニール手袋を着用しておくべきであろう。

　次に、スタッフが、質問をする株主のところに行き、マイクを手渡しして質疑応答を行う場合がある。マイクスタンドを利用する場合と同様に、接触感染のリスクがあることに加えて、スタッフや質問する株主の前に座る株主への飛沫感染のリスクが考えられる。

　接触感染リスクに関しては、質問する株主に対して、議長やスタッフが「ビニール手袋を準備しておりますので、発言時に着用を希望する場合には係員にお申しつけください」とアナウンスすることが考えられる。このとき、当然のことながら、ビニール手袋は、新品を渡すため、発言が想定される株主分の数を最低でも用意しておく必要がある。また、質問をする株主の前に座る株主への飛沫感染リスクに対する椅子の配置や座席は、会場の設営で述べたとおりの対策をとることとなる。また、用意するマイクの本数、マイクの消毒やスタッフがマスク、ビニール手袋を着用する点はマイクスタンドを利用する場合と同様となる。

4 その他留意事項

■会場の変更

　一般的に株主総会は、貸会議室を借りて行われることが多い。例えば、貸会議室が入っているビル内で、感染者が出た場合は、ビル全体を消毒することや自主的に営業の自粛をすることが考えられる。そうすると、予定していた株主総会会場が、当日になって、急遽、使用できないという事態が発生する可能性がある。そこで、第2会場、第3会場をあらかじめ用意しておく必要がある。

　また、当日に会場変更を行う場合に備えて、自社のホームページに掲載するなど、株主への周知方法を準備しておく必要がある。当日に会場を変更する場合には、株主は、会社から発せられる会場変更のお知らせを見ない可能性は、十分に考えられる。そのため、当初予定していた会場入口などに、スタッフを配置し、新たな会場へ誘導する措置も検討する必要がある。

3 バーチャル株主総会

　昨今、企業を取り巻く経営環境として、電子化が進んでいる。本章のテーマとの関係では、株主総会自体の電子化のうち、ハイブリッド型バーチャル株主総会について述べていきたい。

　これに関し、2020年2月26日に経産省より「ハイブリッド型バーチャル株主総会の実施ガイド」（以下「実施ガイド」という）が公表されている。新型コロナウイルス感染拡大防止の観点より、株主総会の電子化としてバーチャル株主総会を利用できないかと注目を浴びた。経産省が2020年12月15日に公表した「ハイブリッド型バーチャル株主総会の実施ガイド（別冊）実施事例集（案）」（以下「実施事例集」という）によると、2020年6月の株主総会でハイブリッド出席型を実施した企業は9社、ハイブリッド参加型を実施した企業は113社あった。前提として、バーチャル株主総会は、決して新型コロナウイルスの感染拡大を前提として、議論されたものではないことには留意する必要がある。すなわち、バーチャル株主総会は、あくまでも平時における株主総会を想定しており、有事の際には妥当しない部分もある可能性がある。

1 バーチャル型株主総会の種類

　実施ガイドでは、①バーチャルオンリー型、②ハイブリッド出席型、③ハイブリッド参加型の3種に類型化している。

　まず、①については物理的な総会の会場が存在せず、バーチャル上でのみ株主総会が開催される。ただ、バーチャルオンリー型は、株主総会の招集通知に場所を定めなければならないとされていることなどから、解釈上採用することが難しいとの見解が、第197回国会法務委員会第2号において小野瀬政府参考人により示されている。なお、2020年11月19日の報道によると、完全オンライン化の解禁が検討されている。具体的には、会社法上の「場所」規定を外すというもので、バーチャルオンリー型株主総会の

開催が可能となるものと思われる。

　②のハイブリッド出席型というのは、物理的な開催場所を決めてネットで遠隔から総会に参加できるという方法である。これにより、会社法上の出席が可能となり、情報伝達の双方向性及び即時性が確保されるような方式によって、株主総会に出席することを認めることは、会社法上許容されるものと解される。

　③ハイブリッド参加型は、会社法上の出席という形ではないが、インターネット配信技術により株主総会の審議の状況を確認、傍聴することができる。

　本書は、コロナ禍の株主総会対策にフォーカスをあてるため、上記②と③のハイブリッド型の株主総会について解説していく。

2 ハイブリッド型株主総会の課題

1 議事運営における課題

（1）ハイブリッド出席型の現状と問題点

　ハイブリッド出席型では、インターネットを通じたリアルタイムの議決権行使を伴う。なお、事前の議決権行使により賛否が明らかである場合には、リアルタイムの集計は不要と思われる。いずれにせよ、これに対応するシステムが必要となるが、多くの上場企業にとって、利用可能なものは提供されていない。

　また、インターネットなどを通じて、アクセスする株主が一定数以上の会社では、議決権行使などともデータ連動が必要となるが、これに対応したシステム・サービスの開発には時間が必要となると指摘されている。現時点で技術的なハードルの高さがうかがえる。この点、調査報告書で、インターネットなどによる株主総会への出席につき、検討中と回答する会社が43社にとどまっており、2021年にハイブリッド出席型を導入する企業が大幅に増加することはないものと想定される。

　ハイブリッド出席型の場合、動議や質問に対し、実施ガイドにおいて、

事前手続があれば、一定の制約を課すことが可能とする。根拠として、リアル総会への出席が可能であるのにもかかわらず、自らがバーチャル総会へ出席していることが示されている。

まず、動議に関しては、現在の利用可能な技術を前提とするとリアル株主総会と同様に、会社の合理的努力によっても対処することが難しいとされる。そのため、招集通知に「バーチャル出席者の動議については、取り上げることが困難な場合があるため、動議を提出する可能性のある方はリアル株主総会へご出席ください」と案内する方法が示されている。

また、修正動議に対して、バーチャル出席株主が採決に参加できるかという問題もある。これについてもリアルタイムでの集計が難しいとされており、「実質的動議については棄権、手続的動議については欠席として取り扱う」としている。

ハイブリッド出席型における質問は、テキストメッセージの送信や電話などを用いた音声による質問が想定される。システム上で対応が可能であれば、いずれを採用しても差し支えない。テキストメッセージの場合、マイクの前で質問するという緊張感がなく、心理的ハードルが低いので質問しやすくなる一方、逆に適切ではない質問が出る可能性が高くなると指摘されている。そこで、実施ガイドにおいて、1人の株主が提出できる質問数や文字数に制限を設けたり、あらかじめ用意した質問フォームに書き込むというスタイルが示されている。これは、ハイブリッド出席型における制限は一定程度許容されることを前提としたものである。

ここで注意が必要なのは、制限の根拠の1つとして、リアル総会への出席が可能ということだ。すなわち、リアル株主総会への出席の機会が確保されているからこそ、バーチャルで出席した株主への制限が許容されているとすると、コロナ禍において、出席の自粛を要請する株主総会のおいても妥当するかは検討の余地が残る。この点、最初にも述べたとおり、実施ガイドも平時の株主総会を前提として、議論されたものであるため継続的検討課題といえよう。

（2）ハイブリッド参加型の現状と問題点

　ハイブリッド参加型の場合、出席型とは異なり、株主に質問権はないが、コメントを送信することが可能であり、これを取締役が任意に回答することが可能である。

　コメントの取扱方法やコメントへの対応方法など、事前に検討しておくべき事項は多くある。前提として、コメントを送信する機会の付与は、法律上の要請ではなく、会社が株主との対話を実現するためのサービスの一環である。そのため、コメント回数や文字数に関し制限を設けることは可能である。また、説明義務はないので、コメントを紹介し回答する必要もない。この点、一般株主が法的知見に乏しいため、コメントは質問とは異なり、取締役に説明義務はないことにつき、事前に十分に説明することが必要となろう。

　コメントを紹介する場合には、そのタイミングに関して検討すべき点がある。質疑終了後にコメントを紹介する場合、質疑応答の場面で質問のための挙手が途切れていないのにもかかわらず、質問を打ち切ってコメントを紹介するのかは検討すべき事項であろう。実務上、株主総会において、質疑応答は打ち切るため、コメントを紹介することも可能と考えられる一方で、わざわざ足を運んで出席している株主を差し置いて、コメントを取り上げることが妥当かは検討の余地がある。

　また、コロナ禍で株主総会への出席につき自粛を要請し、ハイブリッド参加型を採用した以上は、発言の機会を確保すべきだという議論もありうるかもしれない。コメントへの対応方法に関しても、平時を前提とする実施ガイドがどこまで妥当するのかは検討の余地が残る。

2 通信障害

　オンラインによる株主総会で真っ先に取り上げられる懸念事項が、通信障害の発生である。特にバーチャル株主総会との関係では、会議として双方向性と即時性の確保が要請されていることから、通信障害が取消事由となるのではないかなど、懸念事項は多い。

実施ガイドでは、「会社が通信障害のリスクを、事前に株主に告知しており、かつ、通信障害の防止のために合理的な対策をとっていた場合には、通信障害により、株主が、審議又は決議に参加できなかったとしても、決議取消事由には当たらない」としている。この点もリアル総会への出席が容易な平時を想定したもので、コロナ禍における総会においても、妥当するかは検討の余地がある。ただ、有事だからといって、およそ通信障害が生じないような措置が求められるとすれば酷である。平時の合理的措置より、より一層通信障害が起こらない環境を整備すべきとして、どの程度環境を整備しなければならないかは、判然としない。むしろ、平時であろうと有事であろうと講ずべき合理的措置の内容は変わらないのではないかとも思われる。

　ハイブリッド出席型における通信障害対策を確認しておく。実施事例集では、システムなどの環境整備、バックアップ手段の確保、事前の通信テスト、通信障害発生時の対処シナリオの準備が挙げられている。具体的には、バーチャル出席を事前登録制として、当該登録者数をもとに必要なサーバーを構築すること、配信に使用するモバイルWi-Fiを複数台用意し、通信できなくなった場合には代替で用意したモバイルWi-Fiを利用できる体制を整備すること、通信障害が発生した場合に短時間で復旧が困難な際には、リアル出席株主のみで議事進行する旨を議場に諮り、リアル会場のみで株主総会が成立するように準備するなどがあげられる。実施事例からも明らかなように通信障害が発生することを前提として、障害を一時的なものとし、株主との通信を早期回復するための代替手段を各企業は講じている。

　他方で、ハイブリッド参加型の場合には、通信障害により参加株主に映像、音声を配信できなくなったとしても、株主総会の審議に関して影響を及ぼさないため、決議の取消事由となるものとは考えられていない。

　また株主側の問題に起因する通信障害により、株主がバーチャル株主総会に参加できない場合には、リアル総会の場合とパラレルに考える。リアル総会に株主が交通機関の障害によって、出席できなかった場合に、決議

取消事由とならないこととの対比で考えると株主側の問題による通信障害
に関しては決議取消事由とならないこととなる。

　すでにハイブリッド出席型株主総会を、WEB 会議ツール「Zoom」を
利用して実施した会社もある。同社では、株主総会の会場には取締役およ
び執行役は来場せず、オンラインにより参加していたという。また、会場
に来場した株主は、会場に設置してあるZoomを操作することができる端
末を用いて、オンラインで総会へ参加していた。株主総会会場では、
Zoom画面をプロジェクターで投影し、議長をはじめとするオンラインで
の出席者（発言者）の様子を確認できるようにしていた。総会会場のス
タッフ数も極力抑え、Zoom端末操作担当、マイク回し担当の２名とし、
会場前受付は１名で対応しており、いわゆる事務局は、会場に設置されて
いない。

　そうすると、事務局、総会会場、役員のやり取りも、オンライン上でな
されることとなったものと思われる。通常、事務局は、株主総会において
議長の右腕として、あるいは総会全体の統括的役割として機能する。事務
局との円滑な連携をとることができなかったり、必要なときに事務局が対
応できない場合には、総会全体の運営に支障をきたしかねない。生じうる
リスクを想定し、リハーサルなどに臨むことが重要となろう。

3 コロナ禍の対策としてのバーチャル株主総会

　コロナ禍という特殊な事情により、バーチャル株主総会が、注目を集め
る形となった。しかし、実施ガイドは平時を前提としたもので、その内容
が、コロナ禍という有事に、どこまで妥当するのかという点で疑問の余地
がある。

　また、実施ガイドは2020年２月26日に公表されており、６月総会まで３
か月ほどしかなく、準備するには期間が短かったといえよう。2020年の
バーチャル株主総会の実施企業は122社で、６月総会の上場会社が2,344社
であることからすると、決して多い数字ではない。やはり、2019年以前よ
りオンライン配信などを用いて、それ相応の経験・ノウハウを持った企業

ではないと、2020年株主総会において、バーチャル株主総会を導入することはハードルが高かったものと思われる。

　したがって、2020年の株主総会対策として、バーチャル株主総会を用いることは推奨できるものではなかった。だが、技術的な進歩により、会議として即時の質疑応答や集計、通信上の障害をクリアできるのであれば、遠方で参加の難しい株主や同じ日に複数の株主総会への参加が可能となり、より一層の議論の活性化に資すると思われる。

■おわりに～株主総会という場所

　2020年の株主総会においては、感染症感染拡大防止の観点より、入場制限、総会所要時間・質疑応答時間の短縮が認められるなど、従来の株主総会とは大きく異なり、一定程度の制限が許容された。その正当化の理由として、書面や電磁的方法により議決権行使が可能であるとすることが挙げられている。事前の議決権行使による場合、通常であれば総会に出席し質問するなど審議したうえでの意思決定は予定されない。

　そうすると、有事の場合には、審議の過程への参加は、保護できずとも決議に参加できれば足りると判断できそうである。これを正当化根拠として挙げることは、株主総会という会議の場という建て付けを損なわせているものと指摘できるかもしれない。

　この点、通常の株主総会であれば、総会前に議案に対する賛否の票数は予測がついており、会社提案が賛成多数となっている。そのため、当日に総会へ出席した株主は、決議の結果に影響を及ぼさない。また、株主数が10名程度であれば、ともかく100人、200人または1,000人を超えるような場合に、議論をすることは不可能である。これらのことから、「決議」は株主総会当日ではなく、もっと前段階に存在するものといえるため、会議体という建て付けはコロナ禍以前に失われていたといえよう。したがって、これまでの会議の場という建て付けが、現在において妥当せず、実態に合った株主総会のあり方を再検討すべきといえよう。

　他方で、技術的なハードルをクリアし、バーチャル株主総会の活用が一

般化する場合には、これまで参加が難しかった株主が、オンラインで審議に参加することも十分に考えられる。そうすると株主総会当日の審議という部分が重要となろう。株主総会という場所の位置づけは今後の議論の展開に期待したいところだ。

〈参考〉
- 株式会社東京証券取引所「2020年3月期の定時株主総会の動向」(2020.5)
- NHK「東証上場の約400社　決算発表を延期　新型コロナ感染拡大影響で」(2020.5)
- 経済産業省「梶山経済産業大臣の定例記者会見の概要」(2020.4)
- 法務省「定時株主総会の開催について」(2020.2)
- 株式会社東京証券取引所「2020年3月期末の配当その他の権利落ちについて」(2020.3)
- 株式会社資生堂「新型肺炎対応での株主総会運営について」(2020.3)【重要】
- 伊藤忠株式会社「第96回定時株主総会招集ご通知」
- エイベックス株式会社「2020年定時株主総会招集通知」(2020.6)
- 経済産業省「株主総会運営に係るQ&A」(2020.4)
- 大阪株式懇談会「株主総会に関する法的諸問題（コロナウイルス感染症対応関連)」(2020.4)
- 経済産業省「ハイブリッド型バーチャル株主総会の実施ガイド」(2020.2)
- 澤口実編著、近澤諒／本井豊著（森・濱田松本法律事務所）『バーチャル株主総会の実務』（商事法務、2020）
- 田中亘『会社法第2版』（東京大学出版会、2018）
- 株式会社ガイアックス「日本初、議長をはじめ取締役・執行役がオンラインで参加する「出席型」オンライン株主総会を開催！〜コロナウイルス感染の早期沈静化、経済活動継続に向けて〜」(2020.3)
- 西尾晋「【緊急レポート】新型コロナウイルス影響下の株主総会：バーチャル株主総会他〜6月3日補足版」(2020.6)
- 西尾晋「【緊急レポート】新型コロナウイルス警戒期の株主総会の開催について〜5月11日更新版」(2020.5)
- 西尾晋「【緊急レポート】新型コロナウイルス警戒期の株主総会の開催について(2020.3)」(2020.3)
- 遠藤佐知子「『ハイブリッド型バーチャル株主総会の実施ガイド』の解説」旬

刊商事法務2225号（2020.3）

・松本加代、遠藤佐知子、松村真弓、武井一浩「ハイブリッド型バーチャル株主総会の実務対応─実施ガイドを踏まえて─」旬刊商事法務2225号（2020.3）
・資料版商事法務「株主総会の概況─2020年6月総会1,824社─」（2020.7）
・第197回国会法務委員会第2号（2018.11）
・一般社団法人　日本経済団体連合会「株主総会におけるオンラインの更なる活用についての提言」（2020.10）
・日本経済新聞「株主総会、『完全オンライン』解禁検討　政府が特例案」（2020.11）
・経済産業省「さらなる対話型株主総会プロセスに向けた中長期課題に関する勉強会　とりまとめ（案）〜ハイブリッド型バーチャル株主総会に関する論点整理〜」（2019.5）
・全国株懇連合会「2020年度全株懇調査報告書〜株主総会等に関する実態調査集計表〜」（2020.11）
・経済産業省（2020.12）資料3　事務局説明資料（ハイブリッド型バーチャル株主総会の実施ガイド（別冊）実施事例集（案））

第6章 BCP（事業継続計画）の策定
──そのポイントと対応の実務

専門研究員　大越　聡

■はじめに

　2019年に中国で発生し、2020年に入って猛威を振るった新型コロナウイルス。本章では、感染症対策BCP策定のポイントと対応の実務について解説する。

　BCPとは「Business Continuity Plan」の略で、日本語では「事業継続計画」。災害などの緊急事態が発生したときに、企業が損害を最小限に抑え、事業の継続や復旧を図るための計画を指す。今回の新型コロナウイルス対応において、企業はいつ、何を、どのようにすべきだったのかを、振り返ってみたい。

1 新型コロナウイルス拡大の経緯と対策本部設置のポイント

　今回の新型コロナウイルス（COVID-19）について、まずはその発生と拡大の経緯から振り返ってみたい。筆者の知る限りでは2019年11月ごろに中国湖北省武漢市で発生が確認され、その後12月31日に中国当局がWHO（世界保健機関）に対して新型感染症の発生を報告した。そして2020年に入り、1月9日にWHOから「中国当局が入院中の肺炎患者から新型コロナウイルスを特定した」と発表。当時は、まだヒト-ヒト感染が確認されておらず、武漢市の海鮮市場が発生源とされ、コウモリやハクビシンが疑われていた。

　まず、ここが感染症対策の中で覚えて欲しいポイントの1つになるが、

新しい感染症は、おおよそ動物由来のものがほとんどである。鳥インフルエンザ、豚インフルエンザはもとより、MERS（中東呼吸器症候群）ではヒトコブラクダが発生源とされている。このように動物由来の感染症は何年かに一度は発生し、話題となっている。ヒト-ヒト感染が確認されていないのであれば、まだ企業の危機管理担当者としては情報収集の段階にあるといってよいだろう。

　問題は、その感染症がヒト-ヒト感染を起こすか否かだ。今回の新型コロナウイルスのヒト-ヒト感染が中国で確認されたのは1月20日だった。日本の隣国である中国で、ヒト-ヒト感染を引き起こす新型コロナウイルスが発症したとなれば、企業の危機管理担当者は従来の新型インフルエンザ対策BCPをもう一度見直しておくなど、対策本部設置の準備を進めておく時期だろう。その後、日本では厚生労働省が1月27日に新型コロナウイルスを指定感染症に指定。28日には日本国内で7人の感染者がいることを公表している。

　企業の危機管理担当者が本格的に稼働しなければいけない時期は、WHOの緊急事態宣言（「国際的な公衆衛生上の緊急事態」）時だ。もし、宣言が発せられたとしたら、企業としては対策本部を設置すべき段階にあるといえる。今回の宣言が発せられたのは2020年1月30日だった。以下に、図1にまとめてみたのでご確認いただきたい。

　言うまでもないことだが、危機管理において対策本部の設置は非常に重要な事項の1つである。クライアントから「なぜ対策本部を立ち上げなければいけないのか？」と質問されることも多いので、以下説明しておきたい。

　企業の通常の体制である取締役会を頂点とした企業運営は、企業統治の観点からは優れた組織体であると考えられる。一方で、事業部と事業部の情報共有や物事を決断する意思決定のスピードは遅くなる傾向にあるといえる。地震などの災害時や今回の新型コロナウイルス対応のように、日々目まぐるしく状況が変化する中で迅速で的確な意思決定を行うには、組織

図1　新型コロナウイルスこれまでの経緯

2019年

11月	中国にて発生が確認
12月31日	中国当局がWHO（世界保健機関）に発生を報告

2020年

1月9日　WHO、中国当局が入院中の肺炎患者から新型コロナウイルスを特定したと発表（当時はヒト-ヒト感染が確認できず）

1月16日　日本国内で初の感染者（中国人）

1月20日　中国・国家衛生健康委員会（NHC）がヒト-ヒト感染が確認されたと発表

1月23日　WHOが新型肺炎の感染は中国では緊急事態だとしながらも「国際的な公衆衛生上の緊急事態と判断するには時期尚早」と判断

1月27日　厚生労働省、新型コロナウイルスを指定感染症に

1月28日　厚生労働省、日本国内で7人の感染者がいることを公表

1月30日　WHOが新型肺炎について中国国外にも感染拡大の懸念が出てきていることから、一転して「国際的な公衆衛生上の緊急事態」を宣言
　　　　　総理大臣を本部長とする「新型コロナウイルス感染症対策本部」設置

（右側）情報収集期 / 対策本部準備 / 対策本部設置

の垣根を超え、適切な情報を共有し、トップ（対策本部長）の意思決定をサポートする専門組織が必要になる。それが対策本部なので、一般的に対策本部は早く設置をすればするほど、対策を早く打つことができる。

　実際のところ、WHOの緊急事態宣言が発出された1月30日の時点では日本国内ではそれほど大きな騒ぎになっていなかった。騒ぎが大きくなったのは2月3日にダイヤモンドプリンセス号が横浜港に到着し、国内に感

染者が増えてからだ。マスクが店頭から消えたのも2月中旬のことである。もし企業が1月31日時点で対策本部を立ち上げ、早めに準備を開始していれば、今回の感染症対策にもかなり先手を打つことができたのではないかと推察できる。2月以降に発生した出来事も、巻末の「資料1」にこれまでの経緯を掲載しているので、ぜひ確認して欲しい。

2 対策本部の構成と設置

　それでは、どのような対策本部を設置する必要があるのだろうか。対策本部の設置の例を図2として掲げる。

　感染症対策は「情報戦」だ。WHOや政府が発する宣言をどのように評価したらよいのか。巷にあふれる莫大な情報の中で、何が正しく、何が間違っているのかを、企業の危機管理担当者はいち早くかぎ分け、必要であれば社内で共有しなければいけない。

　そのため、新型感染症対策本部では「情報収集・分析班」を筆頭に持ってきている。この班は日々流れるニュースや内閣府、厚労省といった所轄

図2　対策本部組織（例）

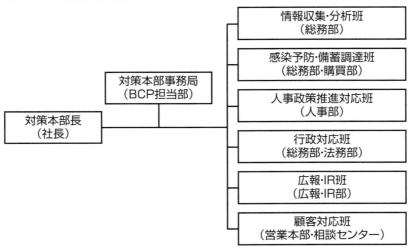

官庁のホームページを毎日チェックし、大きな動きがあればそれを分析し、できれば毎日でも対策本部メンバーや役員に情報を共有することが主な役割となる。その他にも、信頼できる感染症対策についてはいち早く社内に共有したり、渡航禁止になった国があれば出張者に対して注意喚起を促したりするなど、感染症対策本部の要となる。

　次に挙げたのが感染予防・備蓄調達班だ。ここでは従業員用のマスクや手指洗浄用アルコールなどのほか、従業員が感染した場合の消毒液や消毒事業者の選定、清掃するスタッフの使い捨て手袋、エプロンなども事前に調達しておく班になる。下記にチェックリストを挙げておくので、参考にしてほしい。

■感染予防対策品チェックリスト

□不織布マスク
□手指消毒用アルコール（擦式手指消毒剤）
□液体せっけん（ハンドソープ）
□うがい薬
□N95マスク
□ゴム手袋（使い捨て）
□ゴーグル
□エプロン使い捨て
□ウィットティッシュ
□ティッシュ（アルコールティッシュ）
□タオル（トイレで使用するペーパータオル）
□毛布
□漂白剤（次亜塩素酸ナトリウム）
□ビニール袋
□加湿器
□体温計
□非接触型体温計

□常備薬
□体温計などで使用するボタン電池
□そのほか、水・食料など通常のBCPで用意しているもの
（注：事務所の状況に応じてリストは改変してください）

　その次が、人事政策推進担当班だ。ここでは、最悪のケースとして内閣府が「新型インフルエンザ対策特措法」で想定していた「欠勤率40％」に向け、テレワークや業務シフトを推進する部署になる。また、体調管理ルールを策定して社内に周知したり、体調不良時に休ませたりするための人事・労務的な手当て（手段）の検討なども重要だ。実際には政府からの緊急事態宣言により、一時はオフィスの人員を7〜8割削減を目標にするという事態になったことは記憶に新しい。しかし、考え方は同じであろう。役割についてまとめてみると、次のようになる。

〇**対策本部長**……全体統括
〇**対策本部事務局**……すべての情報のとりまとめと共有。対策本部長の意思決定サポート
〇**情報収集・分析班**……政府やWHO、信頼できるメディアの情報を収集・分析し、必要に応じて社内に配信。可能であれば対策本部内及び役員レベルでは毎日レポートを共有することが望ましい
〇**感染予防・備蓄調達班**……マスクやゴーグル、防護服、手指消毒用アルコールなど感染症特有の備品の購入・確認と、感染者が事業者内で出た場合の対応・運用
〇**人事政策推進担当班**……罹患者（社員）の社内状況（人数）の把握、特別休暇などの対応、健康管理施策の実施、社内環境のチェックと整備、テレワークや業務シフトなど人事制政策の推進
〇**行政対応班**……感染者が見つかった場合の、所轄の保健所との連携。全国レベルになる可能性も
〇**広報・IR班**……感染者や検査陽性者が出た場合や、必要であれば企業としての新型コロナウイルス対応の対外的な広報およびアナリス

　トへの説明

○顧客対応班……新型コロナウイルス対策によるサービスや問い合わ
　せの遅延、店の休業などに関する利用顧客や取引先への対応

　上記はあくまでも参考例であるので、各社で実情に合わせた対策本部を
作っていただきたい。事務局が情報収集・分析を担当するなどのケースも
あると思われる。重要なことは、災害対策と同様、平時からしっかりと経
営陣と事務局が話し合いを行い、万が一に備えた方策を練っておくこと
だ。

3　感染症対策BCP整備における着眼点

　災害や感染症の種類を問わず、BCPをどのように整備するか判断する際
の視点で重要なポイントを挙げると、次の3点である。

1 予測可能かどうか

　災害やインシデントの発生が予測可能であれば、早めの防災・減災・被
害軽減策も行えるうえ、予測を踏まえた軌道修正や早い段階から対応を行
うことができる。事業継続のための準備段階があるかどうかで、BCPの内
容が異なってくる。

2 社会インフラの被害状況

　ここでは、電気・ガス・水道などのライフラインの他、通信・交通機
能、社会的な物流ネットワーク機能を総称して社会インフラと定義すると
して、社会インフラの状況で、事業継続の可能性は大きく異なってくる。
社会インフラの被害が少なければ、通常の社会環境・事業環境に近い状況
であることから、事業継続への影響は大きくないが、社会インフラが大き
く損なわれていれば、事業継続は難しくなるだろう。そのため、インシデ
ント別に社会インフラへの影響を考慮しておく必要がある。社会インフラ

の被害状況により、復旧に求められるスピード感も、優先順位も異なってくる。

3 自然災害と感染症対策BCPの留意点

どの企業や組織においても、防災あるいは事業継続時の最優先の方針は、「人命尊重・従業員などの安全確保」とされている。もちろん道義的や安全配慮の側面もあるものの、基本的に事業活動には人的資源が不可欠の要因となる。したがって、BCPを考えるうえでも、二次被害や被害拡大の可能性などの従業員への影響を考慮しておく必要がある。

これらの3つの要素を踏まえて、災害を中心として、種々のBCPにおける留意点は次のようになる。

1 自然災害（地震、台風、水害、噴火）

自然災害については、第一の基準である「予測の可否」に関して、台風・水害のように事前に規模や発生が予測しうるものと、地震のように規模や場所の予測が難しいものがある。噴火は、ある程度の予知は可能だが、未知の要素を含むものもある。

事前に予測できるものについては、例えば台風時の鉄道会社の計画運休のように、事前の被害低減策の実施も事業継続の観点からは重要な施策となる。

第二の基準である「社会インフラへの影響」については、主に大規模地震などの自然災害では、社会インフラの機能障害が生じる可能性が高く、従業員の参集や情報収集・共有、各方面との連携に支障が出る可能性が高いといえるだろう。

第三の基準である「従業員などへの影響」については、自社や取引先などの従業員の安全・生命を脅かす事態も生じうるほか、身体・精神両面や私生活面においても、種々の影響が生じうることから、事業継続に関しての人的資産毀損（機能停止）のリスクはある。

以上を踏まえて、事業継続対策の大枠を概観すると、次のとおりであ

る。

（1）防災対策（平時準備）

●施設強化対策：耐震補強や什器の固定など

●防災教育研修：避難訓練なども含む、安全確保のためのノウハウ共有

●設備補強・冗長化（多重化）：予備電源の確保・移設など

●安否ルール整備・情報管理対策：安否確認システム整備、データ保存

　平素からのリスクマネジメントとして、減災に向けた施設強化対策、設備補強・冗長化（多重化）、防災教育・研修、安否ルールの整備や情報管理対策が必要になる。施設・設備などのハード面だけではなく、教育研修やルールの整備などのソフト面の対策も重要であることを忘れてはならない。

（2）災害対応（予測可能災害）

●従業員の安全確保：従業員の安全確保、行動指針の明示など

●被害回避行動・被害軽減措置：予測を踏まえた各種減災対策など

●災害動向把握：情報収集や各方面への指示・連絡

●事業中断・事業継続措置：予測を踏まえた戦略的判断・対応

　予測可能災害の場合は、何よりも、災害動向把握や被害回避行動・被害軽減措置が重要になる。事業継続を考えるうえでは、事業へのダメージを可能な限り小さくすることが重要であり、その意味では、事前の防災対策だけではなく、予測を踏まえた災害対応も、事業継続上重要なマネジメントとなる。

（3）災害対応（予測不可能災害）

●従業員の安全確保：従業員の安全確保、行動指針の明示など

●被害軽減措置・二次被害防止対策：早めの避難や安全確保行動徹底

●初動対応・危機対応：発生した事象と被害を踏まえた危機対応

●広報体制整備・事業継続判断・事業継続措置：状況を踏まえ判断

　予測不可能災害の場合は、防災対策以上の事前の準備は難しいことから、発災後の対応に重点が置かれる。ただし、事業へのダメージを可能な限り小さくすることが重要であることは予測可能災害の場合と変わらない

ため、従業員の安全確保と被害軽減・二次被害防止措置は極めて重要である。被災を前提として対応せざるを得ない以上、被災状況と被害を踏まえた戦略的な危機対応が重要となる。

　災害の規模が大きくなればなるほど、現場は混乱を極め、対応ができることは限られるが、状況を踏まえて、対応できることは確実に実行していく危機対応が求められる。

② 新型インフルエンザ等感染症対策

　感染症対策BCPにおいては、第一の基準である「予測の可否」について、発生初期は予測不可能ではあるものの、事業継続が危ぶまれる流行期については、それまでの罹患状況や発生地域、毒性、感染力などのデータ分析・公表が相当程度行われることから、被害予測などは一定程度可能である。

　第二の基準である「社会インフラへの影響」については、社会インフラの機能障害が生じる可能性は低く、従業員の参集や情報収集・共有、各方面との連携に支障が出る可能性は高くない。あるいはその影響は、災害時と比べて軽微である。ただし、感染者も通院などで交通機関などを利用する可能性があるため、参集や移動は罹患リスクを高める場合があることに注意が必要である。

　第三の基準である「従業員などへの影響」については、感染症によっては従業員の生命を脅かす事態も発生する可能性があるほか、段階的、かつ相当程度の期間に渡って相当数の罹患者を生じさせるリスクがある。また、罹患時は、数日から相当期間は会社を休む（休ませる）必要が出てくることから、事業継続に関しての人的資産毀損のリスクはある。

　深刻な感染症であればあるほど、家族が感染した場合や、濃厚接触に当たりうる場合は、従業員自身が感染していなくても、要観察対象となり、通常どおり活動できなくなるリスクがあることも念頭に置かなければならない。

　以上を踏まえて、事業継続対策の大枠を概観すると、次のようになる。

（1）平時準備

●施設内対策：空調設備や音湿度調整、殺菌・消毒などの対応・対策

●研修・情報発信・訓練・マニュアル化：予防に向けた環境づくり

●感染予防対策：予防にむけたルール化、周知・徹底、備品準備

●ルールの整備：健康管理・記録、体調不良時の対応要領など

　感染症に対する事前対策としては、何よりも感染リスクの低減に向けた各種対策と、従業員などを巻き込んだ、予防活動の実施が重要となる。事業継続対策においては、事業へのダメージを可能な限り小さくすることが重要であることは自然災害の場合と同様である。

（2）発生時対応（蔓延時）

●従業員の健康管理対策：予防措置および健康管理ルールの徹底

●感染者・感染源の隔離：予防・被害拡大の最重要事項。強制休日など

●感染拡大防止・勤務体制変更：シフトや勤務体制変更（在宅含む）

●オペレーション変更、拠点の縮小・変更：罹患状況に合わせて対応

　感染症について、蔓延期の発生時対応としては、被害の拡大防止措置の徹底と罹患者の存在を前提とした、通常のオペレーションを変更しての業務運営が求められる。特に蔓延期については、相当数の従業員が罹患している可能性があり、各部門や業務プロセスにおける人員不足が深刻化してくることから、それを前提としたオペレーションの変更などの対応が重要となる。

（3）発生時対応（終息時）

●従業員の健康管理対策：予防措置および健康管理ルールの徹底

●被害軽減措置・衛生対策：シフトや勤務体制変更（在宅含む）

●代替要員確保・感染拡大予防：欠員分の補充

●オペレーション変更、拠点の縮小・変更：罹患状況に合わせて対応

　終息期の発生時対応としても、被害の拡大防止措置の徹底と罹患者の存在を前提とした、通常のオペレーションを変更しての業務運営が求められてくることは、蔓延期と同様である。

　蔓延期と比べて、各部門や業務プロセスにおける人員不足は解消されて

いるものの、依然として感染拡大のリスクや欠員発生のリスクがあることから、罹患者の存在を前提とした業務運営を行わざるを得ない。

　以上を踏まえつつ、感染症BCPを策定するにあたって、地震などの自然災害対策BCPとの違いを明確にしつつ、感染症対策BCP整備の着眼点を整理していきたい。

① 社会インフラは基本的には止まらないことを前提とする

　感染症対策BCPは、地震などの自然災害対策BCPに比べ、鉄道、航空機などの交通機関の一部運休はあるにせよ電気、ガス、水道などのライフラインが止まることはなく、また、会社施設は使用可能であることが大前提となる。

　ただし、エボラ出血熱などの厚労省が定める一類感染症の場合は、「感染症の予防及び感染症の患者に対する医療に関する法律」において、都道府県知事による感染地域一帯の交通制限（72時間以内）の処置が可能になる。今回の新型コロナウイルス感染症は、「二類感染症相当」とされているため、感染地域一帯の交通制限は実施されていない。

　また、感染者が発生した場合の消毒作業に伴う一時的な施設の閉鎖はあり得るものの、地震などの災害による施設の破壊により長期間にわたり、当該施設が利用できないという状況は考えにくい。もちろん前記同様、「感染症の予防及び感染症の患者に対する医療に関する法律」において、都道府県知事による汚染された建物の使用禁止（封鎖）の処置が可能である。こちらも今回の新型コロナウイルス感染症では、「二類感染症相当」とされているため、汚染された建物の使用禁止（封鎖）は実施されていない（本稿に関係する「感染症の予防及び感染症の患者に対する医療に関する法律」の条文を章末に掲げるので参考とされたい）。

　地震などの自然災害対策BCPについては、施設の倒壊や長期間利用できない事態が生じることから、そのような事態に陥った時の対応をどうするかの検討・準備が必要となる。対策に伴う費用も膨大になることから、特に中小企業の災害対応型BCPの整備の際の大きなネックとなっているが、感染症対策BCPについてはそのような事態を想定する必要はないだろう。

② 災害型BCPとの社員の出社に関する行動規範の違い

感染症対策BCPは、地震などの災害の場合とは異なり、帰宅困難者問題は発生しないが、社員の出社を抑制する必要性が出てくる。感染症に感染した社員や感染の疑いのある社員を出社させることは、それ自体が感染を拡大させるリスクを高めることになる。社内でクラスター（集団）感染が発生すれば、事業継続に大きな影響を及ぼしかねない。感染症対策BCPを進めるうえでは、経営幹部が、このリスクを正しく認識しておく必要がある。

新型コロナウイルス感染症に関するニュースを見ても、感染が疑われるにもかかわらず、数日間公共交通機関を利用して通勤していたという報道があった。日本のビジネスマンは、少しぐらいの体調不良では会社を休めないという意識を持っており、またそう思わせる上司のマネジメントが行われている企業も少なくないことから、感染症についても同じ枠組みで考えてしまう傾向がある。

しかしながら、感染拡大期や感染蔓延期など、感染症のBCPの発動基準をどこに定めるかという問題はあるにせよ、特に大きな影響が出そうな感染症の場合は、このような無理して出勤する（させる）事態は回避することが重要である。もちろん、平時でも体調不良の際は、無理をさせないマネジメントや社風を整備していくことが最も重要だ。

季節性インフルエンザの場合は、罹患者に高熱が出ることが多いため、体調の異変にも気づきやすい。新型コロナウイルスについては、感染経路は飛沫感染および接触感染と考えられており、発症前から発症直後にかけて特に感染力が強いことがわかっている。特に発症2日前から発症直後が最も感染力が強いとの見方も強い。しかし、症状がでない無症状者も相当数いることがわかっており、このような無症状感染者が他人に感染させる可能性もある。

いずれにせよ、まずは感染した社員、あるいは感染の疑いのある社員は出勤させないことが感染症対策BCPのポイントの1つになる。自身が感染していても、無症状であることも念頭に置き、「疑わしきは自宅待機」、

「念のため自宅待機・在宅勤務」こそが、感染症対策BCPを進めるうえで重要な行動指針となるだろう。

体調が悪いときは、感染症の可能性を視野に入れ、出勤しない旨を電話で会社に連絡させる。上司は、それを踏まえて、治療のための入院や潜伏期間中は自宅待機などにより出勤できない事態を想定した代替体制を早めに検討・調整・実施していくことが重要である。

③　業務の標準化（代替実施可能化）と在宅勤務体制の整備

上記②で述べたように、「疑わしきは自宅待機」が基本的な行動指針であるため、感染症の拡大・蔓延期に、そのような状況が複数社員において同時多発的に発生した場合は、業務の遂行に影響が生じる可能性が高くなる。

政府が新型インフルエンザ特措法の中で示している最も懸念するべき「最悪の事態」は、「職場の欠勤率40％」であることが示されている。パンデミックになるような状況では、「職場の欠勤率40％」は決して過剰な見積もりではない。徐々に欠勤者が増えるとしても、ピーク時に欠勤率が40％となることは、決して考えられないわけではない。

このような事態に備えるためには、「重要な社員が相当期間欠勤しても、当該業務が継続できる」ように体制を整備しておく必要がある。「重要な社員が相当期間欠勤しても、当該業務が継続できる」ように体制を整備するという観点からは、次のような施策の検討・準備が重要である。

③ 社員が約半数になった場合の事業継続の検討

（1）可能な場合は、業務を絞り込む

1つ目は、業務の絞り込みだ。人員が約半分になることを想定すると、当然すべての業務を平時と同じクオリティで実施することは不可能になる。稼働可能な社員などで業務を継続するためには、優先度の低い業務についてはいったん停止したり、定期的に実施する業務の頻度を減らしたりするなどで、業務を絞り込む必要がある。クロストレーニング（他の業務と交換する訓練）などにより、担当外の業務についても対応・フォローが

可能な状況にすることも重要である。

　ただし、業務の絞り込みに伴い、業務フローや業務プロセス・スケジュールも大幅に見直さなければいけなくなる場合は、業務の絞り込みによる弊害も無視はできない。したがって、無理に業務を絞り込むという発想ではなく、現時点で行わなくてもよい業務や、当面は通常どおりでなくてもよい業務を抽出したり、やり方に着目して現在よりも簡易かつ効率的に実施する方法がないかを検討したりすることも有意義である。場合によっては、取引先と一緒に業務の内容を協議・調整を行う必要が出てくるだろう。

　ここでの業務の絞り込みとは、例えば航空会社が実施しているような間引き運行や業務時間の短縮、店舗の一部閉鎖、業務の一部停止やサービスの縮小など、趣旨が同様なものをすべて含意していると考えていただきたい。

（2）遠隔ないし代替拠点での実施体制の整備

　「重要な社員が相当期間欠勤しても、当該業務が継続できる」体制を考える場合は、通常の業務フローに従って、遠隔地における代替拠点で業務を実施できる体制を整備することも検討すべきである。いわゆるテレワークでの業務実施体制の整備である。

　感染症の場合、すでにリスク分析にて記載したとおり、社会インフラはほぼ平時のどおりであることが特徴である。少なくともライフラインにはそれほど大きな影響は受けない。これは、見方を代えれば、地震などの災害における被災地とは違い、電気や通信機器が通常どおり使えることが想定できる。したがって、遠隔で実施できるためのインフラ整備とルールを整備すれば、テレワークで対応するというBCPは比較的実施しやすい。電話が通じれば、打ち合わせや取引先への連絡なども容易であることから、在宅でも、在社でも、代替拠点でも、それほど大きな違いはないであろう。

　業務への支障や業務プロセスへの支障の影響を最小限に抑えるのであれば、また、できるだけ効率的にBCPの整備を進めたいのであれば、まず

は、このような遠隔実施体制の整備を行うことをお勧めする。このような体制を整備しておけば、平時においては、いわゆる「働き方改革」の文脈に乗って、テレワークを実施することも可能になる。

　実際に、すでに「働き方改革」の一環として、相当程度にテレワークで業務実施ができる体制を整備している企業においては、新型コロナウイルス感染症への対応においても早々にテレワークに切り替え、それほど大きな支障もない状況で、業務が継続できていたという。

　テレワークによる業務実施体制の整備としては、第2章①をご確認いただきたいが、遠隔で業務が実施できる体制が整備できていれば、感染症対策BCPの重要なポイントである社員の行動指針となる「疑わしきは自宅待機」の場合でも、連絡のうえで可能な範囲で業務を実施できることから、感染症BCPの実効性が担保しやすいだろう。

　また、感染症の場合は、前述したように、例えば社内や会社の拠点が入ったビルにおいて、他のテナント企業で当該感染症の発症者が出た場合にも、消毒作業などのため一時的に本社社屋が使えないという事態も想定しておく必要があるだろう。都市部のオフィスビルに入居している企業においては、自社で感染症の感染者が出ていなくても、同じビルに入居する他社で感染者が出れば、その煽りを受けて、会社が入居するビルに入れないという事態も生じうるのだ。このような他社起因の場合でも、事業実施に影響が生じる可能性があることも考慮すると、遠隔実施体制の整備は、感染症対策BCPにおいて重要なポイントの1つとなる。

　ただし、業種によっては、現場での業務実施が不可欠であり、在宅ワークに切り替えられない事業者もある。その場合は、業務の絞り込みや業務の標準化による応援体制の整備、業務実施方法の検討、実施方法の変更などにより対応していく必要がある。

（3）業務の標準化・代替可能化（やり方の変更を含む）と訓練・ジョブローテーション

　「重要な社員が相当期間欠勤しても、当該業務が継続できる」体制の整備という観点から考えた場合、社内で相互に業務対応や業務フォローがで

きる体制の整備も重要である。業務を標準化・明確化・書面化（変更のう
え、実施する場合は、その内容も含めて）しつつ、平素からのジョブロー
テーションや訓練などにより、それを実施できる体制や代替要員実施要員
の育成を日頃から意識し、整備が必要となる。

　社内においては、アクセス権限や情報管理の問題もあるが、各部門の幹
部であればそれ相応に重要な情報も含めて共有される体制になっているで
あろうし、社内の幹部もいくつかの部門を経験して管理職に登用などされ
ていれば、他部門の業務であってもある程度の知識があるのが通常であ
る。そうした状況であれば、担当部門のスタッフや担当者に電話などで連
絡しながら対応することで、平時よりも若干の手間は増えるものの、業務
の実施・継続は可能である。

　そのほかにも、日頃から他のスタッフでも相当程度の対応ができるよう
に、フローチャートやチェックリストを活用しながら業務内容をマニュア
ル化・書面化したり、権限移譲や担当者を増やしておき、最低限の対応が
できるように知識・スキルを身につけさせたりしておくことも、感染症対
策BCPの重要な対策の1つである。

　作業要領については標準化されている企業もそれなりに多いと思うが、
事業継続を考えた場合は、災害対策BCPと同様に、判断基準、判断や意思
決定に際して考慮・重視すべき要素なども明確化することで、平時と大き
な相違が出ないようにしておくことも望ましい。判断や意思決定において
も、特に緊急性を要する判断に絡むものは、あらかじめ標準化しておくこ
とも有用である。

　もちろん、これらの大前提としてICT利用による業務の効率化は早急に
取り組むべき事項だが、コロナ禍における現在ではさらにDX（デジタル・
トランスフォーメーション）によりICTの活用を通じて、ビジネスモデル
そのものや組織を変革することで成果を出している企業も存在している。
ピンチをチャンスに変えるという意味でも検討する余地はあるだろう。

　危機管理の観点からは、当然、それに伴う新たなリスクへの検討・手当
も重要になってくることはいうまでもない。新型感染症のウイルスを警戒

してICTやDXを推進する際は、様々な「コンピューターウイルス」が出現することを看過してはいけない。また、多くの企業にとって、在宅勤務などで利用するITツールが、他社のシステムやプログラムに依存しており、基幹システムにバグが出れば業務の停滞につながることの認識も重要であり、どのツールを、どのように使うかなどの検討も必要になることを付記しておく。

　感染症対応BCPは、人員不足の中での業務の継続に主眼が置かれることから、上記のように、平素から業務の標準化やジョブローテーションなどを含めた人の育成が非常に重要な対策となることを改めて認識しておく必要があるだろう。

　外注している業務については、外注先・委託先が感染症の影響で業務実施に影響が出た場合には、自社の業務にも大きな影響が生じる。完全に外注・委託しているものについては、緊急時に自社で対応をカバーすることが不可能である場合が多いが、このような業務についても、感染症対策のBCPを整備するうえで、代替先や一部内製化なども検討していくことが重要である。

（4）業種による特殊性への配慮

　感染症型BCPについては、そのほかに、警戒を要すべきエリアが全国に散らばる場合もあること、また、新型コロナウイルス感染症のように世界的にも複数かつ広域にわたり、同様の状況になりうることも特徴の１つといえる。これは、地震などの災害型BCPにはあまり見られない特徴である。

　したがって、企業としては、次のことを念頭に置いておかなければならない。

●同時にいくつかの拠点が影響を受ける可能性があること

●海外の拠点も影響を受ける可能性があること

●海外の状況によっては現地に駐在する社員やそのご家族の移動や帰国、日本からの応援部隊の派遣などができない状況になる可能性があること

●海外からの物資の輸入や搬送に支障がでること

●外国人や外国人雇用者が来日できないなどにより業務実施や事業継続に大きな影響が出かねないこと

●感染のリスクは業種・業態・地域により異なるため、自社の状況を見極めて対応する必要があること

　感染症BCPにおいても、サプライチェーンに影響がある場合や店舗系業態の場合は、代替ルートの活用を含むサプライチェーンの確保のため対策や、店舗の戦略的閉店による物資と人的資源の効果的活用などの災害型BCPと共通の対応をしていかなければならない。この点では、結果事象型（最近では機能停止型という言い方もされている）BCPの考え方も有用性を有している。

　したがって、業種・業態によっては、災害対応型BCPも併用する必要な場合もあることから、自社の業種・業態に応じて、適宜、災害対応型BCP活用して新型コロナウイルス感染症蔓延期に事業継続を実現していただきたい。

4　新型感染症、今後の３つのシナリオ

　本稿を執筆している時点（2020年９月）では、小康状態を保っているものの、今後冬〜春にかけてさらに大きな第３波の可能性も指摘されている。

　では、第２波、第３波とは、どのようなものなのだろうか。これは1918〜1919年にかけて世界中で猛威を振るった「スペイン風邪」と同じケースをたどった場合に見られる兆候だ。では今後、どのようなシナリオが考えられるのだろうか。米ミネソタ大学感染症研究政策センターは、2020年４月末に「COVID-19パンデミックの今後：パンデミック・インフルエンザから学んだ教訓」（COVID-19：The CIDRAP Viewpoint）を公表した。その中で、これまでの人類の経験を踏まえたうえで可能性の高い３つのシナリオを作成しているので、ご紹介したい（翻訳・意訳は筆者。日本の現状にあわせた解説もしている）。

本シナリオでは、前提条件として集団免疫の獲得やワクチンの開発が最短でも2021年になることから、18〜24か月はパンデミックが継続することが考えられるとしている。

■ COVID-19 : The CIDRAP Viewpoint（翻訳）

〈第1のシナリオ〉最も現実的な「山あり谷あり型」（「Peaks & Valleys」）

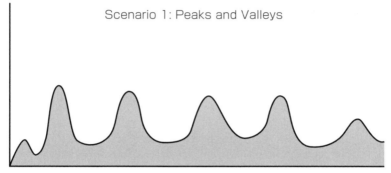

Scenario 1: Peaks and Valleys

Jan 2020　July 2020　Jan 2021　July 2021　Jan 2022

　2020年春のCOVID-19の第1波の後、夏以降、波が繰り返し発生。1〜2年間、波は継続するが、2021年のある時点で、次第にその数が減少していく（※筆者注：集団免疫の獲得やワクチンの開発によるものと考えられる）。波の発生状況は地域により異なり、その地域で行われている感染症対策に依存する。波のピークの高さ次第で、1〜2年の間、定期的に感染症対策の実施と緩和を繰り返す必要がある。

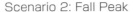

〈第2のシナリオ〉最悪のシナリオ「スペイン風邪型（秋に大ピーク型）」
（Fall Peak）

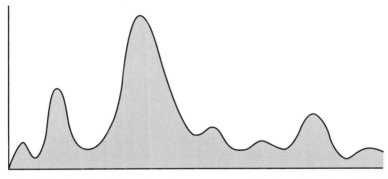

Scenario 2: Fall Peak

Jan 2020　July 2020　Jan 2021　July 2021　Jan 2022

　2020年春の第1波の後、2020年の秋か冬に大きな波が起き、2021年に1つ以上の波が発生するパターン。1918〜1919年のスペイン風邪のときは、1918年3月に小さな波が発生した後、夏の間は沈静化したが、その後、秋と冬に大きなピークが発生した。このパターンでは、秋の感染拡大に備える対策を早期からとる必要がある。1957〜1958年のパンデミック、2009〜1910年の鳥インフルエンザの時にも類似したパターンが発生している。

　スペイン風邪については、馴染みの薄い方も多いと思うので若干補足しておく。

　IDSC（国立感染症研究所感染症情報センター）の解説によると、正式名称は「スペインインフルエンザ」で、第一次世界大戦中の1918年に発生したもの。世界的な患者数や死亡者数については当時の文献などを参考にしているため推定になるが、WHOによると全世界人口の25〜30％が罹患し、死亡者は推定4,000万人（一説では1億人）とされ、日本でも2,300万人の罹患者と38万人の死亡者が出たと報告されている。記録に残っているもので、世界的に最も被害者の多い風邪といえるだろう。

　スペイン風邪は、1918年3月に主に米国とヨーロッパで発生したが、春と夏に発生した第1波は、感染性は高かったものの、特に致死性は高くな

かったとされている。しかしその年の晩秋からヨーロッパや米国で始まった第2波では、10倍の致死率になり、特に15才から35才までの若年層に多くの死亡者が見られ、死亡者の99％が65才以下だったという。1919年初頭にも第3波が発生し、1年のうちに3回大きな波が発生している。なぜ若者に発症者が多かったか、などの原因は未だに不明だ。

〈第3のシナリオ〉最も楽観的な「くすぶり継続型」（Slow Burn）

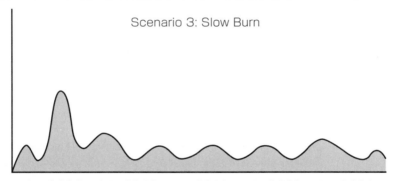

2020年春の第1波の後、はっきりとした波が起きることなく、じわじわと感染が起きる状況が続く。このパターンは、地域でどの程度の感染症対策が取られているかの影響を受ける。このシナリオでは、感染者も死者も出続けるものの、国家規模の大規模な感染症対策（緊急事態宣言）を再実施する必要はない場合もある。

　以上、3つのシナリオを俯瞰してみたが、最も楽観的なシナリオであっても、「新しい生活様式」を踏まえつつ、1～2年間は予断の許さない状況が続く。状況に応じて、地域ごとの感染症対策は必須となるため、企業は、これまでの対応に準じつつ、早期の備えが必要と考えられる。

　コロナウイルス感染症で最悪の状況は、2020～2021年の秋から冬にかけて、これまで以上の経験したことのない大きな波が訪れることだ。もちろん、再度の緊急事態宣言や本格的な医療崩壊も視野に入れなければいけ

ない状況となるだろう。それに備えるためには、感染症対策BCP計画の見直しや、さらに大きな備えが必要となる。これらのシナリオを踏まえ、事業継続において以下5つのポイントを上げてみた。今後の方針の参考にしてほしい。

① 政府や自治体から発せられる緊急事態宣言などの事業者への要請をよく分析し、解除後も段階的に通常業務に戻していく。

② 「新しい生活様式」に基づき、可能な限り感染リスクを下げるためにテレワークやオンラインミーティングは今後も継続して行う。

③ 秋冬の大きな波や、今後の小～中規模の波に備え、対策本部を継続するほか、今回の緊急事態宣言下における経験をもとにBCPの見直しを図る。

④ 完全な終息は政府、もしくはWHOの「終息宣言」をもってなされると考える。また、今後1～2年間は現在の生活が続くと考え、それを踏まえたうえでのサービスや事業開発を推進する。

⑤ いつまでも新型コロナウイルス対策という名目ではなく、企業のビジネスモデルやビジネススキームなどを新たな形にモデルチェンジする。

気をつけるべき点としては、完全な事態の終息は上記の④に挙げたように政府、もしくはWHOの「終息宣言」を持ってなされる点だ。さらに終息宣言が発せられたとしても、WHOは過去に宣言の撤回を行った事例もある。自分たちの眼で事態を厳しく判断することも必要だ。

5　従業員から感染者が出た場合の対応実務

残念ながら、企業の従業員から感染者が出てしまった場合は、どのようにする必要があるのか。以下にポイントをまとめたので参考にしてほしい。

1 罹患者が発生したら保健所に連絡し、保健所の指導に従いながら対応する

新型コロナウイルス対策の行政としての管轄（窓口）は、医療機関ではなく保健所となる。医療機関には様々な疾患を抱える患者が訪れておりリスクが高いことなどもあるため、従業員に新型コロナウイルス感染の疑いが発覚した場合、まずは保健所内の新型コロナ受信相談窓口（帰国者・接触者電話相談センターなど）へ連絡することを徹底することが重要だ。

2 保健所の指導に従い、事業所を消毒。場合によっては事業所の一時閉鎖も考える

保健所の指導に従い、事業所を消毒する。ただし、現在の感染拡大の影響を受けて保健所が迅速に消毒などに対応できない場合がある。その場合には、感染した従業員が働いていた事務所などを一時的に閉鎖することも検討しなければいけないだろう。ただし、企業としての経済活動も重要であることから、なるべく一律的に考えるのではなく、柔軟な対応も必要となる。

3 保健所の指導に従い、濃厚接触者を特定。最低2週間の自宅待機、もしくはテレワークを指示する

最も望ましいのは保健所の指導に従いながら保健所と一緒に濃厚接触者を特定することだが、上記2と同じく、保健所が迅速に対応できないときには、感染拡大を防ぐために、先に自社で聞き取り調査を実施する場合もある。「濃厚接触者」は、現在、以下のように定義されているので、参考にしてほしい。ただし、聞き取り調査は直に行うと感染の恐れもあるため、メールやご家族経由での調査など、工夫する必要もある。

【濃厚接触者の定義（2020年12月12日時点）】
新型コロナウイルス感染症における濃厚接触者の定義が更新された。新

〈参考〉新型コロナウイルス感染症が心配なとき

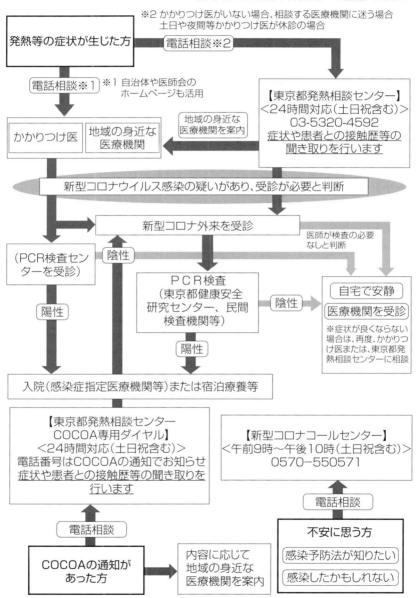

※他地域では所轄の保健所にご連絡ください

※2 かかりつけ医がいない場合、相談する医療機関に迷う場合
土日や夜間等かかりつけ医が休診の場合

発熱等の症状が生じた方

電話相談※2

電話相談※1　※1 自治体や医師会の
ホームページも活用

【東京都発熱相談センター】
<24時間対応（土日祝含む）>
03-5320-4592
症状や患者との接触歴等の
聞き取りを行います

地域の身近な
医療機関を案内

かかりつけ医　地域の身近な
医療機関

新型コロナウイルス感染の疑いがあり、受診が必要と判断

新型コロナ外来を受診

医師が検査の必要
なしと判断

（PCR検査セン
ターを受診）

陰性

PCR検査
（東京都健康安全
研究センター、民間
検査機関等）

陰性

自宅で安静

医療機関を受診

陽性

※症状が良くならない
場合は、再度、かかりつ
け医または、東京都発
熱相談センターに相談

陽性

入院（感染症指定医療機関等）または宿泊療養等

**【東京都発熱相談センター
COCOA専用ダイヤル】**
<24時間対応（土日祝含む）>
電話番号はCOCOAの通知でお知らせ
症状や患者との接触歴等の聞き取りを
行います

【新型コロナコールセンター】
<午前9時〜午後10時（土日祝含む）>
0570−550571

電話相談

不安に思う方

電話相談

感染予防法が知りたい

感染したかもしれない

**COCOAの通知が
あった方**

内容に応じて
地域の身近な
医療機関を案内

出所：東京都ホームページ

しい定義は、患者（確定例）の感染可能期間に接触した者のうち、次の範囲に該当する者（感染可能期間とは、コロナウイルス感染症を疑う症状を呈した2日前から隔離開始までの期間）。

● 患者（確定例）と同居あるいは長時間の接触（車内、航空機内など）があった者

● 適切な感染防護無しに患者（確定例）を診察、看護もしくは介護していた者

● 患者（確定例）の気道分泌物もしくは体液などの汚染物質に直接触れた可能性が高い者

● その他：手で触れることのできる距離（目安として1ｍ）で、必要な感染予防策をせずに、患者（確定例）と15分以上の接触があった者（周辺の環境や接触の状況など個々の状況から患者の感染性を総合的に判断する）

（国立感染症研究所 感染症疫学センターホームページより）

　保健所との連携を行う際は、保健所との連絡対応者となる担当者をあらかじめ決めておくことや、感染者が在籍する部署のフロアの見取り図（座席表など）を準備しておくと対応がスムーズになるだろう。現在、「新型コロナウイルス感染症患者に対する積極的疫学調査実施要領」で用いられている「調査票（案）」などが国立感染症研究所のホームページで公開されているので、あらかじめ準備しておきたい。また、職場内での接触者記録（感染者の発症前2日前からの会議同席者、ランチや会食などを共にした者など）を事前に準備しておくことが望ましいだろう。

　また、現在、濃厚接触者と特定された人は、病院ではなく自宅や宿泊施設などにおける療養も国から推奨されている。宿泊施設を利用することで家族（同居者）への感染リスクを回避すること、および容態急変への対応が円滑となるためだ。自宅療養を行う場合は、家族（同居者）は基本的には濃厚接触者に当たるため、患者の自宅療養解除日からさらに14日間の健康観察期間が求められることがある。

4 小売業などで、お店に出ていた従業員が感染してしまった場合

　小売業等で、お店に出ていた従業員が感染してしまった場合は、来店したお客様が予約記録などにより確認できる場合は、個別に連絡し、注意を喚起する。

　飲食店などの利用客が来訪する業態を営んでいる場合は、利用客が感染している恐れがある。また、スポーツジムやライブハウスでは、感染した利用客によるクラスター（小規模集団）感染も報告されている。利用客が感染している可能性が発覚した場合には、予約記録などで利用客が特定できれば、保健所とともに速やかに危険性のある利用客を特定したうえで個別に連絡し、注意喚起することが必要となる。

5 社会的な影響力が大きいと考えられる場合など

　社会的な影響力が大きいと考えられる場合、もしくは来店した利用客などが不特定多数であるなど、注意喚起が必要となる場合は、ホームページでの公表を検討する。

　さらに不特定多数の利用客などに感染の恐れがある場合は、保健所とも相談しながらホームページなどでの公表も検討しなくてはならない。本章の212ページにホームページの公表における必要事項とサンプルを記載したので、参考にしてほしい。厚生労働省ではクラスター（患者集団）発生予防のため、事業者に対して速やかに公表することへの協力を呼び掛けている。

　それでは感染した従業員は、どのように職場復帰させていけばよいのだろうか。

　基本的な考え方としては、主治医などからのアドバイスに従い、体調を確認しながら職場へ復帰させることになるが、退院（自宅療養・宿泊療養の解除を含む）後も、PCR検査で陽性が持続する場合がある。PCR検査が陽性であることが「感染性がある」ことを意味するわけではなく、感染力は発症数日前から発症直後が最も高いと考えられている。また、発症7日

間程度で感染性が急激に低下することも知られている。

　また、重要なのは職場復帰時に医療機関に「陰性証明書や治癒証明書」の発行を求めてはならない点だ。ただでさえ医療機関は煩雑な業務を抱えているし、海外に行く場合などを除いて陰性証明書の必要性は薄いといえよう。

　感染した従業員の職場復帰の目安職場復帰と目安としては、①発症後に少なくとも10日以上が経過している、②薬剤（解熱剤を含む症状を緩和させる薬剤）を服用していない状態で、解熱後および症状（咳・咽頭痛・息切れ・全身倦怠感・下痢など）消失後に少なくとも３日（72時間）が経過している、の両方を満たすことが挙げられている。

　職場復帰した後の注意事項としては、症状が中等度以上だった場合や入院していた場合は、体力の低下などが懸念されるので、主治医と相談のうえで職場復帰を行うことや、復職後１週間程度は、毎日の健康観察や、マスクの着用、他人との距離を２メートル程度に保つなどの感染予防対策を徹底しつつ、体調不良を認める際には出社させないことが挙げられる。

　次に、従業員が濃厚接触者と判断された場合の対応を考えてみる。保健所が実施する積極的疫学調査により従業員が濃厚接触者と判断された場合には、事業所の管轄の保健所の指示に従い感染防止の措置をとることが必要となる。その場合、事業所は従業員に関する情報（氏名、年齢、住所、電話番号、職場座席表、行動履歴、会議や会食の同席者など）を保健所に提出し、すべての濃厚接触者を検査対象としてPCR検査（初期スクリーニング）が行われることになる。検査結果が陰性だった場合でも、「患者（PCR検査陽性者）」の感染可能期間の最終暴露日から14日間の健康観察が指示される。

　また、感染者が自宅療養を行う場合は、その家族（同居者）は基本的に濃厚接触者にあたるため、患者の自宅療養解除日から、さらに14日間の健康観察期間が求められることがある。事業者が独自の判断で、濃厚接触者や濃厚接触者以外のものに自宅待機などを指示したり、健康観察機関を延長したりする場合は、感染症法、労働基準法、労働安全衛生法、就業規則

などに基づいた対応を行う必要がある。

　積極的疫学調査で濃厚接触者と判断されなかった従業員が、不安を理由に検査を希望する場合には、検査が可能な医療機関で原則、自費にて検査を受けることができる。

6　保健所の対応が遅れている場合の企業の対応実務

　従業員に新型コロナウイルスの感染が確認された場合や、従業員が濃厚接触者になってしまった場合は、前述のとおり、まずは保健所に連絡し、保健所の指示に従いながら事業者の責任によって職場の消毒を実施することが基本となる。しかし、感染者の拡大時期には、保健所に連絡をしても職員の不足などにより対応が遅れる場合も多いといわれている。

　「保健所の対応が遅れた場合」について、事業者がとるべき対応をまとめていきたい。

■ 社員に感染者や濃厚接触者が出た場合の対応

　対応の大前提として、作業者の安全について最大限に配慮することが重要となる。窓やドアを開放するほか、換気扇など室内換気を図りながら作業するようにする。

　また、マスクや使い捨てのゴム手袋、使い捨てエプロン、ゴーグルなどの個人を守る道具（PPE：個人防護具）も必要であり、さらにその正しい着脱方法を身に着けることも重要だ。例えば、手袋とマスクを外すときには、まず手袋から外す。手袋を脱ぐ時には内側の清潔部分を触らないようにし、外したらまず手指の消毒を義務づける。マスクを外すときは、耳の裏のゴムの部分を引っ張ってはずすようにし、マスク本体に触らないように注意する。清掃作業にあたる社員には、これらの着脱方法についてあらかじめ講習を実施することが必須となる。

　また、感染した職員の執務エリアを消毒する必要があることから、最近

オフィスで取り入れられることが多い、ワークスペースの「フリーアドレス」について、この状況下では一時禁止しておくことが望ましい。これは、万が一の場合、濃厚接触者の特定が難しくなるためだ。可能であれば、従業員の執務場所（階やエリア）を限定することも検討したほうがよいだろう。

　フリーアドレスを継続する場合は、従業員が使用した机や立ち寄った記録（行動履歴の記録）を残し、接触者を常に把握できる状態にしておき、使用した机は使用者が、使用したつど消毒するなどルールを徹底することが必要となる。

（1）事業所の消毒に関する基本的な考え方
- ●消毒前には中性洗剤などを用いて表面の汚れを落としておくこと
- ●アルコール消毒液（60%～95%）もしくは次亜塩素酸ナトリウム（0.05%）を用いる
- ●トイレの消毒については次亜塩素酸ナトリウム（0.1%）を用いる
- ●消毒はふき取り（清拭）を基本とし、消毒剤の空間への噴霧は行わない
- ●適切な個人保護具（マスク、手袋、ガウンなど）を用いること

（2）平素からの環境の消毒
- ●不特定多数が触れるドアノブ、手すり、エレベーターのボタンなどを定期的に消毒する
- ●不特定多数が利用するトイレ（床を含む）を定期的に消毒する
- ●消毒は最低でも1日1回行うこと（複数回が望ましい）
- ●机や椅子、パソコン、電話機などは、退社直前に毎回各自で消毒することが望ましい

（3）感染者が発生した時の消毒
- ●保健所からの指示に従い、事業者の責任で職場の消毒を実施する

- 保健所からの指示がない場合、以下を参考にして消毒を実施する
- 消毒の対象は、感染者の最後の使用から3日間以内の場所とする
- 消毒作業前には十分な換気を行うこと。換気に必要な時間は諸機により異なる
- 一般的に、換気の時間が長いほどリスクは低下する
  （ヨーロッパCDCは消毒作業前に最低1時間の換気を推奨している。米国CDCは概ね24時間の換気を推奨している）
- 消毒範囲の目安は、感染者の執務エリア（机・椅子など、少なくとも2m程度の範囲）、またトイレ、喫煙室、休憩室や食堂などの使用があった場合は、該当エリアの消毒を行う。

（出典：一般社団法人日本渡航医学会、公益社団法人日本産業衛生学会「職域のための新型コロナウイルス感染症対策ガイド　第3版」）

7　社内に感染者が出た場合の広報実務

　社内に感染者が出てしまった場合は、厚生労働省からの協力要請にもあるとおり、なるべくホームページなどによる公表が望ましい。ホームページに掲載するということは、社内外に対する新型コロナウイルス対策における企業姿勢を表明することにもなる。

　感染の事実を公表しなかった場合でも、社員や取引先、近隣住民などに噂が広まる可能性は高い。例えば、社員が匿名で、SNSに「うちの従業員にコロナが出たらしい」とつぶやいてしまったり、消毒の現場を近隣住民が見てしまって噂になったりするなどの事案が十分に考えられる。

　2020年2月中旬に、大手通信会社が従業員の感染に関してホームページに掲載したが、これは従業員が匿名でSNSにつぶやいたところ、多くのネットユーザーにより、その個人と勤務先が「特定」され炎上してしまったため、感染をホームページで報告したという経緯があった。このように、公表しないことに対するレピュテーションの低下というデメリットは大きいといえる。

感染者が従業員から出てしまった場合、「どのように適切に対処したのか」を社内外に示すためにも、ぜひ迅速な公表と対応を検討して欲しい。

　公表にあたって必要な要素について、以下にサンプルを併せて示すので、参考にとされたい。公表にあたっての注意点は、なるべく個人が特定されないように工夫することである。メディアや取引先などからの問い合わせに対しても、基本的には「本人が特定されてしまう情報については、公表を控えさせていただきます」とし、濃厚接触者の特定が問い合わせの目的である場合は「保健所とも相談しながら、濃厚接触の疑いのある方には個別でご連絡をしております」などと回答すれば、問い合わせてきたほうも安心するだろう。

① 　事実関係（「○日、●●で、従業員１人の感染が確認されました」など）

② 　これまでの経緯

③ 　企業としての対応状況（保健所との連携状況）

④ 　再発防止策

⑤ 　お客様へ不便をおかけするお詫び

⑥ 　報道関係からの問い合わせ窓口

2020年●月●●日
株式会社●●●●

●●店（●●県）における
新型コロナウイルス感染者の発生について

　平素は●●をご利用いただき、誠にありがとうございます。

　この度、当社の●●店（●●県）に勤務する従業員１名（◇０代・★性）が新型コロナウイルスへの感染検査で「陽性」であることが確認されました。

　つきましてはお客様、スタッフの安全を第一に考え、●●店を一時臨時休業いたします。店舗の再開につきましては、当ホームページな

どで適宜公表してまいります。

　ご利用の皆様におかれましては大変ご迷惑をおかけしますが、ご理解とご協力の程、何卒よろしくお願い申し上げます。

【これまでの経緯】
●月●日　●時ころ、のどの痛みと発熱症状が現れる。保健所に連絡
●月●日　医療機関にて受診後自宅待機
●月●日　新型コロナウイルス陽性と判明。保健所へ届け出
●月●日　保健所による店内の消毒、従業員における濃厚接触者は14日間の自宅待機

【当社の対応状況】
現在、所轄保健所指導のもと、以下の対応を行っております。
　・感染従業員と濃厚接触の可能性のあるお客様の調査
　・従業員の自宅待機とその健康観察の経過報告
　・店内の消毒作業の実施（備品類を含む）
　・●●店を○日から閉鎖。濃厚接触の可能性のある従業員は自宅待機

　現在、本人の様態は安定しております。本人の周囲には感染者はおらず、海外渡航歴もないことから、保健所に協力しながら、感染経路について現在調査中です。

　当店としては再発防止策として、●●や●●を今後徹底していきます。

　以上、ご利用の皆様におかれましては大変ご迷惑をおかけしますが、何卒よろしくお願い申し上げます。

　本件についての連絡先
報道関係からの問い合わせ先：広報部　●●-●●●●-●●●●
お客様からの問い合わせ先：0120-●●-●●●●

8 ニューノーマル時代の企業の帰宅困難者対策における感染症対策

　東京都は、地震などの際の帰宅困難者対策で、平日の日中に事務所内にいると考えられる従業員に加え、外部からの訪問客などを考えて、プラス１割分の人数が３日間、会社内にとどまることができるような物資と備蓄を求めている。いわば、企業が自社の従業員に対して避難所を提供することと同義となる。

　よって、帰宅困難者対策における感染症を考える場合にも、避難所の感染症対策が参考になると考えられる。2020年６月16日、内閣府防災担当より「新型コロナウイルス感染症を踏まえた災害対応のポイント【第１版】」が公開された。

　この中から、「ニューノーマル」時代に企業が準備しなければいけないポイントを考えてみたい。

1 追加すべき備蓄品

　通常の帰宅困難者対策における備蓄は、東京都の「帰宅困難者対策ハンドブック」に記載されているので、そちらをチェックしていただきたいが、さらに避難所の衛生を保つための追加物資が必要となる。大きく分ければ「避難所運営用の衛生用品」と「避難所運営担当職員用衛生用品」、そして「避難者に配布するための衛生用品」が考えられる。

　それぞれの例を挙げたので、参考にしてほしい。いずれも、自社の避難者数を想定し、その人数が３日間利用できる量を備蓄することが望まれている。

1 避難所運営用の衛生用品

□液体せっけん（ハンドソープ）
□手指消毒用アルコール消毒液

□除菌用アルコールティッシュ
□次亜塩酸ナトリウム（※後に詳細を記述）
□消毒液を入れる容器
□非接触型体温計
□ペーパータオル
□ゴミ袋（大・中・小）
□新聞紙（吐しゃ物処理用）
□清掃用の家庭用洗剤
□段ボールベッド（簡易ベッド）
□パーティション

　除菌用アルコールティッシュがなくなった場合は、ペーパータオルに消毒液を浸したもので代用できる。ペーパータオルは、キッチンペーパーでも代用が可能となる。手洗い場での布タオルの共用は、衛生上危険であり、避けなければならない。体温計は非接触型のものを用いる。体に触れるものは、必ずアルコール消毒をしてから使用する。ゴミ袋は大・中・小を多量に用意し、避難者が共同のごみ箱を長時間使用することは避ける。

　次亜塩酸ナトリウム消毒液（0.05％）を作成する場合は、次亜塩酸ナトリウム液（台所漂白剤など）を原液とし、作成した消毒液は必ず内容を明記した容器などに入れ、作り置きをしないことが重要だ。

　また、次亜塩酸ナトリウム液は、目的別に濃度を0.1％と0.05％を使い分けが必要である。吐しゃ物や便処理、血液や体液がついた衣類の消毒などには0.1％を、ドアノブや床、調理器具などの消毒には0.05％を使用する。

　詳しくは防衛省の以下の資料が詳しいので参考にしてほしい。

・「新型コロナウイルスから皆さんの安全を守るために」（防衛省統合幕僚監部）

　また、段ボールベッドは感染症対策に非常に有効である。ウイルスなどは床に付着する。感染症対策として就寝時には、少なくとも頭が床から30

cm以上離れることが望まれるためだ。さらにパーティションも一緒に確保することで、プライベートを確保することもできる。段ボールベッドとパーティションがセットになった商品もあるので、ホームページなどでチェックしてほしい。

2 避難所運営担当職員用衛生用品

□使い捨て手袋
□マスク
□ゴーグル・フェイスマスク（なければ、眼鏡などで代用も考慮）
□長袖ガウン・ビニールエプロン
□足踏み式ごみ箱（蓋つき）

使い捨て手袋は、多数の肩が触れる場所での作業時（清掃、物資・食料の配布など）に着用する。また、汚れたとき、破れたとき、一連の作業が終了するとき、作業場所が変わるごとに交換する。

ゴーグル・フェイスマスクは、咳症状のある人との接触時に手袋・マスクと一緒に着用する。入手ができなければ、さしあたりメガネなどでも代用が可能だ。

長袖ガウン・ビニールエプロンがなければ、ビニールのレインコートでも代用は可能である。ただし、再利用はしないよう気をつけたい。ごみ箱は、ゴミ箱に触らずに投棄できる足踏み式ごみ箱を用意したい。用意できなかった場合は、ごみ箱の蓋の取っ手をこまめにアルコール消毒するようにする。

担当職員に対しては、感染症予防の基礎知識や手袋・マスクの正しい着脱の仕方を説明することが必要となる。例えば、「必ず手袋を外してから、手指を消毒し、次にマスクを耳側から外し、本体を触らずに捨てる」といった手順だ。前述した「新型コロナウイルスから皆さんの安全を守るために」（防衛省統合幕僚監部）に写真つきで説明されているので、参考にしてほしい。また、職員の体調管理や業務従事後の十分な休憩ルールなど

も必要だ。職員の心身の健康に配慮した勤務シフトを組むようにしよう。

③ 避難者に配布するための衛生用品

□マスク
□除菌シート

　ニューノーマル時代は、マスクは、全員が当日分は持参しているものと考え、最低限2日・3日分を備蓄しておく。自分の身の回りは自分で清潔を保つよう、除菌シートを配布することも有効である。

❷ 社内避難所の運営ルールの決定

　ニューノーマルにおける避難所運営方針は、想定される人数に応じて、事前に決めておくことが望まれる。どこに何人の居住スペースを確保するか、断水があった場合の手洗いのルールはどうするか、備蓄はどのように配布するのか、妊婦がいた場合にはどうすればよいかなど、あらかじめ決めておくと、運営がスムーズになるであろう。もちろん、居住スペースや物資配布時にも2メートル（少なくとも1メートル以上）の間隔を空け、密を避ける必要がある。また、社外の人が避難する可能性もあるため、避難者名簿の作成も重要となる。

□避難者の居住レイアウトの決定
□避難者名簿の作成
□手洗いなどの利用ルールの掲示
□掃除・消毒に関するルールの設定
□備蓄や食料配布の密を避けた手順の設定
□妊産婦など要配慮者の対応

　従来であれば、「緊急時には床にビニールシートを敷いて雑魚寝すればいい」という考え方が一般的であったが、密を避けるためには従来は活用

していない部屋も含め、社屋すべてを活用したレイアウトの設定が不可欠
である。

　可能であれば、事前に社内でHUG（避難所運営ゲーム）をするなどし
て、密にならずに避難者が過ごせるようなレイアウトを事前に考えておく
ことがポイントとなる。通常の避難所であれば、「世帯」を基準として
ソーシャルディスタンスを意識したレイアウトを組むことができるが、従
業員の場合は1人ひとりが基準となり、レイアウトが複雑になるだろう。
女性専用の居住区を事前に考えておくなどの取り組みが必須となる。ま
た、後述する「咳などの体調不良者」ための隔離施設とゾーニングも検討
する必要がある。ゾーニングは、あらかじめ専門家の意見を取り入れてお
くことも重要となる。

（1）空間利用の注意点
　□居住区は2m以上の間隔を空ける。
　□段ボールベッドパーティションを活用する
　□普段使わない部屋などの活用も検討する
　□定期的な換気のため、ドアなどの前に物資を置かない

（2）手洗い環境の整備
　□断水時には流水で手洗いができるような手洗い場の設置が早期に
　　必要

（3）手洗いルールの設定
　□液体せっけんと流水での手洗いの後、手を乾燥させる必要があ
　　る。この時にタオルの共有は不可。洋服で拭くことも不可。ペー
　　パータオルの多量の準備が必要
　□流水環境がなければ、アルコール手指消毒だけで対応することも
　　検討する
　□手洗いタイミングの周知：手が汚れたとき、外出から戻った時、
　　多くの人が触れたと思われる場所を触った時、咳・くしゃみ・鼻

をつかんだ時、配布などの手伝いをした時、炊き出しをする前、食事の前、症状のある人の看病や排せつ物を取り扱った後、トイレの後など

（4）掃除・消毒・換気ルールの基本
□トイレ・出入口・ドアなど人が触る部分を重点的に清掃・消毒する
□消毒はアルコール消毒液や次亜塩素酸0.05％溶液などを用途別に用いる。「2時間ごと」などルールを決める
□換気は最低でも「2時間ごと、10分間」などルールを決める。空気の流れをできるだけ作る。湿度を高くしない

（5）食事・物資配布ルールの基本
□食品などを置くテーブルなどは、アルコール消毒液で常に拭いておく
□手渡しはしない。個包装の製品を準備する
□一斉に取りに来るような方法は避ける
□配布場所には手指アルコール消毒液を用意する
□担当者は手袋とマスクを着用する

3 体調不良者の対応

　ニューノーマル時代に最も考えなければいけないことは、感染症を疑う有症状者への対応だ。体調不良者が発生した場合、健康な人に移さないようにトイレなども合わせて隔離が必要となる。同時に、体調不良者が申告しやすいような環境や雰囲気を作ることも大切である。
□感染症を疑う有症状者への対応の検討
□隔離室の準備、無ければテントなどを準備
□産業医などによる相談者の設置
□公的機関のコールセンターの案内

（1）感染者への対応、隔離室設置についての注意点

　□感染症の症状を持つ人がいた場合のフロー図を、事前に保健所と検討しておく

　□咳・発熱・下痢などの症状を持つ方を確実に隔離できる空間を選定する

　□二次避難のリスクがなければ、階を分けることが望ましい

　□隔離室の準備が難しければ、自立型テントやキャンピングカーも考慮する

　□間仕切りを使用する。プラスチック素材など拭ける素材で天井から床まで張り巡らすことなどで工夫する

　□定期的な換気のため、窓が一箇所以上ある場所が望ましい

　□飛沫予防策・接触予防策を実施する

　□トイレも専用に区画する

　□ゾーニング場所をテープや注意喚起でわかりやすく表記する

（2）ゾーニングの基本

　□清潔な区域とウイルスによって汚染されている領域（汚染区域）を明確に区分する

　□区域がわかるようにテープや張り紙などで表記する

　□感染者（疑いも含む）と、他の方の生活の場や移動の場所が交わらないようにする

　□汚染区域に入る前に、適切な防護具（マスクや手袋など）を行う

　□清潔区域に入る前に、使用した（身に着けている）防護具を脱ぎ、手洗いをする

■おわりに〜「ニューノーマル」の帰宅困難者対策を継続することの重要性

　以上、最低限考慮すべき帰宅困難者対策における感染症対策のポイントを挙げてきた。

　これまでも、東日本大震災、熊本地震ほか様々な災害における避難所に

おいて感染症対策の必要性が指摘されてきたが、今日ほどその重要性がクローズアップされたことはないであろう。感染症対策による「密の回避」、「清潔さの持続」、「要感染者への配慮」は、そのまま避難所における避難者のQOL（Quality of Life）向上につながることは自明の理である。

　検討した「帰宅困難者対策における感染症対策」を一過性のものとせず、今後のデファクトスタンダード（事実上の標準）として、役立てていただきたい。

〈参考〉感染症の予防及び感染症の患者に対する医療に関する法律

（感染症の病原体に汚染された場所の消毒）

第27条　都道府県知事は、一類感染症、二類感染症、三類感染症、四類感染症又は新型インフルエンザ等感染症の発生を予防し、又はそのまん延を防止するため必要があると認めるときは、厚生労働省令で定めるところにより、当該感染症の患者がいる場所又はいた場所、当該感染症により死亡した者の死体がある場所又はあった場所その他当該感染症の病原体に汚染された場所又は汚染された疑いがある場所について、当該患者若しくはその保護者又はその場所の管理をする者若しくはその代理をする者に対し、消毒すべきことを命ずることができる。

2　都道府県知事は、前項に規定する命令によっては一類感染症、二類感染症、三類感染症、四類感染症又は新型インフルエンザ等感染症の発生を予防し、又はそのまん延を防止することが困難であると認めるときは、厚生労働省令で定めるところにより、当該感染症の患者がいる場所又はいた場所、当該感染症により死亡した者の死体がある場所又はあった場所その他当該感染症の病原体に汚染された場所又は汚染された疑いがある場所について、市町村に消毒するよう指示し、又は当該都道府県の職員に消毒させることができる。

（建物に係る措置）

第32条　都道府県知事は、一類感染症の病原体に汚染され、又は汚染された疑いがある建物について、当該感染症のまん延を防止するため必要があると認める場合であって、消毒により難いときは、厚生労働省令で定めるところにより、

期間を定めて、当該建物への立入りを制限し、又は禁止することができる。

2　都道府県知事は、前項に規定する措置によっても一類感染症のまん延を防止できない場合であって、緊急の必要があると認められるときに限り、政令で定める基準に従い、当該感染症の病原体に汚染され、又は汚染された疑いがある建物について封鎖その他当該感染症のまん延の防止のために必要な措置を講ずることができる。

（交通の制限又は遮断）

第33条　都道府県知事は、一類感染症のまん延を防止するため緊急の必要があると認める場合であって、消毒により難いときは、政令で定める基準に従い、七十二時間以内の期間を定めて、当該感染症の患者がいる場所その他当該感染症の病原体に汚染され、又は汚染された疑いがある場所の交通を制限し、又は遮断することができる。

〈参考文献〉
・内閣府防災「新型コロナウイルス感染症を踏まえた災害対応のポイント」
・人と防災未来センター「避難所開設での感染を防ぐための事前準備チェックリストVer.2」
・防衛省統合幕僚監部「新型コロナウイルスから皆さんの安全を守るために」
・「新型コロナウイルス感染症対策に配慮した避難所開設・運営訓練ガイドラインについて」（府政防第1239号）
・国立感染症研究所「新型コロナウイルス感染症患者に対する積極的疫学調査実施要領」、「調査票（案）」

第7章 セキュリティ対策

上席研究員　佐藤　栄俊

■はじめに

　新型コロナウイルス感染症のパンデミックにより一気に広まったテレワークだが、半強制的に導入せざるを得ない状況だったこともあり、環境整備が追いつかないまま、実施に踏み切った企業も多くある。緊急事態宣言の解除後、状況は緩和されつつあるが、第二波、第三波、さらには新たな感染症を想定すれば、今後も多くの企業がテレワークを何らかの形で継続、導入せざるを得ない。このような状況のなか、あらためて確認しておきたいのがテレワーク環境の再点検とセキュリティ対策だ。

　テレワークの浸透により高まるセキュリティ上のリスクや被害については、新型コロナ感染拡大以降での具体例はまだあまりなく、全貌は見えていないのが現状だ。ただし、自宅で使用する機器やパソコンの安全性が確保されていない状況などを鑑みると、社内でイントラネットを利用するよりは、サイバー攻撃による情報漏えいなどの危険性は高くなる。

　テレワーク環境に対するサイバー攻撃の被害があらためて認識されるまでには、もう少し時間がかかるのではないだろうか。なぜなら、顕在化するまでは何か月も気づかれないままリスクが潜在し、深刻化している可能性があるからだ。「今、何も起きていないから大丈夫」という認識は間違っており、そのリスクについて危惧されるところだ。また、従業員がその気になれば、重要な情報を自宅のプリンタで印刷したり、USBメモリにコピーしたりできてしまう。さらに、悪意はなくとも、誤操作によって情報漏えいにつながる事件や事故が起きる可能性は確実に高まる。

しかも万が一、自宅に持ち帰ったPCがマルウェアに感染したり、重要な情報がUSBメモリにコピーされたりしても、企業ではそれを把握する術がない。「それが判明するのは実際の被害や、情報漏えいが顕在化してから」という事態は、企業としては避けたいところだ。

1 テレワークを取り巻く脅威

本来ならば、テレワーク環境下でも、アプリやツールだけでなく、従業員が使っているパソコンやスマホを含めた道具全般を企業のガバナンスの下に置くことが望ましいといえる。大手企業であれば、IT部門がこうしたIT資産の管理を行うよう、ルールも定められているケースが多いだろう。

ただ実際の運用では、リモートでなくオフィスの中でも、本来禁止されているはずの企業の管理下にない私物のパソコンやスマートフォンをネットワークにつないだり、USBメモリを使用してデータのやり取りをしたりすることは、頻繁に起こり得る。

また、中小・零細企業で独立したIT部門や担当者が設けられていない場合、オフィス内でもパソコンが何台あるか、それぞれのOSは何で、バージョンはいくつかといったことを把握することは難しく、状況を可視化できていないことが数多くある。

さらに、社内でイントラネットを利用するよりテレワーク環境下のほうが、サイバー攻撃などで被害に遭うリスクは高まる。デバイスやソフトウェアのセキュリティの問題に加えて、「時間が自由に使えるため、ふと注意が散漫になったときに脅威に遭いやすい」、「いざ問題が起きたときに、すぐに相談できる人がいない」といった課題もあるからだ。従業員各自がリスクを認識し、今まで以上に注意してデバイスやツールを使う必要がある。

具体的な対策としては、従業員が自宅で使うパソコンのOSを最新のものにアップデートすること、ウイルス対策ソフトの定義ファイルを最新の

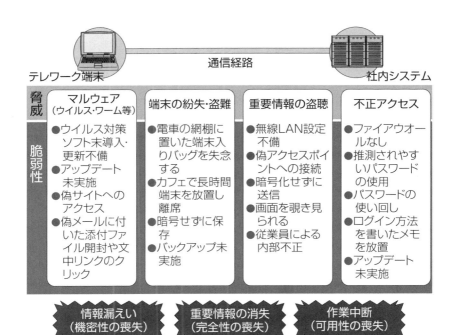

通信経路

テレワーク端末　　　　　　　　　　　　　　　　　　　社内システム

脅威	マルウェア（ウイルス・ワーム等）	端末の紛失・盗難	重要情報の盗聴	不正アクセス
脆弱性	●ウイルス対策ソフト未導入・更新不備 ●アップデート未実施 ●偽サイトへのアクセス ●偽メールに付いた添付ファイル開封や文中リンクのクリック	●電車の網棚に置いた端末入りバッグを失念する ●カフェで長時間端末を放置し離席 ●暗号せずに保存 ●バックアップ未実施	●無線LAN設定不備 ●偽アクセスポイントへの接続 ●暗号化せずに送信 ●画面を覗き見られる ●従業員による内部不正	●ファイアウォールなし ●推測されやすいパスワードの使用 ●パスワードの使い回し ●ログイン方法を書いたメモを放置 ●アップデート未実施

情報漏えい（機密性の喪失）	重要情報の消失（完全性の喪失）	作業中断（可用性の喪失）

ものに更新することなどが挙げられる。そのほかに、巧妙な偽メールなどによるサイバー攻撃に対する注意を従業員に促すことも大切だ。

　公的な機関や官公庁のメールアドレスから送信され、文面も本物そっくりの内容のメールに埋め込まれたURLをクリックしたところ、ウイルスに感染した、という事例は枚挙に暇がない。どのようなメールであっても、気をつけながら開封する必要がある。

　それぞれの従業員が「気をつけよう」という意識を持つためには、組織全体でサイバーセキュリティに対する姿勢を普段から示し、発信することが大切だ。労働3法をないがしろにする経営者はいないと思うが、それと同じようにセキュリティに対する重要性を、経営者は認識しなければならない。またリスクを抑えるための施策に対する予算、人員を十分に充てて、備えるところから対応することも重要だ。

2 安全にテレワークを推進するために

　第三者が立ち入る可能性がない場所で、従業員同士は直接やりとりを
し、PCやインターネット回線もセキュリティ対策が施されているのが普
段のオフィスでの業務環境である。テレワークは、いつでも、どこでも、
オフィスにいるときと同じように業務が推進できることがメリットだが、
情報セキュリティに関して言えば、オフィスでの業務以上に高い意識を
もって対策をしていかなくてはいけない。

　テレワーク環境に限らず、オフィスにいるときも同じように注意すべき
リスクもある。フィッシング詐欺やビジネスメール詐欺、そしてマルウェ
アに感染させる標的型攻撃メールだ。新型コロナ拡大に便乗したり、取引
先や同僚の名前を騙って添付ファイルを開かせようとしたり、外部の悪意
あるサイトに誘導したりする手口が盛んに行われており、社内にいるとき
も注意が必要であることはもちろん、テレワーク時にはなおさら留意すべ
きだ。というのも、対面で仕事をしておらず、メールでのやりとりの頻度
が高まるからである。とはいえ、こうしたフィッシングメール、攻撃メー
ルなどの不審なメールや添付ファイルを開いてしまった際は、IT担当者
やセキュリティ担当者に連絡できる体制やルールを整えておくことが重要

■テレワークに必要なセキュリティの考え方

① ルールによる セキュリティ対策	② 技術的な セキュリティ対策	③ 物理的な セキュリティ対策
情報を取り扱う際の行動指針やルールの遵守、安全に情報を扱う方法を学ぶ研修など	ウイルス対策ソフトやサービスの利用、情報の暗号化、ログインの複雑化など	防犯対策、書類や端末の施錠収納、生体認証など

だ。これも社内で仕事をするときと同様だが、自宅などでは緊急連絡先が迅速に確認できない恐れもあり、あらためて"いざ"というときの連絡先とワークフローを確認しておくとよい。

3 安全対策の再確認

　自宅やその他の場所で働く場合、不特定多数の人と同じ場所で作業することになる。PC画面をのぞき見られたり、あるいはWeb会議の会話を聞かれてしまうと、自社の実情が筒抜けになってしまうかもしれない。半分はマナーとして、また半分は情報漏えい対策として、画面が他人からは見えないようフィルターを装着したり、スクリーンロックをかけたり、またビデオ会議をする際にはあまり大声にならないよう留意するといったルールを定めるのが望ましい。

　また、端末の紛失・盗難といったリスクにも備える必要がある。端末内に保存されたデータが第三者に見られないよう暗号化するとともに、起動時の認証をしっかり設定しておくことが大切だ。

　そして、テレワーク環境でもう1つ留意が必要なのは、接続回線のセキュリティだ。多くが、自宅やパブリックスペースの無線LANを利用することになることが想定されるが、社内にいるときと比べると、回線のセキュリティが確保されているとは限らない。もしかすると、悪意ある人物が偽のアクセスポイントを用意していたり、盗聴を試みているかもしれない。不用意にその辺の公共ネットワークに接続するのは避け、テザリングを利用したり、VPN（Virtual Private Network）で通信を保護するといった対策が必要になる。ただ、VPNには「プライベート」という言葉が内包されることもあって、その安全性を盲信してしまいがちだが、そのリスクを確実に回避できるわけではないことに注意が必要だ。

　2020年8月、組織内部ネットワークへリモートアクセスを行うため利用されるVPN製品の既知の脆弱性を突き、取得したと見られる認証情報約900件がインターネット上に出回っていることが明らかとなった。修正

パッチは1年以上前にリリースされており、メーカーやセキュリティ機関では繰り返し注意を喚起してきたが、未対応の機器がターゲットになった形だ。このように、VPNがネットワークという限定領域のセキュリティに過ぎないということは十分認識しておいてほしい。また、インターネットVPNの場合は、不特定多数が利用する公衆回線を経由しているということも忘れてはならない。VPNのリスクや、インターネット接続の危険性を十分理解したうえで適切な利用を心がけたい。

■意識するべきこと、やるべきこと

① テレワーク全般に共通する対策

☐ テレワーク作業中は取り扱う情報資産の管理責任を自らが負うことを自覚し、情報セキュリティポリシーが定める技術的・物理的及び人的対策基準に沿った業務を行い、定期的に実施状況を自己点検する。

☐ テレワークで扱う情報について、定められた情報のレベル分けとレベルに応じたルールに従って取り扱う。

☐ 定期的に実施される情報セキュリティに関する教育・啓発活動に積極的に取り組むことで、情報セキュリティに対する認識を高めることに務める。

☐ セキュリティ事故の発生に備えて、管理者への連絡体制を確認するとともに、事故時に備えた対策の訓練が実施される際には参加する。

② 私用端末を利用する際の対策

☐ アプリをインストールする際には、安全性に十分留意して選択する。

☐ ウイルス対策ソフトがインストールされ、最新の定義ファイルが適用されていることを確認する。

☐ OSやブラウザが最新のバージョン（アップデートしている）状態であることを確認する。

- [ ] スマートフォン、タブレットなどに関しては不正な改造（脱獄、root化など）を施しているものは使用しないようにする。
- [ ] テレワーク作業中にマルウェアに感染した場合、その報告漏れや遅れが被害拡大につながる恐れがあることを自覚し、電子メールの添付ファイルの開封やリンク先のクリックに一層の注意を払う。

③ 悪意あるソフトウェアに対する対策

- [ ] 有害に動作させる意図で作成された悪意のあるソフトウェアや悪質なコード、マルウェアの感染を防ぐため、OSやブラウザに最新のバージョンにしていない（アップデートしていない）状態で社外のウェブサイトのアクセスはやめる。
- [ ] アプリをインストールする際にはシステム管理者に申請し、許可を受けたアプリのみをインストールする。

④ 端末の紛失・盗難に対する対策

- [ ] オフィス外に情報資産を持ち出す場合は、原本を安全な場所に保存しておく。
- [ ] 機密性が求められるデータを極力管理する必要ないよう、業務の方法を改善したり工夫をする。やむを得ない場合は必ず暗号化して保存、端末や電子データの入った記録媒体（USBメモリなど）の盗難に十分留意する。

⑤ 重要情報の盗聴に対する対策

- [ ] 機密性が求められる電子データを送信する際には、必ず暗号化する。
- [ ] 無線LAN利用に伴うリスクを理解し、確保すべきセキュリティレベルに応じた対策が可能な範囲で使う。
- [ ] 第三者と共有する環境で作業を行う場合、端末の画面にプライバシーフィルターを装着したり、なるべく人の目につきにくい作業場所を選ぶなどし、画面の覗き見防止に努める。

⑥ 外部サービスの利用に対する対策

☐ テレワークでメッセージングアプリを含むSNSを利用する場合、社内で定められたSNS利用ルールやガイドラインに従って利用する。

☐ ファイル共有サービスなどのパブリッククラウドサービスを利用する場合には、社内ルールで認められた範囲で利用する。

⑦ 不正侵入・踏み台に対する対策

☐ 社外から社内システムにアクセスするための利用者認証情報（パスワード、ICカードなど）を適正に管理する。

☐ インターネット経由で社内システムにアクセスする際には、システム管理者が指定したアクセス方法のみを使う。

☐ テレワークで使用するパスワードは使い回しを避け、一定以上の長さで他人に推測されにくいものを使う。

　※　パスワード設定の具体例

　・パスワードの文字列は、長めにする（12文字以上を推奨）

　・利用できる様々な文字種（大小英字、数字、記号）を組み合わせると、より強固になる

　・推測されやすい単語、生年月日、数字、キーボードの配列順などの単純な文字の並びやログインIDは避ける

　・他のサービスで使用しているパスワードは使用しない

4　使用機器、コミュニケーションなどのポイント

1 可能であれば会社貸与の端末を使用

　従業員が在宅勤務する方法の1つとしては、私物のPCやタブレットなどを利用する「BYOD」（Bring Your Own Device）がある。ただ、更新プログラムを適用していないなど、OSが最新の状態に保たれていない場

合は、セキュリティに問題がある恐れもある。サポート期間が終了した
OSを使い続けているPCや、セキュリティ対策が不十分でマルウェアに感
染しているPCがないとも限らない。スペック面でも、Web会議のソフト
ウェアなど業務に必要なアプリケーションをスムーズにインストールでき
ないPCを従業員が使用することも考えられる。

　情報漏えいなどのリスク対策として、従業員の業務状況把握のために操
作履歴を記録することも考えられるが、そのためにはPC操作ログ収集ツー
ルを従業員の個人PCにインストールしなければならない。加えて、プラ
イベートな利用に関する個人PCの情報を企業のサーバに保存することに
なるため、従業員にとっても企業にとっても現実的ではない。

　このような状況を踏まえると、システム管理者の立場からすれば、管理
がしっかりと行き届いたノートPCを社内で用意し、自宅に持ち帰って従
業員に利用してもらうほうが、安全かつ効率的に運用できると考えるのは
当然の流れだろう。テレワークを本格的に実施するタイミングでスムーズ
に運用が開始できるように、PCの操作ログを記録したり、USBメモリな
どの外部記憶媒体の使用を制限できる仕組みを導入しておくことを推奨す
る。

2 家庭用機器への注意

　内閣サイバーセキュリティセンター（NISC）は、「新しい生活様式」に
向けたセキュリティ対策の指針を公開している（内閣サイバーセキュリ
ティセンター「テレワーク等への継続的な取組に際してセキュリティ上留
意すべき点について」）。

　具体的には、①テレワーカーの増加や対象業務の拡大があった場合はセ
キュリティリスクを再評価すること、②支給端末・支給外端末にかかわら
ず、利用端末のOSや関連アプリケーションをアップデートすること、③
社員がインターネット回線や公衆通信回線経由で社内システムに接続して
いる場合は対策を見直すことなどが盛り込まれている。

本文書では、テレワーク時の要注意ポイントとして、家庭用ルーターのセキュリティについて触れている。テレワーク時には、VPNを用いてエンドツーエンドで暗号化しているから安心だと考えがちだ。しかし、そもそもルーターが不正アクセスを受けてしまうと、通信先を改ざんされたり、場合によっては通信自体できなくなって業務が止まってしまう恐れがある。セキュリティの役割の1つは、企業が業務をつつがなく継続できるようにすることだ。しかし、テレワークの広がりに伴って、事業継続性が家庭用ルーターのセキュリティに左右される状況になってしまうということは避けなければならない。

新型コロナの影響で勤務先が急きょテレワークの導入を決めたため、家電量販店や中古ショップ、通販サイトなどで販売されている安価なルーターを急いで購入したという人もいるはずだ。テレワーク環境整備を支援するため社員に補助金を支給する企業も出てきたほどである。問題は、このとき、きちんとサポート期間内にあり、アップデートを適用して最新の状態を保ったルーターが使われているかどうかだ。

ルーターのサポート体制はメーカーによってまちまちであり、きちんとファームウェアをバージョンアップし続けている企業もあれば、そうでないところもある。安価だからとオークションサイトなどで調達したルーターを業務に使うのは危険だ。

■WebカメラやルーターなどIoT機器に関する具体的なセキュリティ対策方法

□複雑なパスワードを設定する

パスワードの設定ができるIoT機器の場合は、できる限り複雑なパスワードを設定する。※初期パスワードのままは論外。

忘れないよう、ついつい安易なパスワードを設定してしまいがちだが、安易なパスワードほど解読されやすく、乗っ取られてしまう確率を高めてしまう。パスワード生成＆管理ができるサービスなどを利用し、パスワードを複雑なものを設定することにより、乗っ取りのリスクを軽減させる

□**使わなくなったIoT機器は電源を切る**

　　現在利用していないIoT機器は、電源を切ってインターネットに繋がないようにする。使用していないにもかかわらず、インターネットに接続されている状態だと、知らない間に乗っ取られてしまう可能性がある。さらに、普段使わないため、乗っ取りに気づくこともなく、情報が奪取されたり踏み台として利用されてしまう危険性がある。

□**制作元が不明、問い合わせ先の情報がない機器は使用しない**

　　万が一の場合に対応してくれるか不明な機器の使用は避け、問い合わせ先の情報やサポートの対応が明確な機器を利用するようにする。

3 ローカルルールとコミュニケーション

　急遽導入したテレワークのシステムは、最初は在宅での業務を確実に行いづらくする可能性を孕む。同時に危惧されるのが、自社のシステムが使いづらいと感じた従業員が、個人で勝手に仕事のデータのやりとりを"工夫"し始めた際の情報漏えいのリスクだ。テレワークで、データのやりとりなどが円滑にできない状況を、個々人が勝手な判断で『できる』ようにするケースも出てくる可能性がある。例えばネット上でフリーのソフトウェアをダウンロードしたり、オンラインディスクを無用に活用したりすることで、重要な情報が危険に晒される可能性がある。ただ、これらの背景にあるのは、社員に対する教育の甘さやシステムの不備など、あくまで平時にも存在していたセキュリティリスクだといえる。そもそもセキュリティ問題の認識が甘い企業がテレワークを運用した場合に、当然に予測される自体なのであり、テレワーク自体が問題なわけではない。

　また、現場の従業員だけでなく、彼らをマネジメントする管理職側も戸惑う可能性が高いのではないだろうか。管理職の多くは『テレ（＝遠隔）マネジメント』をやってきていないはずだ。急に部下が目の前から消えて

しまったマネジャーに対するサポートを企業側は考えるべきだろう。例えば、テレワークにおける管理職向け指導に際して、ある企業が行った有効例として「部下に対する『頑張れよ』メールの禁止」だとか、部下が「仕事のこの部分で苦労している」などと連絡した時は、「具体的にこうしてほしい」といった指示を出すメールを徹底すべきだろう。対面ではできていたコミュニケーションが、文字だとできなくなる上司も少なくないため、こうした地味なマネジメントの工夫もテレワークには必要だ。

4 自社にあったテレワークの方式を

　社外にいながらにして職場にいるのと同等な状況で業務をしようとしたとき、さまざまな方法があるが、あらためて導入のしやすさや使い勝手とセキュリティのバランスを考えてほしい。

　利用する対象者の範囲や業務内容、テレワークの形態によって、主に4つのシステム方式がある。

1 リモートデスクトップ方式

　オフィスに設置されたPCのデスクトップ環境を、テレワーク端末から遠隔で閲覧・操作するシステムである。オフィスで行っていた業務をそのままテレワーク環境でも継続して実施でき、保存したファイルはオフィスにある端末に保存されるので情報漏えいが起きにくい点がメリットである。専用のアプリケーションや専用機器（認証キーなど）を用意すればスタートできるため、導入コストも抑えられる。

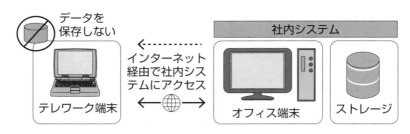

2 仮想デスクトップ方式

　オフィスに設置されているサーバ上から提供される仮想デスクトップに、手元にある端末から遠隔でログインして利用するシステムである。1と同様、テレワーク端末には作業した内容は保存されない。オフィスに仮想デスクトップを管理するサーバを設置する必要などがあり、初期コストはかかるが、セキュリティレベルの向上が期待できる。

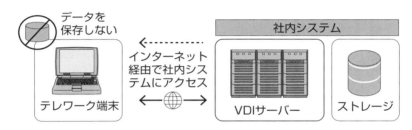

3 クラウド型アプリ方式

　インターネットからクラウドサーバ上にあるアプリケーションにアクセスし、作業を行うシステムである。アプリケーションの利用料以外、設備コストはほとんどかからないため安価で利用でき、どこからでもどんな端末でも同じ環境で作業ができる。その一方、クラウド上で作成したデータはクラウド上にも端末にも保存先を設定できるため徹底した情報管理が必要になる。

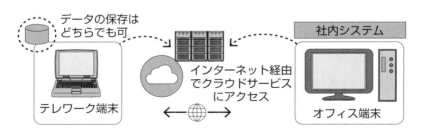

4 会社PCの持ち帰り方式

　会社で使用しているPCを社外に持ち出し、主にVPN装置などを経由して社内システムにアクセスし、業務を行う方式である。PCに業務データの多くが格納された状態で社外へ持ち運びすることになるため、盗難や紛失に情報漏えいなどのリスクが高くなる。また、別途ノートPC用意しなければならないということであれば、その端末のセキュリティ確保のためのコストがかかる。

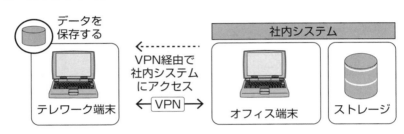

	リモート ① デスクトップ 方式	仮想 ② デスクトップ 方式	クラウド型 ③ デスクトップ 方式	④ 会社PCの 持ち帰り方式
概要	オフィスにある 端末を遠隔操作	サーバー内の 仮想端末を 遠隔操作	クラウド上の アプリケーションを 利用	オフィスの 端末を 持ち帰って利用
データ保存	保存しない テレワーク端末に データを 保持しない	保存しない テレワーク端末に データを 保持しない	どちらでも可 保存する・しないを 選択できる	保存する テレワーク端末に データを保持する
環境	オフィスと同じ オフィスの端末と 同じ環境を利用	テレワーク専用 個人に割り当てた 仮想デスクトップを 操作	限定的にオフィスと同じ アプリに関しては オフィス端末と 同じ	オフィスと同じ オフィスの 端末と同じ環境を 利用

初期費用	比較的安い アプリなど	高い 専用サーバーの 設置など	安い クラウドアプリの 利用料など	やや高い セキュリティ ソフトなど
メリット	●社内の各PCに専用ソフトウェアをインストールすればネットワーク設定を変更する必要がない ●現在のPC環境をそのまま利用できる ●導入が簡単	●高いセキュリティを保持できる ●一元管理ができる	●通信速度を気にする必要がない ●VPN装置の導入が必須ではないなど安価に導入が可能	●システムの導入条件が少なくすぐに実施できる ●通信が安定しない環境でも安定した作業が実施できる
デメリット	●社内PCの電源をオンにする必要がある	●専用サーバーを新規で用意するなど大規模なIT環境の整備が必要 ●サーバーが停止した場合には業務が止まる可能性がある	●簡単にデータへアクセスできるため情報漏えいやハッキングのリスクが高くなる	●テレワーク端末に情報が残るため厳格なセキュリティ対策が必要 ●社内システムへアクセスするにはVPN装置の導入が必要

5　テレワークの新しい可能性

　コロナ禍を受けたテレワークへの急遽の移行によって、一方的に配偶者や子どもも在宅を強いられ、もともと十分な広さを確保することが困難とされる日本の住宅の中に、集中力を必要とする仕事を行う場所を確保することは難しいのが現実だ。例えば、子供たちがすぐ横で遊ぶリビングのテーブルで、パソコンを使って仕事をしていた場合を考えると、画面をのぞき込まれることもあるだろうし、ちょっと席を外した際にパソコンを勝手に操作されてしまうこともあり得る。子供が自撮りした写真や動画に作業中のパソコン画面が写り込むことだって考えられる。テレワークといってもなかなかうまくいかないことも多々あるはずだ。

SNSやまとめサイトではテレワークに対する不満や批判など、さまざまな議論がすでに発生している。今回の緊急テレワークを企業も従業員も"耐え忍ぶ"のでなく、むしろ「実際にできたこと」や「できなかったこと」を明らかにし、その原因について分析する機会にしてほしい。今回、各企業が分析したテレワークの問題点を参照にしながら、ノウハウとして共有するといった試みがあれば、今後の推進に弾みをつけるチャンスになる。

　テレワークは出社できないための代替措置というだけでなく、新しい可能性も生まれている。テレビ会議は物理的に同じ空間に集まる必要がないので、小まめに回数を多く開くようになり、テレワークによって無駄が見えたり、効率化が進んでいるという声も聞く。また、新型コロナウイルスの問題と同様に、昨今相次いでいる自然災害への対処や、さらに育児や親の介護など働き方にまつわる問題が増える中で、テレワークという「働き方の選択肢」が増えることは決して悪いことではないはずだ。

　自然災害も多いわが国では、予測できない緊急事態は、いつ、誰にでも発生し得るわけである。そのときに、いつでもどこでも働く仲間とつながる環境を普段から備えておくことが大事だ。早い時間に帰宅しても、リモートで会社や取引先の問い合わせに答えたりできるようにするなどの選択肢が用意されていることは、会社の魅力にもつながる（従業員のモチベーションアップ、ひいては離職率の低下にもつながる）だろうし、労働人口が減っていく中で、多くの企業が自然とそうなっていくことになるだろう。

　このように、今後もテレワークの本格的な普及が見込まれるなか、基本的なセキュリティ対策は欠かせない。中小企業であれば、キュリティ対策を担う専任の情報システム担当が設置されていないことも少なくない。自分たちで対応可能なセキュリティ対策もあるが、仮に専門的なスキルがなかったとしても、セキュリティに関する知識を得ておくことは大切だ。何も知らない、というのが一番のリスクであり、またセキュリティ対策は継続性が命だ。常に新しい技術や手法が生まれ続けているため、情報収集に努めながら必要に応じて専門家に相談できる環境を整えておくことが重要

となる。

〈参考資料（テレワーク導入に向けた参考サイト）〉
・厚生労働省「テレワーク総合ポータルサイト」
・厚生労働省「情報通信技術を利用した事業場外勤務の適切な導入及び実施の
　ためのガイドライン」
・総務省「テレワーク情報サイト」
・総務省「テレワークセキュリティガイドライン　第 4 版」
・警視庁「テレワーク勤務のサイバーセキュリティ対策！」
・独立行政法人情報処理推進機構「テレワークを行う際のセキュリティ上の注
　意事項」
・内閣サイバーセキュリティセンター「緊急事態宣言（2021 年 1 月 7 日）を踏
　まえたテレワーク実施にかかる注意喚起について」

第8章 情報リテラシー

1 新型コロナインフォデミックに対する情報リテラシー

専門研究員　石原　則幸

1 基本的問題意識

　2016年の米大統領選以降、フェイクニュースという言葉が一般的になり、情報リテラシーの重要性は数段上昇したに違いない。特に新型コロナに関しては、まさに世界的にインフォデミック状態に陥ってしまった。真偽織り交ぜた情報が氾濫・拡散し、人々を混乱させ、パニックに貶めているのだ。冷静な対応と正当な判断をするために、今ほど情報リテラシーが求められている時はないだろう。

　それは突き詰めれば、新型コロナ騒動の"騒動"を引き起こしている直接、間接の原因とは実際には何であるのか、また新型コロナ禍の"禍"とは、コロナそのものなのか、それともインフォデミックという現象・結果のことを指すのかを見極めることである。今や手遅れになる前にそのような心眼を身につけるしかないところまできている。これは危機管理担当者にとっては、"フェイクリスク"に踊らされず、"フェイクソリューション"に導かれない、またそれを間違っても導かないための試金石ともなるものである。つまり、真のリスクは何であるかを看破するリスクリテラシーを最大限発揮することが期待されているのだ。

　新型コロナ禍におけるエキセントリックでヒステリックな過剰反応ともいうべき恐怖心の蔓延と社会混乱・経済不況、そこから生じるいわれなき差別と対立と分断、さらに管理強化社会・監視社会に至る最悪のストーリーが、まるであらかじめ用意されたシナリオ通りに進んでいるかのよう

にも見える。

　管理強化社会あるいは（相互）監視社会においては、コンプライアンスの意味合いも変質・変容し、遵守方針も遵守対象も限りなく微細な領域に落とし込まれていく。すべては管理強化のためであり、管理目的がすべてに優先する逆転現象が起きる。

　実は、こちらのほうを大いに不安視するべきなのだ。

　その“最悪のシナリオ”が、意図したもの、意図せざるもののどちらであっても、そこに至るプロセスには数多くの多種多様なフェイク情報が介在し、思う存分その効果を発揮していることを十分理解する必要がある。初期の恐怖心の発現と流布を契機として発動されるのが、外出制限・行動制限・人々の触れ合いの喪失と収奪・濃厚接触者の把握を名目とした個人の行動履歴の把握と管理であることは、いうまでもない。そのためにも新型コロナ禍には、いつまでも続いてもらわなくてはならない。

　表向きのニューノーマルに潜む“裏ニューノーマル”の存在（真意）に気づくことが極めて重要なタイミングである。私たちのかけがえのない日常が奪われてしまったのである。

　私たちは、この日常を取り戻すために、“最悪のシナリオ”を招来・実現させないために、最大限の多様性のある視点と、客観性と、知恵と、冷静さと、自律的な思考とを総動員しなければならない。この超巨大リスクたる“最悪のシナリオ”の侵入・浸透を一度許容してしまえば、それ以外のあらゆる領域・分野のリスク管理手法と施策は水泡に帰すのみならず、“裏ニューノーマル”の存在を隠す役目すら負わされかねないのである。いかがわしい虚言・妄言に惑わされずに、足音を潜めて進行する超巨大リスクの正体を突き止めなければならない。

　そのためにも繰り返しになるが、危機管理担当者のリスク感性が最も強く求められるのであるが、現実には、“リスク感性”を超越した“リスク洞察（心眼）”ともいうべきレベルへの到達を視野に入れなければならない。“リスク感性”の獲得に満足し、“リスク洞察（心眼）”レベルへの到達を選択しないことは、“危機管理担当者”としては許されざるべきことと覚悟・

承知する状況にあるのだ。そのための第一歩として、まずは、すでに数多く存在する情報リテラシー獲得の邪魔をする各種手法・概念、その対応や結果条件、ならびに計画や背景について、その用語整理と解説から始めることにしよう。

2 関連用語の整理〜解説と対応

1 フェイクニュース（Fake News）

　フェイクニュースとは、事実ではない、虚偽・デタラメな内容、あるいはそういった内容を含む情報・報道の総称のことである。2016年の米大統領選を挟んで頻繁に出てきた言葉である。関連用語の中でも最も広い概念であり、目的や動機また出所も様々で、政治的なものだけでなく、金銭的なものも含めあらゆる分野・領域に及んでいる。

　単なる噂話に誤解が混ざったり、尾ひれはひれがつき、虚偽の情報となるものもあれば、プロパガンダやヘイト（偏見・憎悪・悪意・誹謗中傷）目的で発信されるものもある。また愉快犯的なデマもあれば、ジョークやパロディとして作成されたものの、結果的にそのように受け取られない場合もある。

　これらの誤った情報（フェイクニュース）を読み手が真に受けて（事実として受け取ってしまい）、SNSなどを通じて広く拡散され、世論を動かし社会的な混乱を招くことさえある。

　この背景には、自分の信じたいものだけを信じるという心理的要因が働いているとの指摘が多くの専門家から表明されている（エコーチェンバーやフィルターバブル）。また、確証バイアスについても、何を"確証"していて、そこからどの方向に"バイアス"が掛かっていったのかを論じないで、一括りにしてしまうと「確証バイアスだ」との指摘自体がフェイクであることもあり得るので要注意である。

　フェイクニュースの問題点は、各国国内議論でも国際間議論でも同じよ

うな展開になることであり、AがBに対して、「貴方の言っていることはフェイクだ」と言うと、今度はBがAに対して、「何を言っているのか、そちらの方こそフェイクではないか」とのフェイク合戦になるので、聞いている方としては、「どちらが本当なんだ」、あるいは「どちらが嘘を吐いているのか」という非常に厄介な状況になってくる。

　2016年の米大統領選でいえば、親トランプ派も反トランプ派もどちらもフェイクニュースを使い分けているのであり、これは11月の大統領選を控えた現在でも同様である（本稿執筆時点）。双方のフェイクがどこにあるかを見極められるカギが、まさにリテラシーなのである。

2 ディープフェイク（Deep Fake）

　ディープフェイクとは、深層学習（deep learning）と偽物（fake）から派生した言葉であり、AI（人工知能）など高度な合成技術を用いて作られる、本物と見分けがつかないような偽者の動画のことである。政治家や著名人に虚偽の発言をさせるフェイクニュースの一形態といえる。一番最初に出てきたのは、もう大分前と思われるが、一躍注目を集めたのは、2〜3年前のオバマ元米大統領の動画である（トランプ大統領を誹謗する内容）。

　ディープフェイクもフェイクニュース同様、いろんなところで悪用されている。これは悪用された本人の信念・主義・志向からすれば、そのようなことを言うのは、もの凄く違和感があり、「そんなことを言うはずはない（あり得ない）」と思うのが平常の感覚・感情であるのだが、その本人（個人）を信じるがあまり、逆に「この人が言うのだから間違いない」とか、「考えが変わったのかな」あるいは、「実はこれが彼（彼女）の本音なのだ」などと思わせてしまうのである。

　ディープフェイクの画像技術は、ますます進化していて、本物と見分けがつかないレベルまできているが、先程触れた"違和感"を抱くことがとても大事である。一旦落ち着いて、当該のディープフェイク以外の動画や本人のインタビュー・記述したものなどを丹念に調べれば、フェイクとわか

る。いや、丹念でなくてもちょっと調べればわかることである。もちろ
ん、ディープフェイクの被害者本人が、それを明確に否定すれば済むこと
でもある。それでも、その否定を「言い訳でしかない」と見なす人が残念
ながらいる。したがって、否定をするときは、1つひとつなぜ、事実では
ないのかを余裕を持ちつつも、丁寧に発信（反証）していくしかない（場
合によっては一蹴することもあろう）。それにより、初期のディープフェ
イクのインパクトを和らげ、無効にするのである。そのうえで、この
ディープフェイクの製作者の狙いは何であったのか、自分の発言を捻じ曲
げる真意はどこにあったのかまで、冷静かつ客観的に踏み込めるとなお良
い。つまり、発言内容よりも作成（投稿）動機に焦点を移すのである。い
ずれにしても、単一・単発の情報（源）だけを信じ込まないことが騙され
ないための第一歩である。

3 情報操作（Information Manipulation）

　情報操作とは、情報をありのままに提供するのでなく、内容や公表の方
法などに手を加えたり、修正して世論形成をある方面（自陣営）に有利に
なるよう操作することをいう。情報の見せ方に意図的なものがないか（必
要以上に追加され強化されている箇所がある、逆に肝心な情報が欠落して
いる）など、裏の裏まで読むリテラシーの深化とそれに取り組む姿勢が重
要である。

4 偽旗作戦（False Flag Operation）

　ごく簡単に言えば、敵になりすまして行動し、結果の責任を相手側にな
すりつける行為のことをいう。この名称は自国以外の国旗、つまり偽の国
旗を掲げて敵方を欺くという、軍の構想に由来するものである。戦争や反
乱の制圧に限定されず、平時にも使用され、偽旗工作や偽旗軍事行動とも
呼ばれる。近代戦における最初の事例は、1928年の関東軍による張作霖爆
殺事件といわれている。現在は軍事分野の領域の拡大（サイバー攻撃・宇
宙兵器・気象兵器・生物化学兵器など）とともに、非軍事分野での"戦争"

にまで及んでいる（金融経済制裁・輸入制限・関税戦争・TPPなど）。

5 プロパガンダ（Propaganda）

　プロパガンダとは、一定の意図をもって、特定の主義や思想に誘導する宣伝戦略のことである。大きな括りで言えば、国家においての思想統制や政治活動そのもの、小さな括りでは宣伝広告や広報活動もプロパガンダの一種と言えなくもない。「そんなことはない」と仰る広報パーソンもおられるだろうが、広報・PR活動において、そのような要因や局面が部分的に介在することは否めない。国家的規模でいえば、全体主義・ファシズム・軍国主義下では、反政府勢力を排除するための有効な手段として機能する。

　プロパガンダが強力、かつ巧妙に展開されていくと、同調圧力が誘因から強力な推進要因となり、客観性のない他者への攻撃や排除が正当化され、やがて少数派と多数派が逆転する。

　過度な自己都合や自己利益の防衛にのみ目がいくように馴らされてしまう。一見、大多数の利益のために少数派を犠牲にすることが止むなき選択とされるのだが、実は、多数派も自らの行動の自由やプライバシーを結果的に権力側に売り渡すことになる。これは最早、歴史が証明するところだ。

　つまり、"ニューノーマル"の実態とは、"オールドノーマル"の再登場でしかないことが暴かれるだろう。ところが、歴史をしっかり学習していない人はそれに気づかないか、気づかないふりをしている。プロパガンダが成功していれば、同時に洗脳も成功しているはずだ。つまり、私たちには洗脳されないだけの冷静さと耐性が求められている。

　プロパガンダを仕掛けるほうに、「この連中は洗脳しやすい」と高を括られることは、絶対に回避しなければにはならない。表層的・形式的な変化に追従・迎合することなく、超巨大リスクから逃れるためには、その数歩手前の諸段階において、各種のリスクマネジメント手法が、適切かつ有効に機能しなければなるまい。

6 メディア・コントロール（Media Control）

　読んで字の如く、メディアを操作することである。目的としてはメディア（主にマスメディア）を何らかの意図を持った外的圧力によって操作しプロパガンダを行い、世論をある方向に誘導する。特定権力（時の政府）にメディアがコントロールされるだけでなく、メディア自身がコントロール・世論誘導してしまう場合（ミスリード）もある。これに対しては、特定媒体の論調のみを鵜呑みにせず、反対意見も含め、多様な媒体・広範な見解にアプローチすることが重要である。見解の異なる複数の新聞・雑誌・サイト・ブログをチェックすることを常日頃から習慣化しておくことが重要である。例えば、A新聞とB新聞のあるテーマに関する論調は100％違うのか、それとも50％は相違していて、残り50％は同一・共通しているのか、他のC、D、E……新聞の見解はどうか、さらに雑誌やTV、ネットまでも含めた全体の論調の所在を確認していく。その中で、A新聞とB新聞の論調の相違点と一致点を浮き彫りにしていく。それぞれが拠って立つ論拠は何で、その論拠の時系列（歴史的）経緯はどのように推移してきたのか、その論拠・理論には、無理や齟齬、不都合、歪曲、押しつけ、誤解はないのか、あるいは、双方の対立・議論の変遷の中で、風向きが変わったポイントは何であり、それはなぜなのか、というように自分なりの検証を積み上げていくことが重要である。そのような作業を限られた時間の中でも、必須としていけば、多様な視点の理解を経て、本質に肉薄し、情報の真偽を見分けられるリテラシー力が向上していく。その契機としての直感や違和感も一次情報を鵜呑みにしないために重要なファクターである。ちなみに、ミスリードの対象になるのは、主に世論ということになるが、株式市場の場合もある（風説の流布など）。

7 デマ（デマゴギー：Demagogy）

　デマとは政治的な目的で、意図的に流す扇動的かつ虚偽の情報のことをいう。デマゴギーを弄する扇動政治家のことをデマゴーグ（demagogue）

　という。デマの対象は国家・政党・団体・組織・企業から個人に至るため、これが一般的にも日常的にも最も頻繁に使われている言葉であろう。対象が変わっても共通しているのは、相手の評判や信用を貶めるという目的である。相手との間でデマ合戦になったときは、どちらがヒートアップを抑制し、冷静な議論に戻そうとしているのかをしっかり見極めたい。また、どちらにとっても自らの主張がデマだと露呈したときには、真摯な反省と誠実な謝罪という大人の成熟した対応ができるのかどうかがカギを握り、その後の優劣を決する。あるデマが一部の真実と合体・融合して、一定の結論を導いたとき、実はデマは不必要であったという場合がある。

　結果がそうであっても、このケースでは一瞬でもデマを使おうとした動機・姿勢は責められるべきである。また、論争の途中で、第三者の論評・コメントが介在し、その後の議論の方向性に多大な影響を与えることがあるが、その"流れの変化"の要因と当該第三者の出自・背景・利害関係も把握しておくことも、リテラシーからは求められる。

　一度でもデマのターゲットにされてしまうと、ただ迷惑千万なばかりでなく、大きな風評リスクを抱え込むことになる。そのため、その対策も考えなければならない。

　企業や大きな組織にとっては、よほどのことがない限りは、大人の対応で軽く受け流し、相手にしない冷静な対応や余裕が欲しいところだが、これは聞き捨ておけないような事実無根の誹謗中傷などには、毅然と理路整然と反論していく姿勢が求められる。このとき決して相手の土俵に乗ったり、激情したりしてはいけない。

　個人や個人商店など零細企業の場合は、自らを守っていくために家族・知人・地域ネットワークに真実を伝え続け、団結を固め、普段より行政機関や法律関係者、市民団体やNPO法人などとの回路を築いておくべきだろう。

　デマの被害者が自殺に追い込まれたり、新たな加害者探索が始まったり、それがまた新たな被害者を生んでしまうような"悪魔のスパイラル"には終止符を打たなければならない。

悪意あるデマは、人の人生を滅茶苦茶にしてしまう。特に、ネット上で偏執・偏狭・自己満足の"煽り"、"祭り"、"炎上"に参加・加担する匿名者たちが"熱狂する正義"は、"暴走する正義"に変質して、反正義の方向にひた走る。

これら一連の動きが注目を集めれば、マスメディアがニュースとして報道する。このようなときの各メディアの姿勢も問われる。それ以前に、そのようなデマを生じさせる土壌や雰囲気を醸成する報道を続けていなかったかという反省である。視聴率至上主義や、そのためのやらせは猛省の時期にきている。偽りのデマが拡大・拡散しかけたときに、各メディアが挙って火消し、注意喚起する方向に動けば、いわれなき攻撃や差別をストップさせ、悲劇の被害者を作らなくて済むはずだ。いずれにしても、扇情的なデマは、根拠のない情報であることが多いので、直接の当事者でない（ターゲットにされていない）者や層が肝に銘じておくべきことは、どのようなデマにも、"流されない"、"踊らされない"、"浮かれない"、"冷静な"態度と姿勢を堅持することである。自らが"煽り"に加担することは、"恥"と知るべきである。

8 流言飛語 (False Rumors/Groundless Rumors)

非情に日本的な表現であるが、流言飛語（蜚語）とは、世の中で言いふらされる確証のない噂話のことであり、根拠のない扇動的な宣伝やデマともいえる。前項「デマ」と同様、差別的感情の発露の契機になることに留意する必要がある。大正12年の関東大震災後に広く使われるようになった。このとき「朝鮮人が井戸に毒を入れた」などの流言が飛び交い、その後の朝鮮人虐殺に繋がった。まさに根拠のない扇情的なデマであった。普段から何気なく持っていた差別的感情が一気に噴出する非常に恐ろしい現象である。当時、合理的・客観的判断ができなかった警察当局の対応は批判されて然るべきであるが、それ以上に自警団が"朝鮮人狩り"を先導した事実を私たちは深く胸に刻まなければならない。"自粛警察"が、それと同一的な思考回路を容易に受け入れている現状は、深く憂慮すべき事態であ

る。

9 印象操作（Impression Manipulation）

　印象操作とは、相手に与える情報を取捨選択したり、恣意的な伝え方をしたりして、相手が受け取る印象を制御・コントロールしようとすることである。例えば、マスメディアが都合のよい部分だけを断片的に報道して、世論を誘導しようとする場合は、目的としては印象操作、手段としては偏向報道となる。ただ、この偏向報道というものもなかなか定義が難しい。

　メディア間、あるいは政府との間での建設的な議論は大いに歓迎すべきだが、権力を監視する立場の者が権力に忖度することは許されない。最終的には、自由と民主主義と人権を守ることが、ジャーナリズムの基本であることは忘れてはならない。決して、印象操作の片棒を担ぐことはしてはならない。

　また読者としては、どちらの主張に対してもある程度批判的な眼をもって接し、真実がどこにあるのかを探る作業や思考を怠ってはならない。"操作された印象"というものは、結局は実態との乖離で測定できるものである。その実態との乖離が、プラス100に働くのか、マイナス100に作用しているのかを把握し、その大きくプラス・マイナスに振れる背景には何があるのかを、いろいろな見解に接して見極めることが必要である。自らの主張に正当性を持たせるために、何らかの恣意的な操作を加えることは、ジャーナリズムとしては越えてはいけない一線である。

10 スピン（Spin）

　スピンとは、PR（パブリック・リレーションズ）において、特定の人に有利（つまり相手に不利）になるように、特定の事件や事態を非常に偏った形のままで、その点を強調・描写をすることを意味し、スピン報道ともいわれる。不誠実で人を欺くための高度に操作的な駆け引きをも含意している。政治家はスピンによって政敵を非難し、スピンによって政敵か

ら非難される。そのための論点ずらしや本質的でない些末な問題を大袈裟に誇張する特徴を持つ。スピン報道をさせるためには、各報道機関と政権との距離感が問題となる。

要するに、政権と近い、あるいは親和性のあるメディアのほうが使い勝手が良いわけだ。ここはメディア自身の“権力に対するリテラシー”が問われる場面でもある。

また、民主主義国家と全体主義・共産主義国家内のメディアの役割の違いも考慮しなければならない。後者では、自国内の統制強化のために他国・他民族・他宗教にスピンを掛けるということがよく見られる。残念ながら、前者も五十歩百歩の状況である。

どこの国にも存在する情報機関（諜報機関）は、高度に操作的なテクニックを駆使するプロフェッショナル集団なので、特定の報道機関に記事を書かせることは、決して珍しくもなく、難しくもないのだ。

スピン合戦になったときに留意しなければならないのは、スピンをかけられたほうの反論内容が、論点ずらしや些末な本質でない話題をクローズアップさせてくるときである。

これは国会質疑や記者会見でも日常生活でもよく見られることだが、質問や疑問に答えていない、そもそも答えになっていないという場面である。要は、ごまかしである。

“説明責任（アカウンタビリティ）”という重い使命を担わざるを得ない立場の人間（主に公人）にとっては、スピンをかけられても致し方ない側面も否定し難いところなので、“正々堂々という基準”を自らに課すことが、より多くの支持を集めることになるとの深い理解が肝要である。

11 インターネット・トロール（Internet Troll）

インターネット上での、嫌がらせ行為のことをいう。特にSNS上に、悪意あるコメントや虚偽情報を執拗に投稿したり、他人の話し合いを妨害したりすることを指し、操作されたボットが介在し大量投稿に見せ掛けることもあることに留意が必要である。

12 ディスインフォメーション（Disinformation）

　ディスインフォメーションとは、意図的に流布される虚偽の情報のことをいう。自らの主義・主張と対立する相手（政府や敵国・競合他社など、他には特定の理論や学説）に関する誤解・誤認を世間に広め、信用や評判を失墜させる目的を持ち、多くは計画的に実施される。

　なぜ、"計画的"といえるかというと、1つは、その失墜目的に動員されるのが、いわゆる"専門家"であることと、2つ目は、そのディスインフォメーションに対する反応（混乱・不安）が予測できるからである。もちろん、その反応の主体はメディアを含めた世論である。

　そして3つ目が、当該失墜目的を果たせなかった、失敗したにもかかわらず、再度、機を窺い何度も執拗に仕掛けてくることである。そのような仕掛ける側の長期的計画・意図を熟知していないと、"忘却は罪"になってしまうのである。リスクマネジメントは歴史から多くの教訓を学ばなければならない。

　ちなみに、ミスインフォメーション（Misinformation）とは誤報のことをいう。意図的な誤報は世論誘導・ミスリードであり、最早それはジャーナリズムの名に値しない。

13 インフォデミック（Infodemic）

　インフォデミックとは、インフォメーション（information）とエピデミック（epidemic：流行病）からなる混成語である。ちなみに、パンデミック（pandemic）は、エピデミックより流行や感染の範囲が広く全地球規模のイメージであり、エピデミックはある地域の諸国での流行といった規模感である。インフォデミックはすでに2003年SARS（重症急性呼吸器症候群）が流行した際にも使われていたが、今回の新型コロナの流行によりWHOがレポートで公式に使用したものである。

　インフォデミックとは、ウェブ（特にSNS）上で真偽不明の情報や虚偽の情報が流布し、これを多くの人が真に受けてパニック状態となり、社会

の動揺が引き起こされることだが、現在のコロナ禍においては、SNSより、むしろメインストリームメディアによる繰り返しの煽り報道のほうが、直接的な要因となっている。

さて、現在進行しているインフォデミックの"実態"は、何なのかを知るためには、情報リテラシーが不可欠である。繰り返しになるが、危機管理担当者がそのリテラシーを持たぬまま、誤った情報に基づく政策を立案・助言・推進したならば、意に反してリスクスパイラルに陥ることになる。できるだけ多くの人が、これに早く気づき、覚醒する必要がある。

今こそ、「最大の悲劇は、悪人の圧制や残酷さではなく、善人の沈黙である」（キング牧師）との言葉を噛み締めたい。リテラシーを備えた"善人"は決して沈黙を守らないはずだ。

14 モラル・パニック（Moral Panic）

ある時点において、社会秩序への脅威とみなされた特定のグループの人々に対して発せられる、多数の人々により表出される激情であり、憎悪や差別などを含む。より広義には、以前から存在する「出来事、状態、人物や集団」が、最近になってから「社会の価値観や利益・利害（の変容）に合わない脅威」として再定義され、排斥されることである。ヘイトスピーチ（hate speech）を含む。自身の心の安定を求めるための攻撃相手を探し求め、犠牲を強いることになる。人間の弱さと愚かさといえばそれまでだが、非情に卑怯・卑劣・醜悪で自責の念に欠ける集団心理の表出である。

15 センメルヴェイス反射（Semmelweis Reflex）

通説にそぐわない新事実を拒絶する傾向のことをいい、常識から説明できない事実を受け入れがたい傾向のことを指す。オーストリアのウィーン総合病院産科に勤務していた医師センメルヴェイス・イグナーツが、今日でいう接触感染の可能性に気づき、その予防法として医師のカルキを使用した手洗い法を提唱したのだが、存命中はその方法論が理解されずに不遇

な人生のまま生涯を終えたことに由来する。固定観念や先入観を打ち破ることが、いかに難しいかを物語る逸話である。

16 ポリティカル・コレクトネス（Political Correctness）

　ポリティカル・コレクトネスとは、日本語で政治的に正しい言葉遣いとして、政治的・社会的に公正・公平・中立的で、なおかつ差別・偏見が含まれていない言葉や用語のことをいう。具体的には、職業・性別・文化・人種・民族・宗教・障害者・年齢・婚姻状況などに基づく差別・偏見を防ぐとされている。1980年代に「用語における差別・偏見を取り除くために、政治的な観点から見て正しい用語を使う」という目的から米国で始まったものである。

　トランプ大統領誕生後、反トランプ派のメディアにより頻繁に使われているが、党派による違いをともに自らの"コレクトネス"観で説明し、相手を説き伏せることはほぼ不可能である。相互の違いを認め、一致点を探り、党派を超えた、より全体の幸福を求める視点に欠ける。

17 ファクトチェック（Fact Check）

　政治家らの発言内容を確認し、「正しい」、「間違い」など、その信憑性を評価するジャーナリズムの手法である。米国では、ファクトチェック専門の政治ニュースサイト「ポリティファクト」があり、2008年の米大統領選をめぐる報道ではピュリッツァー賞を受賞した。日本でもファクトチェック・イニシアティブ（FIJ）が活動している。米国のメインストリームメディアは、ほとんどが反トランプであるため、トランプ氏の発言にファクトチェックの多くの労力を傾けている。前述したように、親トランプ・反トランプ間では、双方がファクトチェックする必要がある。ファクトチェック機関には、独立系もあれば、新聞社系や大学系などがあるが、どうしても"色"が出る。そこで、ファクトチェック相互のチェックや比較検証をしなければならない。また、ファクトチェックの対象とはならなかった情報や、以前の関連報道に対するファクトチェックもしなければ

なるまい。要は、その対象記事を書いた記者と、その情報源（取材対象者）双方の信頼性・信憑性・客観性が問われなくてはならない。

そうしなければ、"ファクトチェック"自体の信頼を勝ち取ることは困難であろう。チェック基準の是々非々は当然のこととしても、その"基準"の依拠するところが偏っていたり、フェイクであったりすれば意味も意義もないからだ。「気がつかなかった」や「知らなかった」では、済まされない問題である。

言うまでもなく、各ファクトチェック機関の判定結果の乖離と原因に対してもリテラシーは働かさなくてはならない。つまり、ファクトチェックの効用と限界を知ることが極めて重要となる。

これは、SNSにおけるファクトチェックともいえる、各プラットフォーマーが設定する投稿削除基準や、アカウント凍結についても該当する。

情報リテラシーを高めていく作業は点と点を繋ぎ線にし、線と線を繋ぎ面にして、さらに面と面を合わせて立体像を形作っていく過程であり、それが近道でもあるのだ。素朴な疑問や何となく抱く違和感を安易に捨て去ってはならない。超巨大リスクを前にした場合は、この作業がリスク管理の出発点になるのである。そうでなければ、フェイク情報の洪水の中に身を任せるしかなく、適切なリスク対策など打ちようがない。「TVでそう言っていたから」、「皆がそうしているからそうしよう」などという思考停止と同調圧力に屈してしまえば、超巨大リスクがほくそ笑むだけである。

18 予測プログラミングとブラックスワン

これまで米国では、ウイルスや病原菌の漏洩や散布によって緊急事態が発生するというテーマで描かれた映画やアニメ作品が多数ある。創作の世界のことであるが、そういうことが起きるかもしれないと、国民の潜在意識の中に埋め込まれる。そして、それが実際に起きたときに、「まさかと思っていたけれど、やはり実際に起きてしまった」と観念させるのである。9.11も含めて、本当に何度も登場しているのだ。これを単なる予測と割り切れるものかどうか、意見の分かれるところであろう。そして、もと

もと金融用語であるブラックスワンとは、滅多に起こらないが、いざ起きたら、大惨事になるという"予測とシナリオ"の象徴とされる。

19 フォーラム201

　ビル・アンド・メリンダ・ゲイツ財団が、ジョンズ・ホプキンス健康安全保障センターやWEF（世界経済フォーラム）と共同で、2019年10月18日にコロナウイルスの感染について開催したシミュレーション・イベントの名称である。その内容は、コウモリに寄生していたコロナウイルスが豚を介して人間へ感染、人から人へ伝染するようになるというシナリオである。ブラジルの農場で感染が始まり、1週間で倍増するというペースでポルトガル、米国、中国など多くの国へ感染は拡大するとの想定である。やがて、コントロール不可となり、再流行（第2波？）もあって、シナリオが終結するのは18か月後の2021年3月、全世界で6,500万人が死亡してから、という展開になっていた。このシミュレーション・イベントを開催した意味は何なのであろうか。新型コロナの感染が確認される、ほんの数か月前のイベントである。

3　関連用語と対応の総括

　前節で述べたように、類似の関連用語はかなり以前から多くあるのだが、「13　インフォデミック」は、それ以前の1〜12の多種多様な"虚偽情報"が流布され、信用されることによって引き起こされる、招来された状況・結果を意味する。「14　モラル・パニック」も結果の1つであり、「15　センメルヴェイス反射」は、結果を導く契機の1つとなっている。

　「16　ポリティカル・コレクトネス」と「17　ファクトチェック」は、その有効性と限界の熟知を要請している。「18　予測プログラミングとブラックスワン」は、あらかじめ計画されたシナリオの存在を疑わせるものである。それは「19　フォーラム201」でさらに加速する。

　「フォーラム201」の最大の懸念は、開催時にほとんどの主要メディアが

報道しなかったことと、今なお、それをスルーしていることである。

　さて、直接の"虚偽情報"である1〜12の伝達・拡散形態は、以下のものが多様に組み合わされたものである。その内実は、真と偽、事実と臆測、部分的事実と捏造・改竄・隠蔽・糊塗部分などの混在形態として展開していく。したがって、これらの種類と構成要素と全体のメカニズムに対するリテラシーを身につけておかなければならない。以下にそれらの判断項目と判定基準を挙げる。

---

①　発信元・発信者は、特定／不特定か、実在／架空か、実名／匿名か、権威者（専門家）／非権威者か、何れか
②　引用元は、記載されているか、不記載か
③　伝達経路は、マスメディアか、ネットか、口コミか
④　情報内容・コンテンツは、真偽が織り交ぜてあるか、その真偽割合は何％対何％か
　（例）真30％：偽70％など。ただし、この70％には不明・不確定・臆測も含まれることがあるため、追って、数値が逆転する場合があることに留意。いずれにしても、この30％対70％の数値の根拠を明確化することが重要。
⑤　動機・目的は、政治的／非政治的か、攻撃のため／防御のためか、金銭的／非金銭的か、善意／悪意か、急報のため／混乱のためか
⑥　結果は、拡散し混乱した／削除されたのか

　以上を十分に検討・吟味したうえで、当該情報を評価しなければならない。評価できないものについては、発信を控えるべきである。また、自分がある新規の情報を受け入れない場合は、それは一体なぜなのか、自問自答してみることだ。先入観・固定観念・確証バイアスが強すぎやしないか、思考停止に陥っていないかなどを冷静かつ客観的に内省してみることだ。

　真の情報リテラシーの獲得とは、情報読解力に加えて、情報の受信力／

解釈力、さらに慎重な情報発信力を含む。特にネット上では、炎上を招かないためにもSNSへの安易な書き込みに警鐘が鳴らされている。それと同様に「良かれと思った」拡散やリツイート、"いいね"の場合でも、安易／安直、不注意／不用意、不謹慎／不適切、面白半分／興味本位、過敏・過剰反応／脊髄反射的反応などの姿勢・態度には、特段の注意が必要であり、厳に慎まなければならない。これが社会的混乱に加担しない、リテラシーに富んだ賢明な情報発信／伝達力である。「悪意はなかった」などと言っても、後の祭りである。

　"ネット炎上"についても冷静な分析によれば、実態はノイジー・マイノリティーが騒いでいるだけなのだが、彼らは声が大きいだけにサイレント・マジョリティーに少なからぬ影響を与えている。ノイジー・マイノリティーに結果的に加担してしまうのは、サイレント・マジョリティーの心に隙があるからである（ノイジー・マイノリティーは心の闇を抱える）。

　一度、ノイジー・マジョリティに化してしまうと、必ずスケープゴートを探し出す。そうしないと、気が済まないのである。これはリテラシー獲得以前の問題であり、精神的未熟さとねじれた心理／歪んだ正義がなせる業といえ、「自分も被害者だ」と言い張る。

　ところで、噂の法則（流言の量）は、一般的に以下の公式で表されることが知られている。

情報拡散力＝重要性（i）×曖昧さ（a） ※（i）：importance、（a）ambiguity

　この場合、誰にとって重要性が高いのか、また誰にとって曖昧のままなのかも重要なポイントとして挙げておきたい。それは個人なのか、組織なのか、それとも「社会全体なのか」という問い掛けである。さらにいえば、それらのどのような組み合わせが、より高拡散力を実現するのか、これに対する徹底した思考もリテラシーを高めることになる。

　最も簡単に論述すると、重要性（大）で曖昧さも（大）のときが一番危ないパターンである。両方とも（小）であればほぼ拡散しないし、一方が（大）で他方が（小）であれば、拡散範囲も限定的にとどまる。ただし、

ここで問題となるのは、曖昧さ（大）と（小）の転移・変化がフェイクニュースによる場合である。そのフェイクニュースの介在を見極めるためのもリテラシーを動員するしかない。そして自分自身が大きな不安に駆られる場合であっても、一度冷静に立ち止まり、熟慮することが肝要である。

　メディアを介した虚偽情報やネット上の多様なフェイクニュースに洗脳（マインドコントロール）されない強靭な精神と思考力、用心深さを日頃から鍛錬しておく、常にそのような意識と構えを持っておくことが重要である。そこで筆者は、情報拡散力測定の精度を高めるために、情報の仲介者／発信者側の要因も勘案して、以下の式を提唱する。（c）は確認が欠落しているため、拡散を加速させてしまうのだ。

情報拡散力＝重要性（i）×曖昧さ（a）×不用意さ（c） ※（c）：carelessness

　さて一度、洗脳（マインドコントロール）されてしまうと、先入観・固定観念・指向・忖度などが強化される。個々人の心理に巧みに侵入し、その人の心理状態を誤った、あるいは歪んだ正義感や勝手な配慮、自分勝手の達成感や優越感に誘導・操作し、理不尽な差別を正当化する。この時、嘘が真になり、真が嘘になる逆転現象が日常化してしまうのである。これには最大級の警戒が欠かせない。

　また、ネット上では、同一あるいは同種のエコチェンバー（異質を避け、同質に固まる）が集約・集団化され、サイバーカスケード現象（集団極性化：先鋭論が急に多数派を占める）になりやすいことが知られる。同様に既存メディアにおいても一定方向に世論が誘導され、反対論が封印され、誤った多数派を占めやすい。政府や権威筋などの公式発表の"たれ流し"を鵜呑みにすることは、避けなければならない。

　やがて、超巨大リスク（自由・民主主義・人権の終焉）を招来しかねないからである。そうなったときには、それまでの個別の各種リスク管理手法は、すべて権力側を利するための道具に堕してしまうのだ。最高権力から統制されるのだから、これは仕方のない結末である。

だが、少なくとも危機管理担当者にとっては、"リテラシー" を修得せず、"リスク感性"も発揮せず、ましてや"リスク洞察"にはほど遠い道のりのままでいたとき、「貴方にとってのリスクとは何なのか」を厳しく問われることを覚悟しなければならない。

4　私たちに求められる対応・態度・思考

1 問題の本質へのアプローチ

これまで述べてきたことと重複するが、まずは次の3点への問い掛けと確認が必要である。

---

① 今回のリスクの正体は「新型コロナ」なのか、「新型コロナ騒動」なのか
② 新型コロナは自然発生なのか、人工的なものか
③ なぜ、マスコミは新型コロナの恐怖ブームを流し続けるのか
④ ファクトチェック同士の比較／検証、ファクトチェックの対象とならなかった情報のファクトチェック、ファクトチェックのファクトチェック
⑤ 見解の異なる専門家同士の議論の場の設定を強く求める
　（例）御用学者vs.非御用学者／"〇〇村"の利害関係者vs.非利害関係者
⑥ 「予測プログラミング」への疑惑

与えられた情報を何の抵抗もなく受容するだけでなく、少なくとも、上記①〜⑤に対する素朴な問い掛けと、一歩進んだ思考の展開と深化を意識的に図らなければ、ただ右往左往するだけである。

2 私たちに求められる基本的態度

私たちに求められる基本的態度を挙げれば、次のとおりである。

① 冷静さ
② 客観的思考
③ あらゆる情報（含．政府・WHO・米疾病対策センター：CDCなど）を鵜呑みにしない
　　※歴史的には、権威の発する情報や説がいつも真実であるとは限らないことが数多く証明されている。
④ 自説や好みに執着しない
⑤ 憎悪の発露を厳に慎む
⑥ 推定から断定への変容プロセスに細心の注意を払う
⑦ 隠された"不都合な真実"を知る
⑧ パニックや固定観念を回避
⑨ "ニューノーマル"の押し付けや安売りを拒否する
⑩ グローバリズム（国際協調・国際協力）とナショナリズム（国益）とのバランス政策を支持する

3 私たちのできること（個人・組織・社会）

1 個人

　メディアの読者・視聴者として、またネット情報の受け手・発し手・参加者としての責任を強く自覚し、フェイクニュースメーカーにも、フェイクニュース仲介者にもならないこと。とにかく正確な情報の把握に努めることである。また社会の分断を促進する側に回らないことである。

2 組織

　サスティナビリティ確保のためにも、何よりも正確な情報の把握と分析による、経営へのフィードバックにより、正確な判断・選択（経営判断）をすることである。同時に事業継続性や生き残りの意味合いについての深い洞察が必要である。危機管理担当者含め、個人でできることの集積体と

して組織にできることは何かを突き詰める。

　そのためには、全従業員への公平性の担保と社会的貢献（CSR/CSVや
SDGs）が、自社の利益にだけ繋がっていないかを絶えず検証する必要が
ある。より具体的には、自分たちだけが生き残ればよいのか、幅広い・
多様な取引先を含め、他社は全部潰れてしまっても、はたして良いのかな
どの真剣な自問自答である。

　多分、リストラや倒産はこれから増えてくる可能性もあるので、その中
でどうすべきか、もちろん究極の選択ということもある。ただ、予想もし
なかった新型コロナ禍の中で、自分たち（自社）も他者（他社）に生かさ
れているのだとの認識が必要なのではないだろうか。そのような視点を持
つことが、個人にも企業にも求められている。自己責任論や新自由主義の
強化による、より大きな格差の拡大と弱者の排斥が、"ニューノーマル"の
名の下に実行されるのならば、皮肉を超えた「1984年」の完成である。

② 社会（国家）

　社会（国家）ということになると、数次にわたるロックダウンは、結局
のところ経済崩壊をもたらし、子供たちには消去できないストレスを与え
るだけではないのか、また私刑とか自粛警察の跋扈は、民主主義そのもの
を根本的なところから踏みにじるのではないかなどの強い疑念と懸念を拭
い去ることはできない。

　また副反応（副作用）の安全性が証明されていないワクチンの強制接種
だけは回避しなければならない。

　さらに5Gが張り巡らされることになる社会空間（スマートシティ）へ
の危険性が日本ではほとんど議論されていないことをどのように理解すべ
きか。

　ここまでの一連のストーリー／シナリオの全体像（あるいは最終形態）
がおぼろげながらでも把握することが求められているのである。そこで
は、手段としての新型コロナの役割が浮き彫りになってくるかもしれな
い。そこに行き着くことこそ、最高レベルのリスクリテラシーなのであ

る。

　リスク洞察やリテラシー発揮の端緒となる直感や違和感を捨象せず、大事に取っておきたい。リスク管理においては、“多勢に無勢”が正解とは限らないのだ。

〈参考文献〉
・G.W.オルポート／L.ポストマン『デマの心理学』（岩波現代新書）
・清水幾多郎『流言蜚語』（ちくま学芸文庫）
・廣井修『流言とデマの社会学』（文春新書）
・関谷直也『風評被害』（光文社新書）
・菅谷明子『メディア・リテラシー』（岩波新書）
・高橋慈子／原田隆志／佐藤翔／阿部晋典／吉川肇子『リスクとつきあう～危険な時代のリスクコミュニケーション～』（有斐閣）
・西澤真理子『リスク・コミュニケーション』（エネルギーフォーラム新書）
・吉川肇子、釘原直樹、岡本真一郎、中川和之『危機管理マニュアル～どう伝え合う クライシスコミュニケーション～』（イマジン出版）
・W．リップマン／掛川トミ子訳『世論（上）(下)』（岩波文庫）
・イーライ・パリサー／井口耕二訳『フィルターバブル』（ハヤカワ文庫）
・田中辰雄／山口真一『ネット炎上の研究』（勁草書房）
・佐藤健志／藤井聡『対論『炎上』日本のメカニズム』（文春新書）
・小林直樹『ソーシャルメディア炎上事件簿』（日経BP社）
・山岸俊男『社会的ジレンマ』（PHP新書）
・増田悦佐『新型コロナウイルスは世界をどう変えたか』（ビジネス社）
・大澤真幸『コロナ時代の哲学』（左右社）　ほか

第8章 情報リテラシー
②誹謗中傷・風評被害

研究員　福田有理子

1　コロナ禍における誹謗中傷・風評被害

1 コロナ禍における悪質な書き込みの動向

　新型コロナウイルス感染症について、SNSなどで患者個人の特定につながる内容の掲載や、誹謗中傷など、風評被害の原因となりうるような情報の拡散が見受けられる。

　特に、インターネット上での誹謗中傷への対策は、コロナ禍において社会全体の問題として認識されるようになった例として挙げられるだろう。

　新型コロナ禍特有の被害としては、以下のようなものが挙げられる。

- コロナウイルスの院内感染が発覚した病院や、そこで働く医師・看護師、その家族に対し、過剰なバッシングをする
- コロナウイルス感染後、陰性が確認されたにもかかわらず、行動自粛をするように一方的に要求する
- コロナウイルスに感染した患者の職業や実名・住所などを特定し、公開する
- 社名・商品名に「コロナ」とついていることを理由に、不買を呼びかける
- 根拠がないにもかかわらず、コロナウイルス感染者であると断定する
- デマを流した人物を特定して晒す「私刑」行為を行う

実際に、虚偽の情報を発信した人物が特定され、その人物の勤務先が謝罪するという事態にもなった。インターネットの特性として、報道機関と異なり、実名をあげることに対して基準や規制などがないため、過去のSNSへの投稿やフリマアプリなど様々なインターネット上の書き込みを網羅的に取り上げ、正義の名のもとに個人特定が正当化されるということがある。

　誹謗中傷や、根拠のない噂で評判を落とそうとする風評被害などが企業に向けられた場合、まず売上への影響が懸念される。噂の内容が事実であるかないかにかかわらず、悪意のある風評が広まると消費者は製品購入やサービスの利用に心理的な抵抗を感じやすくなる。また、取引先との関係が悪化する可能性も否定できず、取引が停止になるケースもある。上場企業の場合は、株価にも大きく影響することも想定される。

　それだけでなく、風評被害や誹謗中傷を放置すると、企業全体のブランドイメージ低下にもつながりかねない。一度企業に悪いイメージがついてしまうと、それを払拭するためには長い年月とイメージ向上のための継続した努力が必要になる。そして、何よりも自社の従業員のモチベーションを低下させ、人材の流出や採用難につながる懸念がある。

　以上のように、風評被害や誹謗中傷を放置することは、経営に大きなダメージを与えかねない。

2 企業の炎上対策

　誹謗中傷や風評被害の拡大を受けた場合にまず企業が行うべき対応としては、自社のホームページ上で被害に遭っている旨を公表することである。そのうえで、投稿の内容や風説が事実に反していることを明確に主張し、併せて風評被害を収めるために何をしているのか（書き込みの削除、それを行った者の特定など）を具体的に発信し、消費者が安心するように努めなければならない。こうした対策をせずに放置すると、前述のように消費者や取引先・従業員の不安が募り、投稿や噂が真実であると受け取られかねない。

　被害を最小限に抑えるためにも、初動の対応が重要となる。実際に、コロナ禍で風評被害を受け、それが従業員の子供たちへのいじめにつながっていることを知った企業社長が自らメッセージ発信した事例がある。自社で働いている従業員は誇りであるといった旨の誠実かつ真摯な内容を地元新聞に掲載し、従業員やその子供を守った好事例としてインターネット上で話題となった。結果的に、むしろ社会的な評判が高まったため、適切な対応であったといえる。

　そして、場合によっては法的手段をとることも検討する旨の記載をすることも1つの手段である。毅然とした対応をとることで、自主的な投稿の削除に一定の効果が得られる場合もある。

(参考) 悪質な投稿に対し成立し得る罪・法的責任の主な例

- 名誉毀損罪（刑法230条）、侮辱罪（刑法231条）、信用毀損罪（刑法233条前段）、偽計業務妨害罪（刑法233条後段）、威力業務妨害罪（刑法234条）など
- 不法行為責任（民法709、710条）

　迅速に対応するためには、インターネット上で炎上しそうな情報があった場合は、誰が何をするのかについてあらかじめ決めておくことが重要である。

　実際の対応フローは以下のように行われる。

　まず、リスク情報の収集をすることから始まる。収集方法としては、担当者が定期的にSNS内でリアルタイム検索をかけ、自社に関するネガティブな情報が流れていないかチェックをすることが挙げられる。B to Cのサービスを広く展開している場合など、担当者がすべての投稿に目を通す

ことが難しい企業では、炎上対策用の風評監視ツールを導入する例もある。いずれにせよ、このような監視を行う場合には、問題がありそうな投稿を発見した際に、可及的速やかにリスク判断を行うことが求められる。

　これは、インターネット上の投稿に限らず、顧客窓口に対する電話や販売代理店からの情報提供などに関しても同様に収集する必要がある。上場企業の場合には、投資家の意見を無視することもできない。

　次に、収集したリスク情報をリスク集約担当部門に共有し、集約する。担当部門としては、CSR・リスクマネジメント部門を設定する場合や、部門間を横断するリスク管理委員会を設置する場合もある。ただし、部門間をまたぐ組織の場合、情報の共有漏れや、意思決定のスピードが遅くなるという懸念もあるため、設計は慎重に行う必要がある。

　そして、実際にリスク情報を得た際に情報を共有すべきエスカレーション先を選定し、報告を行う。インシデント対応責任者や、最終的な対応方針を決定する責任者を定めておくことが重要となる。担当者は、その情報がもたらす最悪の事態をその場の状況に応じて想定し、適切にリスクレベルを判断しなければならないため、担当者には柔軟な思考と素早い意思決定が必要となる。

　最後に、対応策の検討と策定を行う。関係部門への都度の情報共有と、決定された対応策を実施することになる。対応に時間がかかる場合には、進捗状況の管理も行う必要がある。そして対応を行った結果、リスクがどの程度軽減されたのか、あるいは対応したことで、どのような影響があったかなどを把握することが重要である。このようにして、実績を重ねることで次の危機への対応をスムーズに行うことにつながるため、記録を残しておくことも忘れてはならない。

　近年は、5ちゃんねるなどの掲示板サイトよりも、SNSで炎上する事例が多くなっている。コロナ禍でも、外出が激減した影響で、社会とのつながりを維持し、あるいは情報収集をするためにSNSを利用し始めた層も一定数見受けられる。SNSは、誰でも気軽に書き込めるという特性と、ハッシュタグや検索機能を活用することでより情報が拡散され、多くの人の目

につきやすいという性質がある。企業としては、プロモーションに活用する事例も多くなっているが、かえって逆効果になることもあるため、扱いには注意が必要である。

　もっとも、掲示板やその他まとめサイトも無視することはできない。例えばTwitterの場合、１つのツイートがリツイートされて拡散し、炎上につながっているイメージをするかもしれないが、実はそうではないことも多い。どういうことかというと、あるツイートが少し注目され始めた段階で、まとめサイトやニュースサイトが取り上げ、そこから多くの人の目に触れて爆発的に拡散・炎上につながっているのである。企業や組織としてのSNS炎上対策は、SNSだけを見ていれば万全というわけではないということに注意したい。

3 現状の制度概要

　法務省によると、平成31・令和元（2019）年度にインターネット上で人権侵犯の被害相談を受け、救済手続を開始したケースは、平成22（2010）年度と比較し３倍以上となっており、全体のうちの78.7％をプライバシー侵害事案と名誉毀損事案が占めている。

　こうした状況を受け、独自の仕組みを導入しているSNSや掲示板・動画投稿サイトなどを運営する事業者もある。ニュースサイトを運営するある大手企業では、掲載記事につけられるコメント欄に、誹謗中傷などの不適切な内容が多数書き込まれるようになった。この事態を受け、専門チームによるパトロールや人工知能（AI）を活用し、不適切な投稿を判断する技術を導入し、１日平均で約29万件寄せられる記事への投稿のうち、約２万件を削除しているという。

　また、プラットフォーム側の工夫として、株式会社LINEのコーポレートサイトでは捜査機関からのユーザ情報開示・削除要請があったものの概要や、違反投稿の削除要請への対応状況などをレポートとして公開している。これらの活動は、情報モラルやリテラシーの啓発に役立ち、事業者の見解や意識を示すうえで有用である。

■インターネットを利用した人権侵犯事件の推移

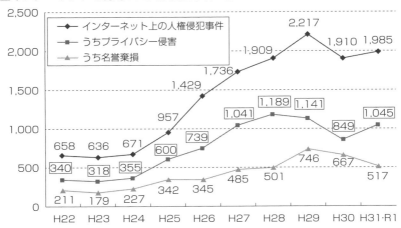

出典：法務省HP「平成31年及び令和元年における『人権侵犯事件』の状況について（概要）」

　もっとも、SNSなどのプラットフォームを提供するプロバイダ事業者の多くは、独自の判断で投稿を削除したり、アカウントを停止することには及び腰になっているのが実情である。プロバイダは削除申請があった場合、被害者の利益を守らなければならない一方で、投稿者の表現の自由にも配慮しなければならない。そのため、いわゆるプロバイダ責任制限法では、プロバイダに対し、①明らかに権利侵害が起きているといえる場合以外は削除しなくても被害者に対して責任は負わないこと、②権利侵害があるといえる場合には削除しても投稿者に対して責任は負わないことを定めている。しかし、自社の判断で削除した場合には、投稿者の矛先が自社に向くことも十分に考えられ、積極的なアクションを避けたいという意識から、明らかに名誉毀損やプライバシー侵害に当たるものも放置されていることが多い。

　現行の制度上、問題のある投稿を削除したい場合には、大まかに３つの方法がある。

　第１の方法として、投稿者に直接請求する方法が考えられる。投稿者に

■プロバイダ責任制限法

（特定電気通信役務提供者の損害賠償責任の制限及び発信者情報の開示に関する法律（平成13年法律第137号））

> 背　景
>
> インターネット上に他人の権利を侵害する情報が流通した場合、プロバイダ等は、以下のように権利を侵害されたとする者又は発信者から法的責任を問われるおそれがある。
> ①他人の権利を侵害する情報を放置　　　　→　権利を侵害されたとする者から損害賠償請求を受ける可能性
> ②実際は他人の権利を侵害していない情報を削除　→　発信者から損害賠償請求を受ける可能性
> ⇒プロバイダ等において「被害者救済」と発信者の「表現の自由」という重要な権利・利益のバランスに配慮しつつ、削除等が行えるようにするための法制度を整備するもの。

プロバイダ等の免責要件の明確化（法第3条）

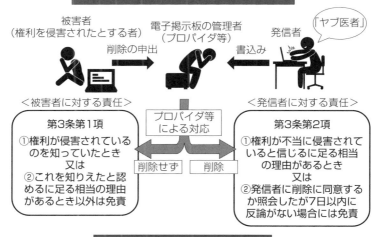

被害者
（権利を侵害されたとする者）

削除の申出

電子掲示板の管理者
（プロバイダ等）

書込み

発信者

「ヤブ医者」

＜被害者に対する責任＞

プロバイダ等による対応

削除せず　削除

＜発信者に対する責任＞

第3条第1項
①権利が侵害されているのを知っていたとき
又は
②これを知りえたと認めるに足る相当の理由があるとき以外は免責

第3条第2項
①権利が不当に侵害されていると信じるに足る相当の理由があるとき
又は
②発信者に削除に同意するか照会したが7日以内に反論がない場合には免責

発信者情報開示請求（法第4条）

開示請求（1項）
①権利侵害が明らかであり、かつ
②開示をうけるべき正当な理由がある場合

電子掲示板の管理者
（プロバイダ等）

発信者の意思の確認（原則）（2項）

「ヤブ医者」

発信者

被害者
（権利を侵害されたとする者）

開示されない場合

開示請求の訴え

裁判所

出典：総務省HP「インターネット上の違法・有害情報に対する対応（プロバイダ責任制限法）」法律の図解資料　概要

コンタクトをとれる場合には、一定の効果が見込まれる方法であるが、投稿者の理解を得られない場合もあるため、見極めを慎重に行う必要がある。事態を悪化させ、より多くの人に投稿を見られてしまう可能性もあるので、あえて直接やり取りをしないという判断も十分に考えられる。

　第2の方法として、SNSを運営する事業者やサイトの管理者などのコンテンツプロバイダに対し、削除依頼をすることが考えられる。サイト上に不適切投稿の削除申請フォームが用意されていることもあるため、これを活用することも考えられる。もっとも、コンテンツプロバイダの対応がされるかは確約されていないうえ、回答までに時間がかかることも想定しなければならない。また削除対象してほしいのはどの記事・投稿か、権利が侵害されている理由は何か、背景事情としてどういったことがあるかということを自身でサイト側に伝えなければならないので、不慣れであると十分に伝わらず結果として記事などが削除されないままになることもある。

　第3の方法として、個人での対応に限界がある場合は、弁護士に依頼し法的手段をとることになる。この手段をとる場合は、基本的に削除をするだけでなく損害賠償請求も併せて請求することになるため、問題のある投稿をした者が誰であるかを特定する必要がある。そのためには、以下の要件のいずれにも該当している必要がある。

■プロバイダ責任制限法4条1項より抜粋

- ●1号：侵害情報の流通によって、開示を請求する者の権利が侵害されたことが明らかであるとき
- ●2号：当該発信者情報が、開示請求者の損害賠償請求権行使のために必要である場合、その他発信者情報の開示を受けるべき正当な理由がある場合

　さて、現行の制度上、発信者を特定するための法的な手続は概ね次ページの図のような流れとなる。

　まず、SNS事業者などのコンテンツプロバイダに対しIPアドレスなどの

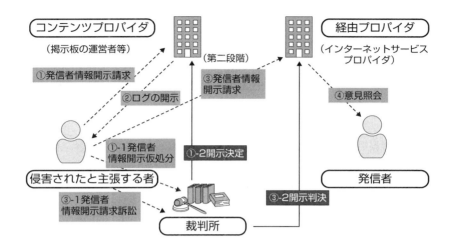

開示を請求し、問題のある投稿をした発信者の特定の糸口となる情報を得る（①）。SNSや掲示板に問題の投稿が複数ある場合には、それぞれにつき請求を行う必要があるため、対応が複雑になる。近年ではログを記録・保存していないコンテンツプロバイダも出現しているため、発信者の特定に限界があると指摘されている。

　次に、通信キャリアや接続サービス事業者などのアクセスプロバイダに対し、①で特定した対象者の情報やログを削除せずに保管しておくように手続をする（②）。現行の法律上、プロバイダ側に対する保管期限は設けられておらず、3～6か月程度保管したのちに消去する運用となっている場合が多い。そのため、証拠となる情報を削除されないように保全する必要がある。

　そして、具体的に発信者が誰であるか、住所や氏名などの情報を開示するように訴訟上で請求する（③）という流れとなる。ここで訴えが認められれば、ようやく発信者を特定することができるのである。請求が認められた結果として得られる情報の内容は省令で定められており、プロバイダ側から開示されうる情報は以下のとおりである。なお、電話番号については、昨今の情勢を踏まえ、2020年8月31日付けで開示対象に追加される旨

公布され、即日施行となっている。

氏名・住所・電話番号・メールアドレス・IPアドレス・携帯電話端末のインターネット接続サービス利用者識別符号・SIMカード識別番号・アクセス年月日・アクセス時刻

　この情報に基づいて損害賠償請求をする場合は、さらに発信者を相手取り訴訟を提起するなどの対応をとらなければならない。慰謝料の相場としては、被害の程度や内容により変化するが、一般的には10 ～ 100万円程度とされている。

　以上のように、問題のある投稿をした人物を特定したい場合に踏まなければならない手順が多く、被害を回復するために時間も費用もかかってしまうという問題がある。

　なお、現行法上、プロバイダに対し投稿の削除申請をできるのは、本人か本人から委託を受けた弁護士に限定されている。過去、削除申請を代行していた業者が非弁行為と認定された事例もあるため（東京地裁平成29年2月20日判決）、依頼先の選定にも注意が必要である。このような業者は弁護士に依頼するよりも安価であるため、特に個人が被害を受けた際に利用してしまいかねない。悪徳業者の場合は、実際には何も行わずに費用のみを請求するということもある。誹謗中傷の被害を受けた際には、藁にもすがりたい気持ちになり、このような業者を利用してしまいかねない。早く対応しなければと精神的に追い詰められてしまうこともあるだろう。また、弁護士に依頼することには高い心理的なハードルを感じてしまうかもしれない。しかし、違法な業者に依頼することで、余計に高くつく可能性もあることに注意する必要がある。

4 改正の動き

　総務省では、2020年4月から12月の間に、計11回にわたり発信者情報開示の在り方に関する研究会を開催した。その最終とりまとめでは、現行の

裁判手続に加え、より簡便でフレキシブルな運用ができる非訟手続も新たに併置するという方針が示された。中間とりまとめ案の段階では、現行の訴訟手続を廃止し、新たな制度に変える方向で検討されていた。しかし、表現の自由やプライバシーなどの批判的な意見が多数あったため、手続の選択肢を増やす形となった。

　非訟手続の具体的な制度設計についてはまだ議論が残されているが、1回の手続で発信者を特定するために、裁判所による命令を活用するという案も検討されている。つまり、前述でいう①、②の手続を命令（非訟手続）で行い、さらに「コンテンツプロバイダが保有する発信者情報を、被害者に秘密にしたままアクセスプロバイダに提供する」という命令と一体的に行うというものである。1つの手続で発信者を特定し被害者の円滑な権利回復と、発信者のプライバシー保護の両立を実現することが期待されている。

　制度的な検討に加え、業者が独自で行う任意開示がより円滑になされるように、民間相談機関の充実や、裁判事例をガイドラインとして集約すべきという意見もある。また、前述した発信者情報の特定に限界がある事例に対応するため、有識者の知見を集約する場の立ち上げについても言及されている。種々の検討について、今後の動向を見守りたい。

2　今後の課題

　以上、法改正や制度改革の動きをみたが、これはあくまで誹謗中傷がなされた場合の事後的な解決策である。結局は被害者が法的手段をとることが前提となっており、依然として個人が救済を求める場合のハードルは高いといえる。そのため、誹謗中傷的な投稿の抑止にどれほどの効果があるかは不明である。

　他に考えられる対策としては、インターネットの利用を実名にすることが挙げられる。掲示板を利用する際に本人確認を導入することで、悪質な投稿を制限することを目的としている。これは、過去に実際に韓国で導入

された政策であるが、表現の自由を不当に制限するとして、違憲の判断がなされている。また、誹謗中傷の抑止に効果があると見込まれていたが、萎縮効果により一般の書き込みは大幅に減少したものの、誹謗中傷の投稿率に影響はなかったという研究結果が出ている。そのため、日本での導入は現実的ではないだろう。

　あるいは、プロバイダ側での管理を強化するという対策も考えられる。実際に、ドイツでは、プロバイダに対し、ヘイトスピーチ表現を24時間以内に削除するよう義務づけられている。しかし、これには前述のプロバイダ責任制限法の改正が必要であるうえ、監視機能が正常に動作していることが必要である。また、依然として誹謗中傷の投稿であるとの判断はプロバイダ側に委ねられることになるため、十分な定義づけが必須となる。

　すべての問題を解決できるものではないが、Showroomやマシュマロなどの対話型交流サービスでは、他者にコメントする場合に悪口や品のない言い回しをあらかじめ伏せ字にして発信するシステムを導入しているものもあり、プラットフォーム側による事前抑止の例として参考になる。

　2020年4月には、Tik TokやTwitter、Facebook、LINEなどのSNS運営事業者を中心とした一般社団法人ソーシャルメディア利用環境整備機構も立ち上がり、ヘイト的な投稿に反対する旨の緊急声明を発出する動きもあった。同団体では、法務省・総務省などと一体となり、SNSのより良い利用環境実現に向けた#NoHeartNoSNS（ハートがなけりゃSNSじゃない！）という取り組みを行っている。同特設サイトでは、自分が傷つくような情報にはブロックやミュートをするといった対処法や、投稿を削除依頼する際の手順・相談先を紹介している。

　SNSに起因する被害の防止に向けて、今後活動の幅を広げていくことに期待したい。

　いずれにせよ、今すぐにできることとしては、個人の情報リテラシーのレベルを高め、炎上や誹謗中傷をしないよう注意をしながらインターネットを利用することである。

　また、企業としては、従業員を被害者・加害者としないためにも、SNS

利用上の注意について啓発する機会を設けることが重要である。具体的には、個人情報漏洩対策などの定期的な情報管理研修の際に、併せて個人のインターネット利用上の注意点についての内容を盛り込むことで、一定程度予防を図ることができるだろう。

〈参考文献〉
・東京弁護士会「LIBRA」2013年9月号　インターネット法専門講座「インターネット上のトラブルの概観と解決法」
・総務省HP「特定電気通信役務提供者の損害賠償責任の制限及び発信者情報の開示に関する法律第4条第1項の発信者情報を定める省令の一部を改正する省令の制定」
・総務省HP「発信者情報開示の在り方に関する研究会」
・総務省HP「インターネット上の違法・有害情報に対する対応（プロバイダ責任制限法）」
・山口真一「COVID-19で加速するネット炎上のメカニズムと社会的対処」
・株式会社LINE「TRANSPARENCY REPORT」
・一般社団法人ソーシャルメディア利用環境整備機構（SMAJ）

第9章 反社会的勢力・組織犯罪の動向と対策

代表取締役社長　熊谷　信孝

■はじめに

　今、世界は新型コロナウイルス感染拡大の脅威に晒されている。その脅威は、身体的な脅威にとどまらず、人間の心理の深い部分にまで影響を及ぼし、社会・経済のあり方を根底から覆しかねない状況にある。そのような中、反社会的勢力や特殊詐欺グループなど犯罪組織は、未曾有のコロナ禍でさえ「稼ぎの場」と捉え、不安の中にいる市民や事業者の心理を巧みに突いた新たな手口を次々と繰り出している。コロナ禍は犯罪組織との闘いでもあり、決してその跋扈（ばっこ）を許してはならない。

　例えば、資金繰りに苦しむ事業主らの不安につけこみ、政府系金融機関から融資を受けられるよう斡旋するなどと金融庁職員を騙って高額な手数料を請求する犯罪が増えているという。その背後に反社会的勢力の関与も疑われる事例も散見されている。助成金をめぐっても同様の構図が見られ、特別定額給付金も「貧困ビジネス」に悪用されかねないリスクを孕んでいる（実際にホームレスの囲い込みが激化しているという）。だが、融資や助成金の利用申し込みが急増する中、金融機関や行政が、膨大な件数の相談をこなしながら不正を見抜くのは容易ではない。本当に苦しむ事業者に必要な資金を行き渡らせることが緊急事態における金融機関や行政の役割であり、次々と打ち出される諸政策も理解できるが、膨大な事務処理に時間的圧迫が重なり審査が形骸化すれば、犯罪組織を助長しかねない。本当に必要な事業者のもとに必要なだけの給付金が間違いなく届くよう

に、迅速さの中にも的確な審査が求められるが、「言うは易く行うは難し」である。国税当局や警察などと連携し、事後的にでも相当数の無差別サンプリング調査を実施するといった方針をあらかじめ示すなど、不正をけん制し、実効性を少しでも高める工夫をすることが急務だろう。

　そのほかにも、コロナ禍が拡大する中、欧州諸国の医療・研究機関へのサイバー攻撃が相次いでいる。治療薬として特例承認された米の「レムデシビル」製造会社もターゲットとなった。感染者を治療する病院やワクチンの研究所がサイバー攻撃で機能が停止するなどの被害を受ければ、コロナ禍の収束が遅れる恐れがあり、金銭を支払ってでもコンピューターの復元を選ばざるを得ない状況が突かれたのだ。国内でも、事業者や消費者の不安や窮状につけ込むような休業店舗への窃盗事件や詐欺事案が多発、新型コロナウイルスに効くとうたって健康食品や薬を不正に販売する事例や違法広告が後を絶たない。外出自粛で路上販売が難しくなった一方で、インターネット通販に活路を見出した薬物販売は不安を抱える若者に浸透し、その問題の根深さと反比例するかのように、犯罪組織は莫大な収益を手にしている。

1　コロナ禍における暴力団情勢、反社会的勢力の動向

　暴力団などの反社会的勢力については、ご存知のように暴力団対策法（暴対法）や暴力団排除条例（暴排条例）を駆使した警察の取り締まり強化などで、従来のみかじめ料などの資金獲得活動（シノギ）が厳しくなり、これらの規制の対象とはならない「準暴力団（半グレ）」などを利用したみかじめ料の徴収や、半グレ自身に風俗店などを経営させて上納金をかすめ取ったり、覚せい剤・大麻・危険ドラッグといった違法薬物の売買などの従来からのシノギに加え、特殊詐欺など一般人も巻き込んだ詐欺からのシノギに力を入れるようになった。なお、違法薬物の売買については、売る方と買う方がお互い違法性を有し、認識・自覚することで摘発されるリスクを軽減できるものとされている。それに対して、警察や厚生労

働省地方厚生局麻薬取締部（いわゆる麻取（マトリ））もまた取り締まり強化で対応している。

　そのような中でのコロナ禍では、暴力団は高齢化が進んでおり、基礎疾患（入れ墨や薬物濫用の影響による肝臓などの持病）を持つ者が多く、六代目山口組と神戸山口組の特定抗争指定暴力団への指定により概ね5人以上の集合が禁じられ、「3密」状態で行われる会合や密談もできなくなるなど、組織維持と運営に苦慮しているのは、ある意味で一般の会社と似たところもある。大きく違うのは、自らのシノギで生計を立てること、上部団体への上納をしなければならないこと、コンプライアンスを考慮することなくシノギの手段を考え実行できる、ということである。

　コロナ禍にあって、特定抗争指定と感染拡大による活動自粛は、じわじわとダメージにつながっている状況も見受けられる。さらに、統制が効かなくなるおそれにとどまらず、コロナ禍によって、資金獲得活動のメインである繁華街などへの外出自粛が求められ、資金源が急激に細っている現実もある。コロナ禍は、これまで貧困暴力団や少子高齢化、半グレの台頭といった形で表れてきていた「暴力団のあり方」、「暴力団の定義」を根本から見直す動きを、一気に加速させる契機となるように思われる。

　このような状況にあって、暴力団は今のままの形で存続できるのか、犯罪収益に依存しない（犯罪組織でない）任侠道を追求する任意団体になるのか、あるいは、任侠道を標ぼうする犯罪組織という現在のあり方が、違法もしくは非合法な存在と捉え直されマフィア化（地下化／潜在化）するのか、暴力団という現在の組織形態は雲散霧消し、半グレのようなより柔軟な犯罪グループが反社会的勢力の中核となっていくのか、その答えが出るのはそう遠くないのではないか。

　一方で、企業の実務における反社会的勢力排除は、社会の目線を強烈に意識した、「関係を持つべきでない」とするシンプルな判断基準に基づいて行われるという点では現在と変わりはないものの、その難易度はますます高まっていくことは確実である。

　それでは、コロナ禍において暴力団の活動が停止したかといえば、そんなことはあり得えず、表面的には最小限の活動の体裁を保ってはいるものの、その実、より必死に資金獲得活動に励んでいるというのが正しい認識といえる。コロナ禍の混乱に乗じて、人々や事業者の不安や恐怖を巧みに操り、細った資金源の穴を埋めるべく、新たな資金源を模索し続けている。

　例えば、政府は全国民に10万円の現金給付を行い、ホームレスやネットカフェ難民も受給対象に含まれたが、そうした社会的弱者から搾取する「貧困ビジネス」も横行した。過去にも暴力団関係者が、ホームレスを集めて住居をあっせんし、受給させた生活保護費をピンハネして逮捕される事件も発生している。あるいは、覚せい剤のデリバリーは路上で行われていたところ、外出自粛によってそれも難しくなった一方で、インターネット通販を活用することで新たな顧客を獲得している。もちろん覚せい剤の再犯率・依存性は極めて高く既存顧客は固定客として確保できたうえでの話となる。

　特殊詐欺では日々新たな手口が生まれ、高い摘発リスクを有する「受け子」や「出し子」は、金に困った人間を使って、摘発されればすぐに切り捨てればよい（トカゲの尻尾切り）。さらに、窮乏する人間の増加によって、その手配がより簡単になっているのも事実だ。また、主要な資金源となっているギャンブルも、コロナ禍において賭博場や裏カジノにおける「ハコ」は、摘発リスクの高まりとともに敬遠されることとなり、オンライン形式のカジノ・賭博で代替が可能になった。性産業も「ハコ」から「デリバリー」への流れや、SNSを活用して接点を拡大するなど、現状の資金獲得活動を「コロナ禍仕様」に仕立て直している状況である。

　以下、コロナ禍、そして今後の暴力団などのシノギとその対策について述べていく。

1 特殊詐欺

　新型コロナウイルスの感染拡大で社会活動が大きく制限されている中で

も、特殊詐欺グループをはじめとする詐欺グループなどの犯行が活発化していた。外出自粛によって、高齢者や若年層に限らない幅広い年齢層が在宅していること、コロナ禍で収入が減り困窮していることなど、不安や混乱が広がる状況は、詐欺グループにとって絶好の機会ともなった。コロナ対策として行われる各種助成金などに関わる申請などに関連する詐欺、コロナ禍における不安や混乱につけ込む詐欺・悪徳商法が横行した。

　コロナ対策の助成金に関しては、10万円給付金申請や受給資格がない人への持続化給付金の不正受給を持ちかける手口の特殊詐欺が横行し、暴力団や半グレの関与も多数見受けられた。なお、国民生活センターには、当時、以下のような相談が寄せられた。

■給付金などの詐欺が疑われる相談事例

- 「給付金申請手続を代行するのでマイナンバーカードを貸して」と電話があった
- 自治体の職員から「特別定額給付金の申請を代行する」と電話があった
- 自宅に自治体を名乗り「給付金の手続サービスをする」と電話があった
- 「給付金の受付番号が届いていない」と電話があり、振込先銀行口座を教えた
- 「手続を急いでいる方」と書かれた給付金申請書がポストに入っていた
- 郵送で申請した直後にSMSが届き、口座番号や暗証番号を入力してしまった

■受給資格がない人への持続化給付金の不正受給を持ちかける手口の特殊詐欺の相談事例

- 友人から「サラリーマンでも持続化給付金が受け取れる」と不審な誘いを受けた

> ● 友人から「自営していることにして申請すれば持続化給付金がもらえる」と誘われた
> ● 知人から「事業主でなくても持続化給付金を受給可能」とうたうサービスを勧められた

　また、持続化給付金の不正受給問題が社会問題化している中、暴力団や半グレの関与も指摘されている。

> ● 福岡県警は、不正な申請や受給に関する相談が約100件に上ること、10 ～ 20代が申請したケースが約8割を占めることなどを明らかにしている。西日本新聞の報道によれば、「暴力団関係者から不正を持ち掛けられた」、「暴力団関係者から『申請しないか』と誘われ、さらに不正申請をする人を紹介するよう求められた」という証言も寄せられている
> ● 大阪府では六代目山口組系の組員が逮捕されている。報道によれば、暴力団員であることを隠して清掃業を行っているとうその申請を行い、持続化給付金100万円をだまし取ったとされている。この組員については、「緊急小口資金」制度を悪用し、現金20万円をだまし取った疑いでも逮捕されている

　持続化給付金に限らず、コロナ禍におけるさまざまな給付金・貸付金・支援金などの詐取も横行しており、そこに暴力団などの関与もみられている。

> ● 暴力団員であることを隠し、新型コロナウイルスの影響で減収した世帯を対象にした貸付金をだまし取ったとして、兵庫県警暴力団対策課と灘署は詐欺の疑いで、不動産コンサルティング業を営む六代目山口組系組員の男を逮捕している。報道によると、2020年4月以降、暴力団員であることを隠して新型コロナの影響で休業したように装い、兵庫県社会福祉協議会が貸し付ける「緊急小口資金」と「総合支援資金」を申し込み、5月から10月までの間、7回に

わたって計95万円を自身の口座に振り込ませた疑いが持たれている
- 新型コロナウイルス対策として福井県が支給する給付金「小規模事業者等再起応援金」をだまし取ろうとしたとして、福井県警福井南署と県警組織犯罪対策課、捜査2課は、詐欺未遂の疑いで六代目山口組系組員で菓子製造業の男を逮捕している。報道によると、福井県内で新型コロナ関連の給付金を巡る事件の摘発は初めてで、本制度でも誓約事項に暴力団排除規定が明記されているにもかかわらず一般県民であるかのように装い、申請書類を県庁宛に郵送し、職員らをだまして応援金10万円の交付を受けようとした疑いがもたれている。同署が福井県暴排条例に基づき、同事業申請者の照会をしたところ容疑がわかったとのこと

　これらに見られるように、給付金などの手続に必要などとウソの説明をしたり、自治体や給付金申請手続の代行などを騙り、自宅への訪問や電話、メールなどにより個人情報、銀行などの通帳や口座番号、キャッシュカード、マイナンバーカードなどの情報や金銭を搾取しようとする手口が横行した。持続化給付金の不正受給を持ち掛ける手口に関しては、持続化給付金は事業者（個人事業主も含む）に対して支払われるものであり、事業を行っておらず受給資格がないサラリーマンや学生、無職の人が、自身を事業者と偽って申請することなどは犯罪行為（詐欺罪）にあたる。実際、この誘いに乗った者も罪に問われる事例も多発している。自分が詐欺に加担してしまうと、刑法第246条の詐欺罪に問われ10年以下の懲役（組織的な詐欺なら、組織犯罪処罰法違反（詐欺）となり1年以上の有期懲役）に処されることとなる。

　コロナ禍の不安や混乱につけ込む詐欺や悪徳商法については、「コロナ」、「マスク」、「消毒液」などのキーワードをちりばめられた「だまし」が増加した。以下のような事例が挙げられている。

■だましによる詐欺・悪徳商法

- 「マスクを無料配布する」などのメール・SNSや行政機関を騙った電話などで、個人情報や銀行口座番号・クレジットカード番号などを搾取しようとするケース
- 「行政からの委託で消毒に行く」という電話がかかってきた
- 頼んでいないマスクが届いた
- 水道管が新型コロナウイルスで汚染されているので清掃しますという電話やメールがきた
- 保健所を名乗る男から「コロナの検査キットを送りますので家族構成を教えてください。」などの電話があった
- 特別にPCR検査が受けられると電話があった

　公的機関や実在する企業名などを語り、家族構成や資産状況、所在確認をしようとする不審な電話のことをアポイントメント電話という。このような不審な電話は、振り込め詐欺や還付金詐欺、強盗事件（アポ電強盗）などのきっかけとなることがあるので注意が必要である。

　海外でもこの手の犯罪は後を絶たない。オーストラリアでは、新型コロナウイルスの感染防止のために外出規制が行われる中、自宅で孤独を感じる人々の心に付け込み、子犬の販売を装って前金など金銭をだまし取る行為が急増しているとして、当局が注意を呼び掛けているとの報道があった（2020年5月19日付時事通信）。その手口は外出規制に伴って購入前の犬に会いに行けないことを利用し、虚偽のサイトやネット広告を使って、トイプードルやフレンチブルドッグなど人気のある犬の販売を装い、前金などを求められるもので、実際に支払った後に連絡が取れなくなるというものである。オーストラリア競争・消費者委員会（ACCC）によれば、このような子犬の販売を装った詐欺の被害金額は2020年上半期だけですでに約30万豪ドル（約2,100万円）と、2019年の36万豪ドルを超える勢いとなっており、特に4月には報告件数が通常の約5倍に増えたという。コロナ禍が詐欺を容易にしてしまう構図は万国共通であり、さまざまな手口に関する

情報が世界中で共有される状況がある。

　ここで、特殊詐欺被害を防止したコンビニエンスストア（コンビニ）などの事例や取り組みを紹介したい。

　2020年11月2日付産経新聞で、特殊詐欺の被害を開店から4年で5度も防ぎ、地元の警察署から表彰された福井市内のコンビニが紹介されていたが、その秘密について、「最新の手口を知り、スタッフと共有したうえで、客の表情などの不審点を見逃さない注意深さが重要」と話していた。「新たな詐欺の手口については事務所内だけでなく、お客さんにも見える店内にも掲示」、「もっと詐欺の内容を知って、被害を避けてほしいから」との思いからだとの話もまた興味深い。特殊詐欺被害を未然に防止するために事業者や従業員にできる5つのポイントと、参考までにコンビニなどで被害防止に成功した事例をいくつか紹介する。

■特殊詐欺被害を未然に防止するために事業者や従業員にできること

（1）事業者による組織的な教育の実施
（2）「怪しい」、「おかしい」、「違和感がある」といった個人のリスクセンスの底上げ・発揮
（3）店長と店員の良好なコミュニケーション
（4）警察との密な連携
（5）「被害を防ぐ」という強い使命感に基づく「お節介」なまでの「声をかける」勇気を持つこと

■特殊詐欺被害防止に成功した事例

●80代の男性が「3万5,000円分の電子マネーカードを買いたい」と来店、理由を聞くと「パソコンが動かなくなり、画面に出た電話番号にかけたら、電子マネーカードの番号を聞かれた」と話したため、不審に思って警察に通報し被害を未然に防止した
●70代の男性がパソコンのセキュリティー対策費用として10万円分の電子マネー購入を要求された際、「封筒に入ったお金を持参し

たのでおかしい」と思い、特殊詐欺を疑い110番通報して被害を未然に防止した

- 通話しながら来店した70代男性に電子マネーの買い方を尋ねられ、相手から指示されているような様子に詐欺を疑い、店長と店員は「だまされています」と男性に伝え、店長が代わりに電話に出るなどして被害を防いだ

- お店を訪れた女性客がネットで誤って購入手続をした商品のキャンセル料として15万円を払うよう求められたことを店員に相談、店員が女性に支払わないよう説得し、特殊詐欺を未然に防ぐことができた

- 特殊詐欺の被害を防いだとして、港南署は横浜市港南区の港南台駅前郵便局に感謝状を贈っている。「ATMからの振り込みができない」という70代の女性の相談に局員が応対、女性がスマホの着信を気にしている様子から「詐欺ではないか」と感じ、目的を尋ねたところ、「動画サイトに登録され、今日中に35万円を払わないと裁判になる」などと女性は説明したため、警察署に通報し、署員が事情を聴いて詐欺だと判断した

- 長野県警長野中央署は、特殊詐欺事件の容疑者逮捕に貢献した運輸会社の社員3人に感謝状を贈呈している。報道によれば、若い男から電話で同社に配車依頼があったものの、非通知設定で番号を聞いても男が答えなかったことなどから、不審に思った男性が同署に通報。さらに男が指定した商業施設の駐車場にタクシーを配車、その場に署員が駆けつけ、タクシーに乗り込もうとした男に職務質問したところ、長野市内でキャッシュカード4枚を盗んでいたことが判明した。窃盗の疑いで緊急逮捕し、現金引き出しを未然に防ぐことができた

　コロナ禍では、若年層だけでなく中高年層においても、金銭目的からSNSの闇バイト募集に応募してしまった事例は後を絶たない。同様の理由で給付金の不正受給に手を出してしまった事例も多い。インターネット上

で簡単で単純なアルバイトとうたう広告や友人からの誘いについ手を出してしまいやすく、検挙率の高い「売け子」や「出し子」などのリクルートが従来より容易になっている状況が生じた。

一方で電子マネーを悪用した特殊詐欺を防ぐため、和歌山県警は県内のコンビニ各社に対し、高齢者が高額の電子マネーを購入しようとした際には精算前に警察へ通報するよう協力を依頼している。電子マネーを悪用した詐欺は、犯人側にとっては、コロナ禍の中、移動することなく電話一本で現金をだまし取ることができるメリットがあるとみられ、コロナ禍では特に多発したが、それに対抗すべく水際対策の強化がなされている。警察と連携するなど官民挙げて特殊詐欺を未然に防ぐ努力も求められているといえよう。

なお、在宅勤務中に自宅にかかってきた電話に出たら、このような不審な電話だったという事例も散見された。企業としては、従業員がこのようなことに関わってしまうことや、巻き込まれてしまうことに十分注意することも必要だ。在宅勤務に関係する各種規定の整備はもちろん必要だが、情報セキュリティや特殊詐欺をはじめとする各種犯罪・トラブル、薬物などに関する啓蒙をあらためて行いたい。従業員自らが犯罪に加担しないこと、犯罪に巻き込まれないこと、反社会的勢力などによる犯罪組織を助長することのないよう、企業としてしっかりと対策を講じていく必要がある。

2 違法薬物の販売

コロナ禍における外出自粛や深夜の飲食店の休業などで人目を避けての受け取りが難しいことから、違法薬物の販売はインターネットを通じて拡がりを見せている。インターネットやSNSで隠語を使って注文し、自宅までデリバリーするようなケースが増加している。特殊詐欺の「受け子」役のように自分たちに足がつかないように一般人を使って届けさせる事例もある。薬物の場合は、売る方も買う方も罪に問われる。そのため、買う方から警察に通報されるリスクが少ないという点や、覚せい剤と聞くと初め

ての人は抵抗感があるものの、以前流行したようなハーブのような名称や電子たばこのカートリッジ商品として販売すれば、常習者はもちろん、初めての人であっても抵抗感が薄れ、購入しやすくなるため、シノギ化することも容易になっている。

　先日、大麻密売グループの指示役で、特殊詐欺の受け子グループのリーダー格でもあった住吉会幸平一家傘下の組員が、大麻を営利目的で所持した大麻取締法違反の疑いで警視庁に逮捕されるという事件があった。2020年２月、東京・国立市の知人の家で乾燥大麻など524グラム、末端価格260万円相当を営利目的で所持した疑いがもたれているといい、この量は、およそ1,050回分の使用量にあたるとのこと。

　また、薬物事犯では大麻の若年層への蔓延が深刻な問題となっているが、コロナ禍に伴い、なかなか外出できない若者が興味本位からネットで情報を集め、売人から大麻や覚せい剤などの薬物を入手し、乱用へと進んでしまう例も後を絶たず、ついには薬物にはまるだけでなく自身の購入資金を稼ぐため売人になってしまう10代から20代の若者が増えている。オレオレ詐欺などの高齢者を狙った特殊詐欺や売春、薬物の密売が暴力団の大きな資金源となっているところ、若者を実行犯に仕立てあげ、収益源を自己増殖する形で犯罪収益を得る構造が共通化してきている。薬物乱用者を売人として仕立て、仲間や周辺の若者たちへと密売が拡がる様はまさに「大麻感染症」であり、その負の連鎖を断ち切るための警察やマトリ（厚生労働省麻薬取締官）らによる徹底的な取り締まりなどの取り組みが急務だといえる。

　ウィズ／アフターコロナにおいても、働き方改革の一環で在宅勤務が増えてくれば、安易に違法薬物を購入してしまい、さらに個人情報も悪用される可能性も考えられる。いかにそのような手口や誘惑に負けないようにすべきか、このような視点からも、改めて従業員への注意喚起とコンプライアンス意識の啓蒙・教育が必要となっている。

3 インターネットカジノ

「裏カジノ」とは、国内で違法に運営している賭場のことである。裏スロ、インカジ、バカラなど違法ギャンブル全般を指すことが多く、バカラやルーレット台があって、本場のカジノのように遊ぶことができる場所である。また、「インカジ」とは、国内のインターネットカジノ店を指し、海外のオンラインカジノのソフトウェアを使い、国内の店舗でお客にギャンブルを提供する店のことである。一方で、オンラインカジノは基本的に海外の政府発行のライセンスで、現地で適法に運営されているカジノのことである。賭博禁止といえども、現状日本の法律では裁けないため、日本国内でプレーすることについての違法性には議論がある。

賭博をした客は、刑法185条（単純賭博罪）か、刑法186条1項（常習賭博罪）に問われる可能性がある。ギャンブルをしたら50万円以下の罰金、常習性をもってギャンブルをしたら3年以下の懲役が科される。店員は、刑法186条1項（常習賭博罪）や刑法186条2項（賭博場開帳等図利罪、同幇助罪）に問われる可能性があり、賭博場を開いたり、人を集めたりした者は、3か月以上5年以下の懲役に処される。

「裏カジノ」の中でもバカラ、ルーレット、スロット賭博などの摘発が、コロナ禍では相次いで報道された。これまではリアルな空間として、マンションや事務所を改造して利用し、会員制で1～2か月おきに場所を変えて摘発されないようにしていた。

だが、コロナ禍によって家宅捜索のリスクと家賃などの支払いを避けるためにも、ネット空間を使った賭博（インターネット賭博、ネットカジノなど）にシフトしていく動きが加速した。

また、各種スポーツも観客数を制限して、テレビ放映やインターネット配信が続いたが、インターネット上での野球賭博などのスポーツ賭博や公営ギャンブルである競馬、競輪、競艇などでインターネット使ったノミ屋などが増加した。アナログな手法の昔気質のやくざというよりは、半グレやその関係者がデジタル技術を使って、現金ではなく、デジタル決済化を

進めている状況だ。世界では、2018年にアメリカの連邦最高裁判所が野球、バスケットボール、アメフトなど、スポーツ賭博の解禁を認める判断を下しており、ヨーロッパやアメリカなどではスポーツ賭博可能な国がある。日本ではスポーツ賭博は認められない方針ではあるが、海外のサイトを利用することは可能である。

　利用者にとっても、自宅に居ながらにして気軽に参加できることから、以前のような罪悪感がなく、ましてや外出自粛でのストレス発散に加えて一獲千金も狙えるとなれば、利用者の増加や投入金額の増加など、まさに良いシノギになったようである。

4 闇金ビジネス

　新型コロナウイルス感染拡大に関する国の緊急事態宣言の期間が延長され、資金繰りの懸念がさらに強まる中、さまざまな手法で資金繰りを支援するサービスが広がった。「少しでも早く手元に資金を」という中小企業の切実な声に応えようと、入金待ちの請求書などの売掛債権をオンラインで買い取って即日に現金化するファクタリングや、不特定多数の人からインターネットで資金を集めるクラウドファンディングを活用して、地域の飲食店の資金繰りを支援する取り組みもみられた。

　とりわけ、ファクタリングについては、悪質な給料ファクタリングが社会問題化した。「給料の前払い」、「ブラックでもOK！」などと手軽さをうたいつつ、多額の手数料をとられたり、違法な取り立てにあったりする被害が目立った。給料ファクタリングは、利用者が給料を受け取る権利の一部を給料日前に業者に額面より安く売り、給料日に額面どおりの現金を支払うものである。「生活が破綻する恐れがある」として、金融庁も警戒を呼びかけており、逮捕者も出ている。

　失業して借金の返済が滞ったため、給料ファクタリングを使用した事例や、新型コロナウイルスの影響で収入が減り、給料ファクタリング業者から融資を受けた事例などが国民生活センターに寄せられた。そもそも、賃金業法上、給料ファクタリングを業として行うことは賃金業に該当すると

考えられているため、無登録で行っている業者は「ヤミ金」である。また、給料ファクタリング業者に「利息ではなく手数料」などと説明されても、実態としては利息と同じである。

　賃金業の上限金利は賃金業法のほか利息制限法と出資法で定められており、利息制限法第1条に規定する割合（年15〜20％）を超える利息の契約をしたときは、その超過部分の利息が無効であり、出資法の上限金利（年20％）を超える金利は刑事罰の対象となっている。給料ファクタリングでは、年率換算で数百パーセントもの法律の上限金利を大きく超える手数料を請求される事例が見られた。利用する際に、勤務先や家族の連絡先を聞き出され、取り立てに悪用されているケースも見られた。集団提訴となったケースもあり、「給料ファクタリング」の実態は貸金で、不当に高い手数料に基づく契約は無効として、利用者9人が東京都内の業者に計約436万円の返還などを求めて東京地裁に訴えを起こした事例もあった。報道によれば、原告は給料ファクタリングについて、給料をもらう権利の売買ではなく、実態は貸金だと指摘、手数料の多くは金利に換算すると年率300％前後に上り、「民法で定める公序良俗に違反し、無効だ」と訴えている。

　要するに、ファクタリングという仕組が「犯罪インフラ化」してヤミ金へと変化してしまったと指摘できる。どこの会社のどの部署で働いているのか把握した状態で「借金の代わりにこの会社の情報を見させてくれませんか」というようなうまい話を持ち掛けてくる可能性も否定できない。在宅勤務で会社の人の目がない中だと資料を持ち出してしまうことも考えられる。

5 闇サイト

　上記で述べてきた特殊詐欺、違法薬物の売買、裏カジノ、ヤミ金ビジネスなどは昔から「伝統的資金獲得活動」といわれ、反社会的勢力の代表的なシノギであった。最近では、反社会的勢力の色を出さずに一般人を利用してインターネットで行うことも多い。以前は電話ボックスやトイレなど

にチラシを貼って宣伝していたものだが、インターネットを利用すれば、拡散が容易でコストも安く、さまざまな人が閲覧するところに掲載することができれば、いくらでも被害者が引っかかる構図ができあがっている。インターネットの普及とともに、反社会的勢力のシノギもインターネットへと移行していることが指摘できる。

その流れに伴い、インターネットやSNSの犯罪インフラ化が深刻化している。拳銃をはじめ麻薬や違法薬物、児童ポルノやリベンジポルノの映像や画像、偽造クレジットカードなど、ありとあらゆる違法商品の取引を支えているのが、闇サイトやダークウェブと呼ばれる犯罪インフラである。ここは、特殊詐欺の「受け子」など闇バイトとして犯罪グループのリクルートに使用されることもあり、実際に特殊詐欺やアポ電強盗などが実行された。若者の「受け子」の多くは軽い気持ちで、アルバイト感覚で応募しており、勧誘する側もツイッター上や闇サイト上で、高収入、即日稼げるなどの謳い文句で具体的な内容は記載せずに募集をかけている。

指示役の名前も顔も知らない、「受け子」が指示役とのやりとりに使うアプリはすぐに通信履歴が抹消されてしまい、無人ATMから被害者自身が操作して送金させるなど、摘発には多くの壁が立ちはだかる現実もある。また、こうした闇サイトやダークウェブによる決済の多くは暗号資産（仮想通貨）が使用されており、暗号資産の匿名性の高さが摘発を難しくさせている。

2　コロナ禍において従業員を守るために

これまでは、コロナ禍において多様化する暴力団のシノギについて紹介してきた。最後に、企業として従業員を反社会的勢力リスクから守るためにできることと、すべきことをお伝えしたい。

暴力団などの反社会的勢力は、このほかにも、様々な形でシノギのネタを模索していること、このような異常な、混乱した時期に乗じて企業や個人をターゲットにしていることを厳しく認識すべきである。だからこそ、

これまで以上に厳格な顧客管理を徹底していくこと、社員への教育・研修の重要性を再認識していただくことが必要だ。

　違法薬物を例に挙げると、ドラッグ乱用者の行きつく先は、「１：３：３：３」といわれている。つまり１割は命を失い、３割は刑務所か精神病院に、３割は行方不明、残り３割がなんとか専門家や自助グループ、医療機関の助けを受け、その回復へと向かっていくという意味である。この残りの３割でもすべての人が薬物依存症から回復できるとは限らず、それだけ厳しい現実があることを、まずは従業員に知ってもらうことが、従業員を守ることの第一歩となるであろう。

　他にも、在宅勤務に伴う従業員の「犯罪インフラ化」防止の視点としては、社外の便利なサービスを社員が勝手に業務に利用する「シャドー（影の）IT化」が進んでいる点を厳しく認識する必要がある。「シャドーIT化」が進むと、簡単に突破されるIDとパスワードを用いたり、誤って社内文書をネット上に投稿したりする可能性も高まるなど、企業にとっても重大なリスクに晒されることになる。企業としては、「シャドーIT化」を防止するために、明確な利用ルールやガイドラインを設定すること、社員も利用ルールを順守して相互の意識を深めることがより重要となっている。

　特殊詐欺の被害防止においては、「確証バイアス」（無意識のうちに自分に都合のいい情報、自分の主張を後押しするような情報ばかりを集める傾向のこと、思い込み）からいかに逃れられるかがポイントの１つとなる。

　警察庁の調査によれば、「自分は被害に遭わないと思っていた」と回答した割合は、被害者が78.2％、事業者の協力により被害に遭わなかった者が78.0％、家族・親族が見破り被害に遭わなかった者が71.5％と、自ら見破った者の56.8％よりも高い数値を示した。被害者の多くは被害に遭う可能性を過小評価する傾向がある。また、被害者、事業者の協力により被害に遭わなかった者、及び家族・親族が見破り被害に遭わなかった者については、その約７割が通話中に犯人側からトラブルの内容を聞かされる前にすでにだまされており（電話を受けた時点でだまされている）、だまされ

た理由として「声がそっくりだったから」が最も高い割合を占めていると
いう。

　確証バイアスの怖さは、「自分はだまされるわけがない」との強い思い
込みから、子供や孫以外の人間であるにもかかわらず「脳内で変換され
て」本人であると思い込んでしまうところにあり、そもそも電話を受けた
段階で本人と信じてしまう点が非常に恐ろしい部分でもある。

　さらに、だましの電話を受けた際の心理状況について、被害者および事
業者の協力により被害に遭わなかった者の大半が「自分がお金を払えば息
子を救えると思った」、「親族が起こしたトラブルを聞いて、驚いた」、
「『今日中に』などと時間を区切られたので焦ってしまった」などと回答し
ており、だましの電話を受けた際に冷静な判断ができなくなっていること
がうかがわれる。これらを踏まえると、だましの電話を受けた際に確実に
見破ることは難しく、また、いったんだまされてしまうと、冷静な判断が
十分に期待できないことから、結論からいえば、犯人からの電話に出ない
ことが最も重要である。

　具体的な対策として、迷惑電話防止機能（過去の迷惑電話をブロックす
る、「録音しています」とメッセージが流れるなど）を有する機器の活用
などが有効である。また、渦中に直接耳に情報を届けるのではなく、「自
分のペースで」、「スピーカーを通して」録音を聞くことで冷静な判断が可
能になるという。それに加え、録音設定にしておくと証拠が残るため、犯
人側は録音を嫌うことから、そもそものアプローチを遮断することにもつ
ながる。とっさの場合や確証バイアスに囚われている人間に何を言っても
その「思い込み」を排除させるのは難しく、犯人側もその心理状態を見越
して畳み掛けてくる状況を鑑みれば、そもそも「怪しい電話には出ない」
ことが最善の策であり、留守番電話設定にしておくことが対策として有効
である。

　例えば、このような内容を従業員に周知することを検討してもよいだろ
う。自らやその親族が犯罪などに巻き込まれないために企業として取り組
めることもあるのだ。そのうえで、社内規定などでしっかりとルールを定

め、それを社内に周知することも重要だ。例えば、万が一従業員が反社会的勢力と関わりを持ってしまった際にはどこに相談すべきか、といったもしものときのためのフローも定め、周知することが大切だ。従業員が反社会的勢力との関わりを持つことを未然に防ぐことはもちろん重要だが、完全に排除できるわけではない。従業員が相談しやすい環境づくりが必要であり、企業としても、従業員の日々の業務の様子から、おかしな兆候や反社会的勢力との関わりの端緒などを発見した場合には、見過ごさずに組織的に対応をすべきだ。

　反社会的勢力が何を考え、何を狙い、どのような手口でアプローチしてくるのかといった行動様式、あるいは、実は反社会的勢力は企業の身近なところにいる、ということを改めて認識し、しっかりと社内に周知すべきだ。以下に社内周知の成功例を紹介する。

1 銀行における未然防止例

　海外の資産家などを装い、SNS上で親密になった女性をだます「国際ロマンス詐欺」が後を絶たない。2019年秋ごろから北海道や熊本県などで男女数十人の被害が確認され、被害総額は1億円を超えるという。一方、その「国際ロマンス詐欺」を見抜き、被害を防いだ銀行員が神奈川県警加賀町署長から感謝状を贈られた。

　報道によれば、横浜市の女性（81）は、「イラク戦争に従軍したときの金を元手に日本で商売をしたい。金庫を送るので預かってくれないか」というメッセージをSNSで受け取り、「空輸の際にかかる保険費用6,800ドル（当時約73万円）」の振り込みを求められたため同店に行ったところ、同行員は振込先がトルコの会社であることを不審に思い警察に通報、事件が発覚したというものだ。銀行では、「国際ロマンス詐欺」の手口について周知しているところも多く、そのような積み重ね（平時からの備え）が重要であることがよくわかる。

　また、銀行の窓口に来店した市内在住の50代の女性客から、「SNSで交流している男性に約200万円を振り込みたい」との要請があり、男性はクルーズ船に乗船している医師であり、3月ごろから連絡を取り合っている

らしいなどと話を聴くうちに、女性行員は、振込先の口座名義などに不審点を感じ、思いとどまるよう説得して未然防止につながったという事例もあった。

　報道によれば、その日の朝の勉強会で行員らが国際ロマンス詐欺について学んだ矢先だったということだ。本件は決して偶然ではなく、日頃から被害防止のための研修・意識づけを継続的に実施してきた組織としての成果という評価ができる。

2 反社会的勢力排除の取り組みとその課題

　反社会的勢力排除の企業の取り組みは、まだまだ全体的に十分なものとなっていない。まず、企業がそもそも反社会的勢力の実態を理解していないことがあげられる。つまり、彼らが何を考え、何を狙い、どのような手口でアプローチしてくるのかなどの行動様式、あるいは、実は反社会的勢力は企業の身近なところにいる、といった彼らの実態に対する認識の不足がある（さらに、コロナ禍における彼らの行動様式の変化にも着目する必要がある）。それとともに、自社にとって、関係を排除すべき相手としての反社会的的勢力の範囲・定義が明確でなく、そもそも排除すべき相手が明確でない状況がある。その結果「知らないうちに関係を持っているかもしれない」ということが実感できていないし、「認知」の取り組みも、コストや手間がかかるため、最低限の調査になってしまっているのが現実であろう。不十分な調査からは不十分な結果しか導かれないため、一層自社にリスクがあると認識できず、このような錯覚ともいえる状況が「負の認識の連鎖」としてできあがってしまっている状況にある。

　反社会的勢力と関係を持たないための態勢である「反社会的勢力排除の内部統制システム」の本質とは、企業が反社会的勢力を100％認知することは不可能との厳しい前提に立ちながら、反社会的勢力との関係の端緒を、組織的に、いつでも、どこからでも認知でき、それを見極め、速やかに排除できるための仕組みである。言い換えれば、日頃の業務遂行において生じる社内外のミドルクライシス（企業が内包する様々なリスクが対外

的に顕在化し、発展する前の姿）を適切に把握・認識し、それを契機として、自社の社内体制や業務プロセスの脆弱性の改善と相手方の実態確認を着実に実行していくことだといえる。

　そもそも内部統制システムの限界は「人」であり、その「暴排意識」や「リスクセンス」を高めるための教育・周知などの組織的な取り組みもまた重要である（コロナ禍によって反社会的勢力の行動様式や手口、態様などに変化が見られる以上、そのことを「知る」こと自体が重要であり、反社会的勢力と関係を持たないことや犯罪やトラブルに巻き込まれないよう、啓蒙をあらためて行うべきだろう）。そして、それらの取り組みを社風（統制環境）にまで浸透・定着させていくのに必要なのは、言うまでもなく「経営者の強い意志と関与、従業員への保証」なのである。

　企業の反社会的勢力排除の取り組みが形式だけ、表面だけで終わってしまうことこそ、反社会的勢力の思うツボである。実効性を欠いた「仕組みやルール」、役職員の「暴排意識」や「リスクセンス」やリスク認識・危機意識が、企業の置かれている状況（有事）に追いついていないという「社風」の醸成の遅れによって、企業は、反社会的勢力の侵入や従業員が犯罪やトラブルに巻き込まれる事態に対してあまりに無防備な状況にある。民間企業としてできる最大限の努力、強い危機感を持って、「仕組みやルール」と「社風」の両面から本腰を据えて取り組んでいただきたい。

　反社会的勢力排除を中心にその勘所を述べたが、組織犯罪対策としても通じることは多い。企業や従業員が事件・事故などに巻き込まれるなどしてダメージを被ることのないよう、今まさに注意が必要だ。

〈参考文献〉
・独立行政法人国民生活センターHP

第10章

ニューノーマルにおける危機管理

取締役副社長 主席研究員　芳賀　則人

■はじめに

　本章では、「ニューノーマルにおける危機管理」という切り口で考察する（なお、危機管理の範囲はかなり広いが、ここでは「企業におけるコンプライアンス・リスク管理」を主眼に据えて考察を進めたい）。

　まず、「ニューノーマル」とは何を指すかだが、一般的にはコロナ禍をふまえた「新しい生活様式」や「新たな価値観」に基づく「新常態」と捉えられている。それに加えて、急激な価値観などの転換を伴っていることから、「パラダイムシフト」とでもいうべき劇的な変化のイメージがあるようだ。だが、実はそうではない。その変化の行き着く先、すなわち「ニューノーマル」とは、本質的にはコロナ禍以前から見えていた「今後10年で変わるべき社会」であり、それが数か月という短いスパンで変わることを余儀なくされたに過ぎないということだ。

　すなわち、「ニューノーマルにおける危機管理」とは、これまでの危機管理（あるいは、コンプライアンス・リスク管理）のあり方や方向性をベースに、コロナ禍をふまえた新しい生活様式に適合すべき要素を加味したものといえよう。したがって、まさに今、コロナ禍を「中間総括」して、「ニューコロナにおける危機管理」のあり方を明確に見定め、次（次のコロナの流行、あるいは新たな未知なる感染症など）に備えるべきだと認識する必要がある。結論から言えば、コロナ禍を経験した「現場の知恵」や「リスク」、「従業員の本音」といった「現場のリアル」を徹底的に把握し、それをふまえた対策を講じること、それは「今」だけでなく、変

化に対応するために「今後も」継続的に取り組み続けることが求められていることを意味する。

　「ニューノーマル仕様の危機管理」に必要な情報や端緒は、すべて、常に、ほかならぬ「現場」にある。

1　コロナ禍はパラダイムシフトか

　「ニューノーマルにおける危機管理」のベースとなる「これからの危機管理のあり方」については、当社では、昨年（2019年10月）の段階で、「2020年の危機管理のあり方」を展望している。その主なポイントは以下のとおりだ。

- コンプライアンス・リスク管理のベースは、「本音」を引き出し「本気」で取り組むこと
- 変化に即応し、持続可能性を高めるため、「コンダクト・リスク」への取り組みが急務
- 変化に即応するためには、不祥事や訴訟・判例の動向／社会の要請の把握／海外の動向など、不断の情報収集が不可欠、「プリンシプルベース」の発想で取り組む必要がある
- 「経営理念」と「顧客本位」の浸透、「統制環境」改善が不祥事対策には不可欠
- 「心理的安全性」を確保して、本音の「対話」を（健全なコミュニケーション）
- 「過去から未来へ」、「形式から実質へ」、「部分から全体へ」、攻めの内部監査を
- 三線管理と事業部門の「リスク・オーナーシップ」、「自立的・自律的管理」の重要性

　前述したとおり、上記をふまえた形で、「ニューノーマルにおける危機管理」を展望する。なお、これらの具体的な内容については、以下、今後

の方向性を考察する過程で取り上げていくので、ここでは割愛する。

　さて、これらの「2020年の危機管理のあり方」を踏まえて、「ニューノーマルにおける危機管理」を読み解くキーワード（フレーズ）を挙げてみた。すべてを網羅することは難しいが、おそらく以下の事項に収斂されるものと考えている。今後の考察は、これらのキーワードが散りばめられているが、読者はぜひ念頭に置いて読み進めていただきたいと思う。

- ●スピード
- ●しなやかさ
- ●点から線、面へ（コロナ禍は「いかに世界がつながっていたか」を示した）
- ●世の中がNGならNG
- ●最適は次の不適応となりかねない
- ●2つの「じりつ」（自立・自律）
- ●歩行は思考を生む

　次に、実務上の重要な概念を挙げると、次の5つとなる。いずれもコロナ以前から語られ始めたものだが、コロナ禍によってその重要性が増したものだ。

- ●コンダクト・リスク
- ●デジタルトランスフォーメーション（DX）
- ●強靭化／レジリエンス
- ●サプライチェーン
- ●「人財」とHRRM（ヒューマンリソース・リスクマネジメント）

　それでは、まずはこの5つの概念についてもう少し詳しく考察していきたいと思う。

2 ニューノーマルにおける企業危機管理を読み解く キーワード

1 コンダクト・リスクへの対応

　コンダクト・リスクの捉え方（考え方）については、金融庁が2019年6月に公表した「コンプライアンス・リスク管理に関する傾向と課題」というレポートから、以下の部分を引用しておきたい（なお下線は筆者によるが、この部分が重要である）。

> 　潜在的な問題を前広に察知することで、将来の問題を未然に防止することは容易ではなく、様々な手法を試行し、それぞれの金融機関に適した手法を追求すべきと考えられる。また、<u>ルールの整備よりも、社会の目、社会の要請、対企業といった観点では各種ステークホルダーの要請といったものの方が、より早いスピードで変化している。</u>そして、そのような要請に反する行為に対しては、<u>たとえ明確に禁止するルールがない行為等であったとしても、それが不適切だとの見方が社会的に高まれば、容赦のない批判が寄せられ、コンプライアンス・リスクが顕在化し、企業価値が大きく毀損されることが起こり得る</u>ことから、経営陣を中心に想像力を柔軟に働かせつつ、企業価値の向上につながるコンプライアンス・リスク管理を実践すべく、継続的な検討を行っていくことが望ましいと考えられる。

　つまり、現時点で、法律はじめルールに明確に違反しているとまではいえないとしても、「世の中がNGならNG」であること、コンダクト・リスクをふまえた対応をしないと企業価値が毀損されるというものだ。まさに今、急激な変化への対応が求められている中、企業は存続していくこと、すなわち持続可能なビジネスモデルを構築する（再構築していく）ことが不可欠な状況だ。そのためには、社会の要請（社会の目線）を常に意識し、自らのビジネスモデルを絶えず検証し、改善・適応を図っていくこ

と、「世の中がNG」とするリスクとは何か、言い換えれば、コンダクト・リスクをいち早く察知し、迅速に対応していくことが極めて重要になるということだ。

　そもそも、ビジネスとコンプライアンスというのは、二律背反でもアクセルとブレーキといった正反対のものでもなく、一体のものとして捉える発想がこれからは重要になる。言い換えれば、健全性と収益性を両立させていくことが、持続可能なビジネスモデルの構築（再構築）に必要不可欠だが、ニューノーマルにおいてはその傾向がさらに顕著となることが予想されることから、両者を一体のものとして捉える発想がことさら重要となるということだ。

　さらに、変化に柔軟に対応する（しなやかに対応する）には、「ルールベース」の発想では限界があり（そもそもルール自体は過去の基準に基づくもので、変化していく時代にいずれ合わなくなる性質を有している。変化が激しければルールの陳腐化も早い。したがって、ルールを遵守することに頑なにこだわる姿勢は、むしろコンプライアスやコンダクト・リスクへの対応を著しく阻害するものとなる）と認識し、「プリンシプルベース」のアプローチがより重要となる。だが、コロナ禍が明らかにしたのは、その「プリンシプル」すら危うい状況だ。何が正しいのか自体、今、大きく揺らいでいることに気づいているだろうか。

　例えば、マスクの供給はこれまでは「コスト最優先」で海外に依存（グローバリゼイションの進展）し、それが疑いもなく「正しい」、合理的だとみなされてきたが、コロナ禍で世界中が「自国第一主義」、「国内回帰」へと一気にシフトした状況を想起いただければ理解できよう。したがって、プリンシプルでさえ揺れ動く、「最適は次の不適合となりかねない」社会的状況にあるという認識が必要となる。すなわち、コンプライアンスを「ルールやモラルなどに従う」ものと捉える考え方ではすでに圧倒的に「遅い」ということ、現時点において何が「正しい」のか、正しいと思われることを「正しいやり方」で行っているかについて、常に社会の目線を

的確に捉えながら、公平性・客観性の観点から「スピード」を持った判断・対応（適応）が求められているということだ。否、むしろ現時点の社会の目線だけでは足りず、今後の社会の目線のあり方を予測しながら、先んじて対応していくだけの「スピード」や「しなやかさ」、そして「想像力」が求められてさえいる（あわせて、持続可能性の観点から、ビジネスモデルを柔軟に、しなやかに見直していく「勇気」、「最適は次の不適応となりかねない」との認識が不可欠となる）。

　今後、常に基準となるものが「社会の目線」であると述べたが、企業はそれをいかに正しく把握し、スピード感をもって組織運営に取り込めるかがより重要となることを意味する。そもそも企業は、自らの常識が世間の常識や目線とズレていることに対して極めて鈍感になりがちだ。社会の目線をリアルタイムで把握し、今後の動向を予測することが必要不可欠であることをふまえれば、この「鈍感さ」を「組織的リスクセンス」の向上によって克服していく必要がある。そのために、現場の「実態」や従業員の「本音」、役員・従業員も社会の一員であることからくる「健全な常識」に常に目を向けることが重要だ。
　つまり、「組織的リスクセンス」を高めていくためには、そもそも役員や従業員の「健全な常識」が組織運営の中でストレスなく発揮できる職場環境が必要であり、そこでは「心理的安全性」が確保され、「コンフリクト」も厭わない自由闊達な議論がなされるような「健全なコミュニケーション」が極めて重要となる。また、そこでは、自ずと従業員自らの「じりつ」――自らを社会的存在と位置付け、企業（組織）に依存せず、むしろ一線を画すという意味での「自立性」と、自らの「健全な常識」に基づき自らを律した行動を取るべきという意味の「自律性」という２つの「じりつ」――が求められることになる。裏返せば、コミュニケーション不全は、組織や従業員を蝕むだけでなく、社会の目線への柔軟な対応を阻害することから、企業の持続可能性をも左右しかねない深刻さを有しているとの認識を持つ必要がある。さらに、「組織的リスクセンス」のベースとな

る役員や従業員の「健全な常識」そのものの底上げもまた不可欠である。個々人の「知識」、「良識」、「見識」をはじめ、「倫理感」、「自立性・自律性」を高めること、職場内で発揮できることが、今まで以上に求められるということでもある。すなわち、企業（組織）においては、より良質な「企業文化（社風)」、「健全な統制環境」をいかに醸成していくかにこれまで以上に腐心する必要があるといえる。

　なお、これまで述べてきたコンダクト・リスクへの対応のあり方について、より理解を深めていただくために、前掲の金融庁のレポートと同じく金融庁の「金融仲介機能の発揮に向けたプログレスレポート」（2019年8月）から、重要と思われる部分を以下に引用して紹介する（以下、下線はすべて筆者による）。

■コンダクト・リスク、プリンシプルベース、健全な統制環境

　法令等の既存のルールの遵守にとどまらず、①社会規範に悖る行為、②商慣習や市場慣行に反する行為、③利用者の視点の欠如した行為等を防止するための取組みや、様々な環境変化や事業が社会・経済全体に与える影響を感度良く捉え、潜在的な問題を前広に察知することによって将来の問題を未然に防止するための取組みを実施するためには、法令等の既存のルールを遵守していれば足りるという発想から抜け出すことが何よりも重要であり、経営陣が中心となり、かかる観点を踏まえた検討及び良質な企業文化の醸成に向けた真摯な努力を今後さらに進める必要がある。

■持続可能なビジネスモデルの構築

　将来にわたる収益性と健全性を兼ね備えた持続可能な経営の実現とは、それを支える確固たるビジネスモデルにより成し得るものと考える。もとより、未来永劫成立し続ける画一的なビジネスモデルなど存在しない。持続可能な経営とは、将来起こりうる環境変化やそれによ

り引き起こされる危機等を常に察知し、それらを踏まえ、現在の環境において自身がどのような状態・立ち位置にあり、将来を見据えて何を成すべきか・成すことができるのかを経営陣が不断に考え抜き、それを遂行し続けていくことにより成立するものであると考える。

■心理的安全性

　一人ひとりが不安を感じることなく、安心して発言・行動できる場の状況や雰囲気と解され、チームの生産性向上に資する重要な要素として近年着目されているが、職場等でのチーム構成員とリーダーとの対話場面への適用に止まらず、様々な場面で活用し得る概念

■経営理念・バリュー、心理的安全性、多様性と一体性・普遍性

　個々の地域金融機関のビジネスモデルの構築にあたっては、地域金融機関は、まずは自らのありたい・あるべき姿についてあらためて社外役員も含めて踏み込んだ議論を行い、それを経営理念等（ミッション（基本理念）、バリュー（価値観等））として掲げることが求められる。このように十分に議論された確固たる経営理念等が金融機関内に隈なく浸透することで、役職員共通の価値観が醸成され、職場における心理的安全性が確保されるとともに、本店・支店に分散している組織にあっても一体性や普遍性が保たれることになる。現在、多くの地域金融機関は、地域重視や顧客本位といった地域金融機関としての前提となることを理念としている。その前提のもとで実際にどうあるべきかは個々の役職員の判断に委ねられており、価値観が多様化し、地域に対する考え方も変化する時代にあっては、自らのミッション、バリュー等を改めて議論することが必要

　また、具体的なミス・コンダクト事例としては、一昨年（2019年）でいえば、野村証券による「早耳情報」を巡る情報漏えい事案が典型だろう。金融庁が公表した「野村證券株式会社及び野村ホールディングス株式会社に対する行政処分について」（2019年5月）では、「本件行為は、法令等諸

規則に違反する行為ではないものの、一部特定の顧客のみに市場構造に関する東証における検討状況に係る情報を提供して勧誘する行為であり、資本市場の公正性・公平性に対する信頼性を著しく損ないかねない行為であると認められる」との指摘がなされている。

　まさに、法律など諸規則には反しないが、市場の信頼性を著しく損ねる行為との厳しい批判とともに、行政処分が下された事例だ。また、いわゆる「リクナビ問題」も典型的な事例といえる。学生のリクナビ上での閲覧記録などを解析して「内定辞退率」を算出し、企業に提供していたもので、約8,000人の利用者のデータを、同意を得ずに第三者に提供したことなどが個人情報保護法違反にあたると判断されたが、同時に、本来取得したデータはユーザー本人のために使われるべきところ、事業のために使われていたこと、内定辞退率予測データの提供についての「同意」が本来得られるわけもないにもかかわらず、事業化されていたことや、利用目的などの説明が不足していたことなどが学生らの厳しい批判に晒されることとなったものだ。明確な法律違反に加え、学生らの心情への配慮不足が同社に厳しい社会的制裁を与えたものとして、コンダクト・リスクを考えるうえで参考になる。

　その一方で、新型コロナウイルス感染症への対策において、各国で、人の移動を把握するためにパーソナルデータ活用のニーズが急速に高まり、日本でも政府から携帯事業者などに対するデータ提供要請が行われたが、「公益性」と「プライバシー侵害」との比較考量の結果、事業者は要請に応じたが、その対応が社会的に特段大きな問題とはならなかったことは、「コンダクト・リスク」への対応を考えるうえで興味深い。リクナビ問題との比較でいえば、極論すれば、「社会がNGならNG」なのかどうかで明暗を分けたともいえる。

　もちろん、その背景には、「公益性」の観点から有益なデータであることが誰の目にも明らかだったことが挙げられ、自らのプライバシーが侵害されたとの感情が起こりにくい活用方法だったことや、政府からの情報発信において国民に対して「説得的コミュニケーション」が機能したことな

ども指摘できる。つまり、「コンダクト・リスク」への対応とは、リスクを重視して一律に慎重な対応をすべきということとも異なり、リスクを認識しつつも、社会との信頼関係が成り立つ（少なくとも崩壊しない）ものであれば、踏み込んだ対応も可能であることを示唆するものといえる（言い換えれば、「コンダクト・リスク」に適切に対応することで、健全性と収益性の両立、「リスクアペタイト」を社会とのコミュニケーションを通じて実践していくことが可能であることを示唆するものである）。そのためには、事業者は社会に対して、積極的な情報開示や説明責任（説得的コミュニケーション）を通じて働きかける必要があり、その結果として、社会から信頼関係を獲得し、それによって、自らの持続可能性を高めていくことにつながるといえる。

　このように、「コンダクト・リスク」への対応においては、社会の変化に柔軟に（あるいは先んじて）対応することが求められるだけでなく、同じリスクであっても事業者と社会との関係のあり方や社会情勢の中でリスク評価も変わりうること、事業者と社会との関係のあり方の変化を自らの手で創り出すことも可能であること、などを念頭に置きながら対応していく必要がある。

2　デジタルトランスフォーメーション（DX）への対応

　経済産業省の「DX推進ガイドライン」（2018年12月）によれば、「あらゆる産業において、新たなデジタル技術を利用してこれまでにないビジネスモデルを展開する新規参入者が登場し、ゲームチェンジが起きつつある。各企業は、競争力維持・強化のために、デジタルトランスフォーメーション（DX：Digital Transformation）をスピーディーに進めていくことが求められている」と、その重要性が指摘されている。DXの進展がすでに既定路線であったところ、コロナ禍により、テレワークの導入やキャッシュレス決済の浸透など、デジタル化の社会的受容が一気に進み、今や企業も持続可能性を高めるためにDXへの対応が急務となっている。好むと

好まざるにかかわらず、DXはもはや「社会基盤」であり、避けることができない（後戻りすることはない）ことを認識する必要がある。

したがって、DXの「社会インフラ化」の深化によってもたらされる社会経済情勢の変化、変化のスピード感、ビジネスモデルの陳腐化などへの対応が求められ、今後も、自らのビジネスモデルや存在意義の再定義（再構築）に取り組み続ける必要がある。そして、DXを取り込んだ新たなビジネスモデルなどにおいては、「セキュリティ」の強度を高めること、「プライバシー」の保護に配慮すること、社会に対する説明責任を果たすことで社会と「信頼関係」を構築できるかがポイントとなろう。

なお、このDXの推進の理解については、政府から様々なレポートが公表されており、示唆に富む指摘も多い。以下、いくつか引用し紹介する。

Society 5.0の実現を目指してきた従来の取組を一歩も二歩も進め、「新たな日常」の定着・加速に向け、各種支援や規制改革等を通じ、社会全体のDXの推進を加速する。企業のDXに関する取組を促すため、経営者に求められる対応をデジタルガバナンス・コードとして　2020年度中に策定し、その普及を図る。大企業と中小企業間の取引のデジタル化やIoT、AI等の活用による物流の適化・効率化など、サプライチェーンにおけるデジタル化やAI、ロボットの導入を推進する。新しい生活様式を新たなビジネスチャンスとすべく、EC販売の拡大など、非対面型ビジネスモデルへ転換するための取組を支援する。

（首相官邸「経済財政運営と改革の基本方針2020」より）

価値の源泉や産業構造が変わる中で、既存の意思決定機構ではパラダイムシフトを起こす価値をタイムリーかつ継続的に生み出すことは困難となっている。多様性やスピードに対応するために、自前だけでなく他者のリソースを活用（オープンイノベーション）すること、急激に変化・多様化する市場の中で、既存事業の制約に縛られず、次の

産業の担い手として期待される<u>スタートアップを育成する</u>ことが必要」、「Intelligence of Thingsが人とモノをつなげ、様々な知識や<u>情報の共有を可能とし、これまでにない新たな価値を生み出し</u>、課題<u>解決に資する</u>という構図は当面変わらない。デジタルテクノロジーが、あらゆる分野に影響を与える汎用技術（General Purpose Technology）として、今後も重要性を増していく。

（経済産業省　第18回　産業構造審議会　産業技術環境分科会　研究開発・イノベーション小委員会中間とりまとめ2020（案）より）

　　ネットワーク上を数多のデータが流通してその真正性や適格性を検証することが困難になり、AI　その他のデジタル機器の動作が一般の消費者には理解困難になるなど、<u>デジタル化により社会の複雑化が加速している。そのため、人間の処理能力を超えるような情報を自分で処理しようとするのではなく、信頼できる存在に自らの判断を委ねる、情報処理を分業できるような存在・手法を見出す</u>ことが、消費者が新たなデジタルサービス等を賢く利用するために望まれる。事業者側からはそうした信頼性（trust）を保証するための技術開発が進められているが、消費者側も事業者側の取組に依存するのではなく、自らの判断を委ねることのできる信頼できる存在があることが望ましい。

（消費者庁「消費者のデジタル化への対応に関する検討会　報告書」より）

　そもそも「AIのブラックボックス化」のリスクが指摘されているところ、例えば3つ目の指摘では、デジタル化により社会の複雑化が加速することで、自分1人で判断することがままならず、「信頼できる存在に自らの判断を委ねる」しかない状況が起きてきているという。このことからもわかるように、企業としては、社会から信頼をいかに獲得できるかが持続可能性を高める1つの重要なポイントとなるといえる。

3 「強靭化」の本質〜レジリエンス

　とりわけ世界的に気候変動リスクへの対応が急務となっている中、コロナ禍への対応が加味されたことで、「防災」のあり方に大きな転換が見られる点にも注意が必要である。これまで、インフラのあり方として、自然と「対決する」姿勢が強く（ハード重視）、その対策も国や地方公共団体が主体的に行うもの（公助）との認識が一般的であった。ところが、最近では、以下に示すとおり、「災害をいなし、すぐに興す」として「しなやかさ」を打ち出し、「自助・共助」を促す方向に転換している。

　つまり、気候変動リスクを考える前提となる自然の脅威が増している実態をふまえ、ハードの限界をソフトで乗り越える発想への転換が明確に打ち出されていることに加え、さらに、「気候変動への適応を進める『適応復興』の発想」も打ち出されている点にも注目したいところだ。自然の脅威を完全に封じ込むことはもはや困難であり、コロナとの共存（withコロナ）と同様、災害といかに共存しながら（一定の被害発生はやむを得ないものとして）、「原型復旧の発想に捉われず」弾力的に復興を進めるという点でも「しなやかさ」が重視されている。「強靭化」の本質は「ハードの強化」、「公助」のみではなく、「ソフトとハード」、「公助・共助・自助」の適切な組み合わせ、「レジリエンス（回復力・弾性）」であり、「しなやかさ」であることを明確に示しているといえよう。

　気候変動と防災はあらゆる分野で取り組むべき横断的な課題である」「被害を最小限にするとともに、被害を受けてもより強靭で魅力的な回復をする、弾力的かつ安全・安心で持続可能な社会、いわば『災害をいなし、すぐに興す』社会を目指す」「災害からの復興に当たっては、単に地域を元の姿に戻すという原形復旧の発想に捉われず、土地利用のコントロールを含めた弾力的な対応により気候変動への適応を進める「適応復興」の発想を持って対応していくことが重要である」「自助・共助の意識を持って自宅、職場、地域の災害リスク

を認識し、災害発生時にとるべき避難等の行動を確認するよう防災意識の向上を促す取組が必要

（環境省「気候変動×防災」に関する共同メッセージの公表について」より）

リスクに対応できる強靭な経済・社会構造を構築する。経済安全保障の視点からも、効率性を重視した「just-in-time」のみでなく、リスクが顕在化した際に「just-in-case」の対応も可能となるよう、生産拠点の国内回帰も含めサプライチェーンの多元化を進め、サプライチェーンがより柔軟で強靭となるよう支援する。

（首相官邸「経済財政運営と改革の基本方針2020」より）

　また、上記「骨太の方針2020」では、「just-in-time」から「just-in-case」への方向性の転換が示されている。前述したマスクの海外依存から国内回帰への転換のように、「最適が次の不適応とならないよう」、事態に即応できる「しなやかさ」が求められること、さらには「冗長性」（多重化）の重要性が示されている。この点からも、コロナ禍や災害などリスクに対する「強靭さ」とは、結局「しなやかさ」であることがおわかりいただけると思う。

　さらに、緊急事態は発生してしまえば「回避」できないものであり、最も重要なことは、それに即応できる「しなやかさ」を有した人材が求められているということだ。BCP（事業継続計画）の重要性が叫ばれているが、BCPや防災においては、そもそも100％の事態想定は不可能であり意味がない。極論すれば、想定と異なるから「危機」であり、どんなに緻密に策定したつもりのBCPであっても、実際のところ３割も機能すれば良い方ではないか。残り７割は、状況に応じて、その場で「しなやかに」対応できることが重要であり、そのような人材（人財）を育成していくべきということになる。しっかりしたBCPを策定することは重要だが、それは100％の対応を保証するものではないのだ。

4 サプライチェーンの再構築

　サプライチェーンの再構築については、前述したマスクがその典型的な状況を示したものといえよう。コロナ禍は、「世界が同時に機能停止したらどうなるか」を示したのであり、ビジネスであれ、リスク管理であれ、「点」（相手との関係）だけの対応・発想だけでは不十分であって、「線」（商流）や「面」（グローバルな相互連関性）での発想が求められていることを示したともいえる。

　なお、マスクの事例では、「安定（供給）」の観点が前面に出ているが、今後のサプライチェーンの再構築にあたっては、「安心・安全」もまた重要な要素となる。例えば、組織犯罪対策においては、「犯罪組織の潜在化」への対応が重要課題の1つだが、そこでは従来のKYC（Know Your Customer）の発想だけでは、「実質的支配者」など「真の受益者」の特定やその排除（関係解消）が困難であり、結果、サプライチェーンの健全性を担保できないのが現状だ。

　今後は、相手の背後に潜む犯罪組織を見抜き、排除するためのKYCC（Know Your Customer's Customer）の視点が求められている。また、ESG（環境・社会・ガバナンス）の観点や、北朝鮮の弾道ミサイル開発に必要な物資の調達取引への関与が制裁対象となりうるとした米国の勧告なども、サプライチェーンから「人類の幸福への侵害行為」に関与する取引先を排除するというサプライチェーンの健全性が求められている。さらに、これまでのコスト重視やグローバリズム重視という「最適が次の不適応をもたらした」ことをふまえ、サプライチェーンのあり方の再構築が求められているが、その適応すら次の不適応を招きかねないことを考えれば、一見無駄のように思える「冗長性」（多重化）の重要性についてあらためて認識する必要もあろう。

　人流・物流が制限される中で、基礎的生活物資や製造業の不可欠な部品の供給が、特定国・地域に依存していたサプライチェーンの脆弱

さが露呈した」「もっぱら輸入に頼っていたマスクに極端な不足が生じたことに象徴されるように<u>狭い範囲での過度な効率化は平時にあっては最適かもしれないが、極めて脆弱である。</u>

（首相官邸「経済財政運営と改革の基本方針2020」より）

コロナショックは、コスト偏重のグローバル調達の脆弱さを露呈。<u>コストに加え、安心・安全・安定を価値とするサプライチェーンの再構築を企業側に促し、それを促進させる施策を打つ必要</u>（AI・ロボットを活用した中小企業の生産性向上、医療・健康用の消費財等の国内への生産回帰、グローバルな生産・物流に支障があった場合のBCPの策定）」「<u>サプライチェーンのグローバル化と自国囲い込みの組合せの最適化が求められている</u>」「新型コロナウイルス感染症の感染拡大によって、在庫の定義が変わった。戦略的に重要な部品については共通化した上で業界単位で備蓄を行うなど、国、業界、個別企業の単位での商品備蓄の在り方について検討すべき。

（未来投資会議「ウィズコロナ、ポストコロナ時代の成長戦略の立案に向けた各民間議員の意見」より）

5 会社と従業員の関係性〜2つの「じりつ」

　働き方改革の流れと今回のコロナ禍によって、会社と従業員の関係の本質的な変化が不可避的な状況となっている。

　そもそも企業は、正しいこと自体が大きく変わっている現実（現場のリアル）を直視し、その変化のスピードに対応するには、組織の意思決定のスピード感を高めることが急務となっている。さらに、その変化に即応していくためには、もはや「会社が何かをする」だけでは十分ではなく、従業員もまた「自分で考え、自分で動けること」が大前提になりつつある。つまり、従業員は、これまでの会社（組織）への「従属的な関係」から脱却し、会社と一定の距離感を保つ「自立的な存在」であるべきということ

だ。

　さらに、テレワークの普及は、会社が従業員を信頼すべき一方で、従業員は自らのキャリアプランを実現していくために、自らの成果、自らの姿勢を積極的に示していくことが求められている。つまり、従業員は「自律的な存在」でもあるべき、ということだ。そして、RPA（ロボティック・プロセス・オートメーション）や副業・兼業の浸透とあわせれば、働き方改革の文脈からも「自立的・自律的」な存在であるべきことは、より明白だろう。このように、会社と従業員の関係性に大きな変化が生じており、その本質は、従属的な関係から相互に自立的・自律的な、成熟した関係へと変わっていくということ、それがニューノーマルにおける会社と従業員の新しい関係のあり方といえよう。

　大統領リンカーンの言葉を借りれば、従業員には、「会社・組織に何をして欲しいか」ではなく、「会社や自己実現のために何ができるか」を自分事として考えて欲しいとのメッセージを、会社は従業員伝えるべき時期に来ている。一方で、会社は、持続可能性を高めるためにも「従業員に選ばれる存在」でなければならない。従業員と対等（フラット）な関係の中で、様々な選択肢の中から当社の従業員として能力を発揮し続けてもらうためには、会社の存在意義を、ニューノーマルに向けてあらためて明確にする（再定義する）こと、従業員に対して会社からのメッセージを意識的に発信して、エンゲージメントを高める工夫をすること、従業員を「人財」と捉えて、組織とともに発展していくことを阻害する要因を改善していくこと（HRRM＝ヒューマンリソース・リスクマネジメント）が重要となる。

　つまり、会社と従業員の「つながり」を再構成することによって、従業員との関係（絆）を強化し、会社の持続可能性を高めていくといった、会社と従業員の新しい関係のあり方が求められている。

3 ニューノーマル仕様の危機管理の方向性

1 コンプラインス＝しなやかさ

　これまでの考察をふまえて、「ニューノーマル仕様の危機管理の方向性」についてあらためて考えてみたい。

　まず、コンプライアンスのあり方については、そもそもその語源の1つが「しなやかさ」であることからもわかるように、コンプライアンスをより「しなやか」なものとして捉える必要がある。社会の要請（社会の目線）は、刻一刻と変化し、正しいことも時代とともに変わっていくことから、「今の社会の要請に適切に対応できていること」だけでは実は十分ではない。現時点の最適は、将来では不適用になりかねない。当社では、「ジャッジメント・モニタリング」という考え方を提唱しているが、「何が正しいかは、常に社会の目線が基準になる」こと、さらにその基準は常に「現在の目線」であること、「今、何が正しいのか」を強烈に意識すること、何が正しいかがわかったなら、その適用のために「しなやか」に組織のあり様を変えていくこと、スピード感を持って対応すること、「次は、何が正しいことになるのか」を想像し検証していくこと、こういったサイクルを適切に回していくことが不可欠になる（つまり、コンプライアンスはより「動」的なものとなり、「社会の目線の変化」というエンジンを持つ必要がある）。

　そして、激しい変化に対応できるスピード感を出すためには、「現場を知る」ことが最も重要である。内部通報制度の重要性はすでに別の章で触れているが、現場の実態、従業員の本音を吸い上げる機能には、他にも内部監査がある。

　内部監査は、従来のあり方では限界があり、ニューノーマル仕様とし

て、より「攻めの内部監査」を志向する必要があろう。なぜなら、リスクの多様化・高度化と流動性の高まりに対して、これまでの内部監査ではもはや対応できないからだ。ルールベースの限界をふまえたプリンシプルベース・アプローチの重要性はすでに指摘したとおりだが、内部監査の従来の手法である、チェックリスト的監査・機械的監査では「現場のリアル」の把握は困難となりつつあり、機動的・網羅的な対応がより重要になっているといえる。具体的には、すでに述べた「コンダクト・リスクへの対応」が今後最も重要となり、自立・自律した存在である従業員が「健全な常識」を発揮することが求められているが、従業員の行動に影響を与える企業文化に対する監査（社会の要請・ステークホルダーの要求を満たしているか）の重要性が増すということだ。

　さらに、目まぐるしく変化する社会経済情勢の中では、リスクの変動をこまめにモニタリングしていくことが必要であり、「動的なリスク評価」（リスク評価の頻繁な見直し）が欠かせない。さらに、定期的な監査では、過去のリスク評価に基づく、過去の状況を確認しているに過ぎないとはいえ、変化のスピードに対応できないことから、短期間のサイクルで、その時点で最新のリスク評価に基づく監査を行うべきという意味で、より機動的な「アジャイル型監査」の導入も検討していくべきだろう。

2 リスク評価の精緻化

　そもそもリスクとは、「不確実性」を意味しているが、リスクの多様化・高度化・流動性の高まりといった状況は、不確実性が確実に高まっている状況を意味している。この変化を正確に捉え、そのスピードに対応する大前提として、「リスク評価の精緻化」は不可欠である。そして、リスク評価を精緻に行うには、前項でも述べたとおり、「現場のリアル」を知ることが必要不可欠となる。「歩行が思考を生む」とは大脳生理学的に言われていることだが、これをコンプライアンス・リスク管理の文脈に当てはめれば、現場に足を運び、「今」を知り、「これから」を想像していくことを意味する。

「現場のリアル」は、現場に足を運ぶことでしっかり捉えていくこと、あるいは従業員の本音をしっかり吸い上げること、そこから「今」を知り、「これから」どうすべきかを想像していくことがより重要であることを認識する必要がある。なお、「現場のリアル」とは、「現場の知恵」と「リスクの芽」、「従業員の本音」であり、コロナ禍について言えば、第1波の渦中で私たちが経験したこと、対応したこと、工夫したこと、失敗したことなど現場の知恵や今現場で起きていること、現場の従業員が感じていることを吸い上げ、これを踏まえて、コロナの今後の流行に備え、活かすことが重要である。また、言うまでもなく「リスクの芽」は、早い段階で摘むことが重要であり、今の「リスク」だけでなく、次の「リスク」を想像し、備えるところまで精緻に取り組みたいところだ。

3 規制の柔軟化／ゴールベース規制

今後の政府の規制のあり方として、「規制の柔軟化」、「ゴールベース規制」への移行という方向性が打ち出されている点にも着目すべきである。

> 事業・行動に対する制約を事前に細かく規定するのではなく、ゴールを法益保護達成のために合理的かつ必要・最小限な形で示し、具体的な遵守のための手法に柔軟性を持たせつつ、ゴールが確保されていることにつき社会に対してアカウンタブルな状態を維持することによりゴールの遵守を求めるという手法に見直すべきである。

（規制改革推進会議「デジタル時代の規制・制度について」）

ここで示されている「ゴールベース規制」とは、プリンシプルベースの発想ともルールベース規制とも異なる。そもそも、プリンシプル自体が揺れ動いている中、意訳すれば、最終的に何が達成されていればよいのか、というゴールだけを最低限示し、そこに向かって、どのように進むかは企業に任せて、国はそれを最小限の形で規制をするということである。

何よりも重要なことは、ゴールの妥当性を最終的に評価するのは社会で

あって、社会に対して企業が説明責任を果たしていく必要があるわけだ。これにより、世の中がOKを出したことをもってゴールに到達しているという柔軟な規制のあり方に移行していくことが期待される。

これまでたびたび指摘しているとおり、正しいことが変化する、不確実性が高まることで、「コンダクト・リスク」が高まることになるが、その対応としては、企業が自立的・自律的にゴールを設定し、その妥当性を社会との積極的なコミュニケーションによって担保していくというイメージと考えられる。そして、それはまた、企業にとっては、より意欲的な「攻め」の経営、「攻め」のコンプライアンス・リスク管理を可能にすることをも意味する。今後、これだけの変化のスピードの速さに対応するには、今日の規制の中で発想していては、到底間に合わない。そのため、極論すれば、積極的にリスクを取る「リスクアペタイト」を健全に発揮して、「健全性と収益性の両立」を実現しつつ、「今の規制を突破する」ことさえも求められているということであり、規制の柔軟化によってその実現可能性が高まることを期待したいところだ。

4 社会的受容の獲得

健全なリスクアペタイトを発揮することと、社会の目線は密接な関連があり、健全性と収益性の両立には「社会的受容の獲得」が不可欠だ。その実現には、高いリスク感性（感度）と「説得的コミュニケーション」が重要となる。「世の中がNGならNG」という傾向が、今後一層顕著になることが予想される中、社会や消費者に対する丁寧な説明によって信頼を獲得するということ、社会的受容をいかに獲得するか、信頼を獲得できるかがポイントになる。これは、言い換えれば、社会や消費者とのコミュニケーションを通じて説明責任を果たすこと（リスクコミュニケーション）であり、社会や消費者と意識や認識、理解をすり合わせる作業を根気強く実践していくということだ。

さらに、SNSの普及やコロナ禍の不安を背景とした誹謗中傷など社会の沸点が確実に下がっており、その矛先が今、企業に向かっている。これ

は、企業にとっては新しいビジネスリスクといえる。だからこそ、社会や消費者とのリスクコミュニケーションは、より重要になっているとも言える。この点、具体的な取り組み事例として、次のものが挙げられているので、参考にしていただきたい。

> 透明性レポート（transparency report）のように、消費者が特に懸念する項目等を、積極的に分かりやすく公表していく方法は有効である。データの高度な利活用が進むほど、　新しいプライバシーリスクが発生する。消費者が懸念点を解消できるよう、取組の情報を定期的に取りまとめて発信することで、消費者も安心してサービスを利用することができる。

（経済産業省「DX企業のプライバシーガバナンスガイドブックver1.0（案）」より）

> 新型コロナウイルス感染症への対策において、各国でパーソナルデータの活用のニーズが急速に高まった。日本でも、政府から事業者等に対するデータ提供要請が行われ、データ提供を要請された企業は、コロナ対策という公益のためのデータ提供とユーザーのデータ・プライバシーを守ることによるユーザーとの信頼関係のバランスという課題の中で、プライバシーガバナンスを企業内で確立しておくことが重要であることが示唆された。

（再掲、同上）

> 特にデータ分析を主な事業とする企業などは、日頃対面で消費者と接する事業会社との協業に当たって、自らもプライバシー保護の知見を高める必要があり、継続的にプライバシー問題に関わる意識調査等を行い、社会受容性などについて把握することも一つの方法である。その際には、調査実施自体で満足することなく、意識調査等の結果を自社の取組へ反映させていくことが重要である。

（同上）

　これらの事例に共通しているのは、社会や消費者が特に懸念する項目などを積極的に公表していく姿勢である。例えば、データの高度な利活用が進むほど新しいプライバシーリスクが発生する——これも「コンダクト・リスク」と言える——が、社会や消費者が懸念点を解消できるよう、取り組み状況や企業姿勢を定期的に取りまとめて発信することなどを通じて、消費者も安心してサービスを利用し、そのビジネスの社会適合性を許容できることになる。

　これは、まさに社会的受容を獲得する・信頼を獲得するために、積極的にリスクコミュニケーションを図っていくことが求められるということだ。

　上述したとおり、2つ目の事例は、リクナビ問題で問題となった構図とほぼ同じであっても、「公益性」の観点に加え、政府による説得的コミュニケーションが功を奏した事例と評価できる（本指摘は、そのことをふまえ、企業は平時から「プライバシーガバナンス」を確立すべきという内容である）。あるいは、3つ目の事例にあるように、「継続的にプライバシー問題に関わる意識調査などを行い、社会情勢等について把握することも1つの方法」とする提言がなされているが、調査自体に満足することなく、取り組みに反映させることで、社会や消費者の信頼を獲得することにつながるということであり、ぜひ参考にしていただきたい。

5　2つの「じりつ」・エンゲージメント

　会社・組織と従業員との関係については、上述したとおり、「高い自立性・自律的」をいかに獲得するか、エンゲージメント（自立・自律的な働き方／経営理念・ビジョンの共有／透明性）を、いかに獲得するかも重要となる。

　自立した自律的な従業員から企業が選ばれるために必要なことは、「企業姿勢」、「理念」、「社会的な存在意義」、「働きがい」を具体的かつ明確に伝えられるか（伝わるか）であり、成熟した関係をベースとした「エン

ゲージメント」がますます重要となる。このように、双方が自立した成熟した関係性を構築していくことが、「ニューノーマル仕様の危機管理」を下支えすることにつながる。

■おわりに

本章のまとめとして、ニューノーマルにおける企業危機管理のキーワードを改めて示したい。

- ●スピード
- ●しなやかさ
- ●点から線、面へ
- ●世の中がNGならNG
- ●最適は次の不適応となりかねない
- ●2つの「じりつ」（自立・自律）
- ●歩行は思考を生む

これらの事項をあらためてご確認いただいたうえで、コロナ禍を経験し、今後のニューノーマルを生きていくために、現時点で行うべきことは何であろうか。それは、まず、これまでのコロナ禍への対応を「総括」し、次に備えるべきということである。そして、その大前提となるのは、現場のリアル（現場の知恵＝トレジャー／リスク・不安・不満）を正確に把握するということである。また、持続可能性を高めるために、会社と従業員の成熟した関係への移行をふまえて、「エンゲージメント」を高める工夫をすることが求められる。

さらに、新たな試練の連続の中、それを乗り越えるために「知恵」を絞ること、「スピード感」をもって、「変化に対応できる」、「しなやかさ」を身につけることも重要だ。

繰り返しとなるが、これまでのコロナ禍への対応を、現時点で一度総括

し、次に備えたい。これは今しかできないことでもある。現場のリアル、現場の知恵、リスクや不安、不満を把握し、「ニューノーマル仕様の危機管理」を武器に、次に活かしていきたい。

〈資料1〉

新型コロナウイルス　これまでの経緯

2019年

11月　　　　中国にて発生が確認

12月31日　中国当局がWHO（世界保健機関）に発生を報告

2020年

1月9日　　WHO、中国当局が入院中の肺炎患者から新型コロナウイルスを特定したと発表
　　　　　（当時はヒト−ヒト感染が確認できず）

1月16日　　日本国内で初の感染者（中国人）

1月20日　　中国・国家衛生健康委員会（NHC）が**ヒト−ヒト感染**が確認されたと発表

1月23日　　WHOが新型肺炎の感染は中国では緊急事態だとしながらも「国際的な公衆衛生上の**緊急事態**と判断するには時期尚早」と判断

1月27日　　厚生労働省、新型コロナウイルスを指定感染症に

1月28日　　厚生労働省、日本国内で7人の感染者がいることを公表

1月30日　　WHOが新型肺炎について中国国外にも感染拡大の懸念が出てきていることから、一転して「**国際的な公衆衛生上の緊急事態**」を宣言
　　　　　総理大臣を本部長とする「**新型コロナウイルス感染症対策本部**」設置

2月1日　　ダイヤモンドプリンセス号から香港で下船した乗客の感染が確認

2月3日　　**ダ号が横浜港到着。検疫開始**

2月5日　　ダ号の乗員乗客のうち10人に新型コロナウイルスの感染が確認。この日の朝以降、感染拡大を防ぐために乗客全員を自室待機として事実上の隔離措置を開始

2月13日　　「**新型コロナウイルス感染症に関する緊急対応策**」基本方針発表疑わしい感染者は医療機関でなく、保健所へ連絡するよ

うに明示

2月15日	ダ号で2月15日までに計218人の感染者が確認
2月18日	岩田医師、YouTubeにてダ号内部の問題点について告発
2月20日	加藤厚労相イベントについて「感染拡大の防止という観点から、感染の広がり、会場の状況等を踏まえ、開催の必要性を改めて検討してほしい」「現時点で政府として一律の自粛要請を行うものではない」
2月24日	政府が「対策基本方針決定」発表。イベントについては、全国で一律の自粛要請を行うものではないが、2月26日から2週間の間においては重大な局面であることから、全国的なスポーツや文化イベントについては自粛要請を呼び掛け
2月27日	安倍総理、全国すべての小中高を春休みまで休校にするよう要請
3月10日	「歴史的緊急事態」として、政府が政策決定したすべての会議の議事録などの記録を義務付け
3月11日	イベントの自粛要請「10日間継続を」
3月12日	WHO「パンデミック」宣言（世界の感染者11万人突破）
3月13日	「新型インフルエンザ等対策特別措置法改正案」成立 緊急事態宣言で国民の外出自粛も可能に
3月18日	「生活不安に対応するための緊急措置」（公共料金の支払いなど猶予）
3月25日	「改正新型インフルエンザ等対策特別措置法」に基づく新型コロナウイルス感染症対策本部設置
3月28日	「新型コロナウイルス感染症対策の基本的対処方針」発表 「3つの密」を避けるように指示
4月3日	世界の感染者数100万人突破　死者5万人
4月7日	政府、東京都、神奈川県、埼玉県、千葉県、大阪府、兵庫県、福岡県に対し「緊急事態宣言」を発出
4月10日	東京都、「緊急事態特別措置宣言」発出
4月11日	政府、「緊急事態宣言」が出されているすべての都道府県に対し、職場への出勤者を7割減らす要請を出すよう、官僚に指示

感染による死者が全世界で10万人突破、感染者数171万人
※独自の「緊急事態宣言」を発出した県

　　　　　北海道、愛知県、岐阜県、三重県、香川県、石川県、福井県

4月16日　全世界の**感染者数200万人突破**　死者数12万8000人
　　　　　政府として**全県に緊急事態宣言**を決定
　　　　　４月７日に緊急事態宣言を発出した７都府県に加え、北海道、茨城県、石川県、岐阜県、愛知県、京都府の６つの道府県をあわせた**13都道府県**について、特に重点的に感染拡大防止の取り組みを進めていく必要があるとして、「**特定警戒都道府県**」に指定。国民１人につき10万円の支給を決定

5月4日　「緊急事態宣言」について５月末まで延長を決定。政府が**「新しい生活様式」**を公表

5月5日　大阪府　施設再開など判断の独自基準を決定。以降、茨城県などが出口戦略を発表
　　　　　以下の３つの指標すべてを７日間連続で満たすことが条件

5月10日　全世界の感染者数が400万人を突破

5月14日　北海道、埼玉県、千葉県、東京都、神奈川県、京都府、大阪府及び兵庫県の８都道府県を除く39県について、**緊急事態宣言を解除**。他の解除に当たっては、「**直近１週間の新規感染者数が人口10万人あたり0.5人以下**」「**医療提供体制**」「**監視体制**」などを総合的に勘案する。
　　　　　88の業種において**新型コロナ感染予防ガイドラインを公開**
　　　　　〈東京都の解除基準〉
　　　　　①　新規感染者数……１週間で人口10万人あたり0.5人未満程度であり（１日20人以下）、直近１週間の新規感染者数の合計がその前の１週間の数を下回っていること
　　　　　②　医療提供体制……重症者が減少傾向にあり、医療体制が逼迫していないこと
　　　　　③　検査体制構築……PCR検査のシステムが確立され、検査件数が極端に少なくなっていないこと

5月25日　政府が全国で緊急事態宣言を解除

6月2日　　「東京アラート」発動

6月8日　　世界の感染者　24時間で最多の13万6,000人

6月19日　都道府県をまたぐ移動の自粛要請　全国で緩和

6月28日　世界の感染者　1,000万人超える

6月29日　世界の死者50万人超える

7月3日　　国内の１日の感染者　２か月ぶりに200人超える

7月13日　WHO　「多くの国が誤った方向に」　事態悪化を警告

7月18日　世界の死者　60万人超える

7月22日　「Go Toトラベル」キャンペーン始まる

7月23日　東京都　366人感染確認　過去最多

7月27日　WHO「パンデミックは加速し続けている」

7月28日　国内の死者　1,000人超える（クルーズ船除く）

8月10日　アメリカの感染者数が500万人を超える

8月11日　世界の感染者2,000万人を超える

8月15日　ヨーロッパで感染再拡大受けた措置相次ぐ

8月17日　4-6月期GDP　年率－27.8%

8月28日　政府が新型コロナ対策の新たな方針発表。医療提供体制の確保や検査体制の拡充、ワクチンは来年前半までにすべての国民に提供できる数の確保、などを目指すとした

9月5日　　WHO　「新型コロナのワクチン　分配開始は来年中頃の見通しだが慎重に安全性を確認すべき」

9月9日　　世界の製薬会社など９社が新型コロナワクチン開発で「安全最優先」を宣言

9月13日　アストラゼネカ　英国内での臨床試験を再開

10月2日　トランプ大統領が新型コロナウイルスに感染

10月12日　ヨーロッパで感染急拡大。フランス、イギリス、スペインで１日の感染者が１万人を超える日が続く

10月14日　フランスが３か月ぶりに非常事態を宣言。ヨーロッパで感染再拡大

11月7日　北海道　警戒ステージ「３」　ススキノで営業時間短縮など要請

〈資料２〉

カスタマーハラスメント実態調査（2019年）

【調査概要】

調査期間	2019年5月15日（水）～ 16日（木）
調査対象	全国の企業でクレーム対応を行った経験のある会社員 20歳～ 69歳の男女　　1,030人
調査対象職種	営業・販売、一般事務、専門職、総務・人事、カスタマーサポート、顧客管理・品質管理、技術・設計、情報処理システム、生産・製造等
調査方法	インターネット上のアンケート調査
調査協力会社	株式会社マクロミル

【調査結果】

Q1. あなたは直近3年間でカスタマーハラスメントが増えていると感じますか？（n＝1030）【単一回答】

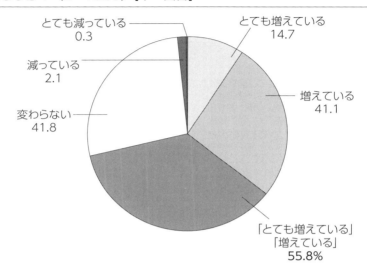

とても減っている
0.3

とても増えている
14.7

減っている
2.1

増えている
41.1

変わらない
41.8

「とても増えている」
「増えている」
55.8%

Q2. あなたはカスタマーハラスメントにどの程度困っていますか？（n＝1030）【単一回答】

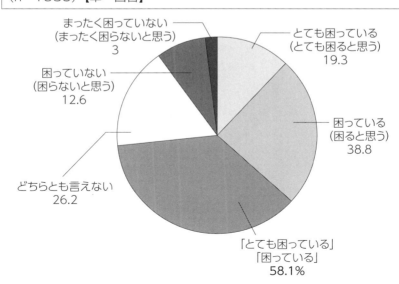

まったく困っていない
（まったく困らないと思う）
3

とても困っている
（とても困ると思う）
19.3

困っていない
（困らないと思う）
12.6

困っている
（困ると思う）
38.8

どちらとも言えない
26.2

「とても困っている」
「困っている」
58.1%

Q3．カスタマーハラスメントを受けたことがある方の中で、あなたが以前対応したカスタマーハラスメント顧客の特徴は、どんなものがありましたか？（n＝451）【複数回答】

クレーム中に何度も同じことを言う	71.2
論点がズレたクレームをする	70.5
要求が不当な要求である	70.5
クレーム中の口調が命令口調	63.9
クレーム中に大声で話す	61.6
対応者を長時間拘束する	58.5
対応者の話に納得頂けない	57.9
対応者の発言の粗を探す	49.0
要求の内容がエスカレートする	47.7
対応者を責任者・上司などへ変更するよう求める	45.0
対応者個人へ攻撃的な発言をする	43.0
その他	1.8

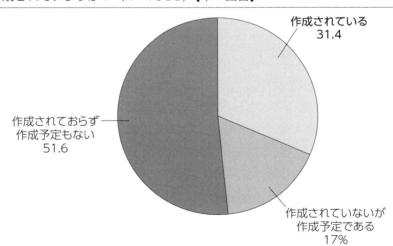

Q4．あなたがお勤めの会社では顧客対応全般に関するマニュアルは作成されていますか？（n＝1030）【単一回答】

作成されている
31.4

作成されておらず
作成予定もない
51.6

作成されていないが
作成予定である
17%

Ｑ５．「マニュアルを作成している」と回答している方にお聞きします。そのマニュアルはカスタマーハラスメントにも対応していますか？（n＝323）【単一回答】

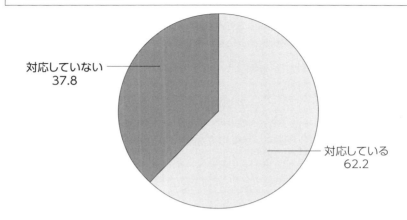

対応していない
37.8

対応している
62.2

Ｑ６．カスタマーハラスメント対応を行ううえでの課題は何でしょうか？　すべてお選びください。（n＝1030）【複数回答】

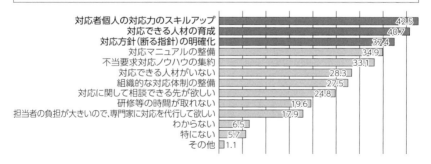

項目	値
対応者個人の対応力のスキルアップ	42.5
対応できる人材の育成	40.7
対応方針(断る指針)の明確化	37.4
対応マニュアルの整備	34.9
不当要求対応ノウハウの集約	33.1
対応できる人材がいない	28.3
組織的な対応体制の整備	27.5
対応に関して相談できる先が欲しい	24.8
研修等の時間が取れない	19.6
担当者の負担が大きいので,専門家に対応を代行して欲しい	17.9
わからない	6.5
特にない	5.7
その他	1.1

Q7. あなたがお勤めの会社では、カスタマーハラスメント顧客の対応に困ったときにどこに相談していますか？　会社の相談先として当てはまるものをすべてお選びください。（n＝1030）【複数回答】

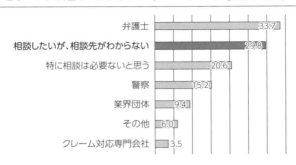

弁護士	33.7
相談したいが、相談先がわからない	29.8
特に相談は必要ないと思う	20.6
警察	15.2
業界団体	9.4
その他	6.0
クレーム対応専門会社	3.5

Q8. カスタマーハラスメント顧客の対応によって会社内の以下の項目にどれくらい影響がありますか？　あてはまるものをそれぞれお選びください。（n＝1030）【単一回答】

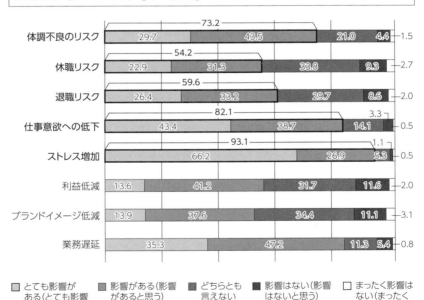

	とても影響がある（とても影響があると思う）	影響がある（影響があると思う）	どちらとも言えない	影響はない（影響はないと思う）	まったく影響はない（まったく影響はないと思う）
体調不良のリスク	29.7	43.5	21.0	4.4	1.5
休職リスク	22.9	31.3	33.8	9.3	2.7
退職リスク	26.4	33.2	29.7	8.6	2.0
仕事意欲への低下	43.4	38.7	14.1	3.3	0.5
ストレス増加	66.2	26.9	5.3	1.1	0.5
利益低減	13.6	41.2	31.7	11.6	2.0
ブランドイメージ低減	13.9	37.6	34.4	11.1	3.1
業務遅延	35.3	47.2	11.3	5.4	0.8

（体調不良のリスク 73.2／休職リスク 54.2／退職リスク 59.6／仕事意欲への低下 82.1／ストレス増加 93.1）

Q9.（自由記述）あなたはカスタマーハラスメント顧客からどんな不当な要求を受けたことがありますか。
※不当要求とは…消費者・顧客による自己中心的で理不尽な要求
※お答えできる範囲で構いませんので、できるだけ具体的にお答えください

（以下、自由記述から）

- 「購入済みの商品を明らかに使用済みなのに、返品返金を要求。店内の商品が気に入らなかったため投げつける。担当者の日常生活や仕事に影響があるようにするぞと脅迫」

- 「高額な賠償請求。無償で別商品への変更。反社会的組織（暴力団・右翼・同和）が後ろにいることを匂わせる。役員等の直接の謝罪や金品の要求。従業員の解雇要求、謝罪広告の新聞掲載を求めるなど」

- 「相手のミスで希望のものとは違うものを用意していたのにも関わらず、こちら側のミスを認めないと店舗内で大きな声で叫ばれ、「謝りもしないのか！　誠意を見せろ」と言われた。最終的には土下座やこれから先ずっと割引をしろなどと要求された」

- 「力に訴え出る発言。購入商品における不当な返品要求。上司や役職者との関係があるとの執拗なアピール。細かい言葉尻に対しての執拗な追求。女性スタッフに対してのセクハラ発言」

- 「特定の従業員に対する人格攻撃。特定の従業員に対して社長あてに罵詈雑言を書いた無記名の手紙を送る。「誠意を見せろ」などの具体的でない要求をしてくる。特定の従業員の解雇要求。土下座強要」

- 「上長からの対応を執拗に求める。対応しているときに少しでも動いたりすると「聞いているのか」「誠意がない」などの罵詈雑言を浴びせてくる」

- 「『デカい会社だからと言って調子に乗っているんじゃないのか』など意味不明なことを言ってきて、それに対し個人の見解を尋ね、その対応に対して揚げ足を取る。明らかに過度に使用して損耗した商品の無償交換・返金を要請してくる」

- 「購入・使用開始から半年以上たった商品に対して難癖をつけ交換を要求」

（以上）

〈資料３〉

新型コロナウイルス感染症の影響による
「在宅勤務（テレワーク）」に関するアンケート

【調査概要】

調査期間	予備調査 2020年４月22日（水）〜４月23日（木） 本調査 2020年４月24日（金）〜４月26日（日）
調査対象	全国の在宅勤務を導入する企業に勤める会社員（役員を含む）　20歳〜64歳の男女　1074名
調査方法	インターネット上のアンケート調査
調査協力会社	株式会社ジャストシステム

【属性概要】

Q．あなたの会社とあなたの雇用形態・職位について教えてください。
（n＝1074）［単一回答］

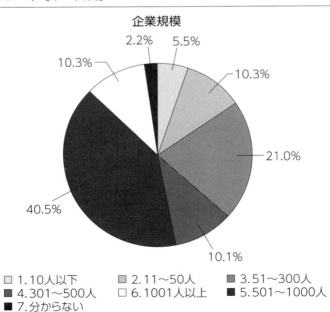

企業規模

2.2%　5.5%

10.3%

10.3%

21.0%

40.5%

10.1%

☐ 1.10人以下　☐ 2.11〜50人　☐ 3.51〜300人
☐ 4.301〜500人　☐ 6.1001人以上　■ 5.501〜1000人
■ 7.分からない

上場・非上場

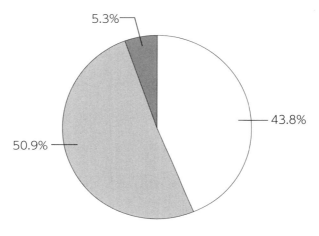

5.3%

43.8%

50.9%

□ 上場　■ 非上場　■ 分からない

職位

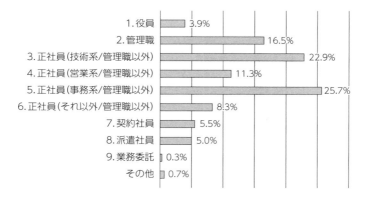

1. 役員	3.9%
2. 管理職	16.5%
3. 正社員（技術系/管理職以外）	22.9%
4. 正社員（営業系/管理職以外）	11.3%
5. 正社員（事務系/管理職以外）	25.7%
6. 正社員（それ以外/管理職以外）	8.3%
7. 契約社員	5.5%
8. 派遣社員	5.0%
9. 業務委託	0.3%
その他	0.7%

性別

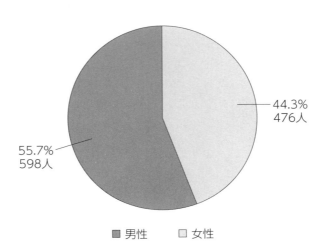

44.3%
476人

55.7%
598人

■ 男性　□ 女性

年代

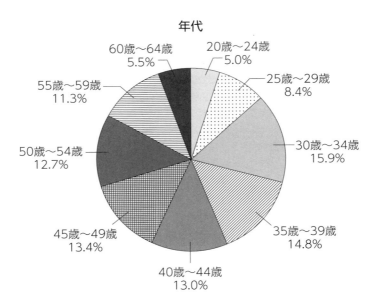

60歳～64歳
5.5%

20歳～24歳
5.0%

55歳～59歳
11.3%

25歳～29歳
8.4%

50歳～54歳
12.7%

30歳～34歳
15.9%

45歳～49歳
13.4%

35歳～39歳
14.8%

40歳～44歳
13.0%

【結果概要】

Q1．あなた自身が、現在最も気になることを1つ選択してください。
（n＝1074）［単一回答］

働き方以外の懸念事項

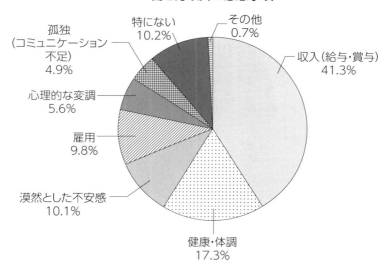

Q2．新型コロナウイルス対応として、あなたの働き方に変化はありましたか。（n＝1074）［複数回答］

働き方の変化

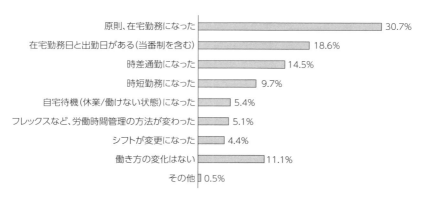

Q3.「新型コロナウイルスの影響を受けている」現在では、どのくらいの頻度で在宅勤務をしていますか。(n＝1074)[単一回答]

コロナ後の在宅頻度

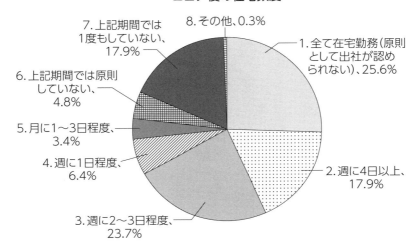

(新型コロナウイルスの影響を受けて以降、「全て在宅勤務」となった人「以外の人」への質問)
Q4.在宅勤務をしていない(できない)要因について当てはまるものを選択してください。(n＝799)[複数回答]

在宅勤務ができない理由

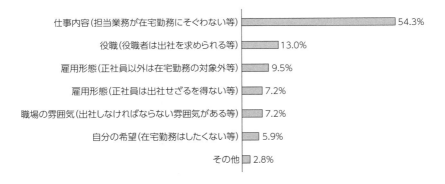

Q5．あなたの勤務する会社の「在宅勤務」についてあてはまる方を選択してください。あなたが在宅勤務をしているか、していないかに関わらず、会社としての可否を以下から選択してください。（n＝1074）

在宅制度の有無

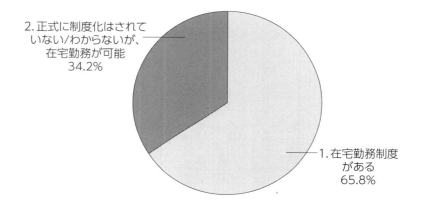

2. 正式に制度化はされていない/わからないが、在宅勤務が可能
34.2%

1. 在宅勤務制度がある
65.8%

在宅勤務における障害【設備・制度・業務面】

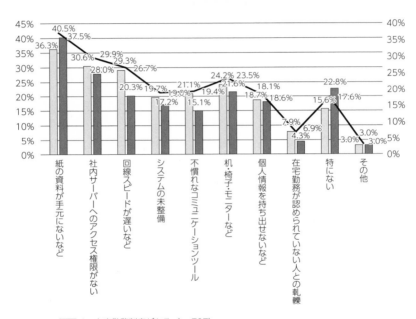

☐ 1．在宅勤務制度がある（n=707）

■ 2．正式に制度化はされていない/わからないが、在宅勤務が可能（n=367）

━━ 全体（n=830）

在宅における支障【設備面】

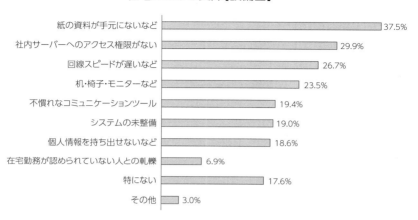

紙の資料が手元にないなど	37.5%
社内サーバーへのアクセス権限がない	29.9%
回線スピードが遅いなど	26.7%
机・椅子・モニターなど	23.5%
不慣れなコミュニケーションツール	19.4%
システムの未整備	19.0%
個人情報を持ち出せないなど	18.6%
在宅勤務が認められていない人との軋轢	6.9%
特にない	17.6%
その他	3.0%

（Ｑ３「在宅勤務をしている人（選択肢１〜５）」および「８．その他」
を選択した人への質問）
Ｑ７．在宅勤務をする上で、あなたにとって「障害」（仕事の妨げとな
るもの）となっているものがあれば、以下からお選びください。（ｎ＝
830）［複数回答］
【自宅の環境に関する障害】

在宅勤務における支障【自宅の環境】

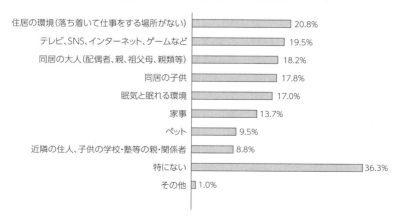

住居の環境（落ち着いて仕事をする場所がない）	20.8%
テレビ、SNS、インターネット、ゲームなど	19.5%
同居の大人（配偶者、親、祖父母、親類等）	18.2%
同居の子供	17.8%
眠気と眠れる環境	17.0%
家事	13.7%
ペット	9.5%
近隣の住人、子供の学校・塾等の親・関係者	8.8%
特にない	36.3%
その他	1.0%

出社が必要な場合の理由

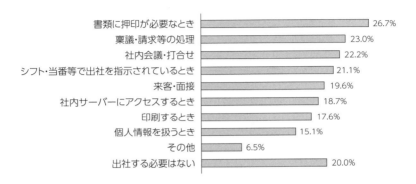

Ｑ９．通常勤務（出社しているとき）の働きやすさを０として、新型コロナウイルスの影響を受けて在宅勤務をして以降の働きやすさを－５（とても働きづらい）〜＋５（とても働きやすい）から選択してください。（n＝1074）

働きやすさの変化

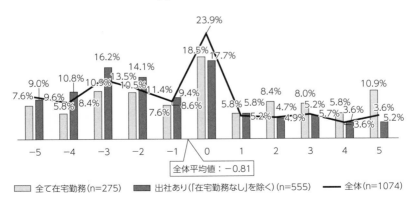

Q10. 周囲やあなたが原則的に出社して業務を行っていた時と比べて、下記項目の「増減」について、どのように感じていますか。

n=1074

コミュニケーションの増減

項目	1.減った	2.増えた	3.変わらない	4.もともとない
1. 職場内メンバーとの音声での会話（電話やWebツールでの会話も含む）	32.4%	22.0%	37.6%	8.0%
2. 職場内のメンバーとの文字でのやり取り（メール、チャット等）	14.2%	37.3%	42.0%	6.5%
3. 職場内メンバーとの業務外での交流（私的な電話やメール、SNS等）	26.4%	15.5%	44.4%	13.7%
4. 職場内メンバーへの積極的な情報発信	21.9%	20.9%	48.3%	8.9%
5. 職場内のメンバーに対する不満	13.7%	17.8%	57.9%	10.6%
6. 取引先など外部とのやり取り	33.5%	12.6%	44.4%	9.5%
7. 仕事の間違いや誤解（仕事上のミス）	11.5%	15.3%	66.6%	6.6%
8. 仕事の押し付け合い	12.0%	12.3%	59.9%	15.8%
9. 仕事の助け合い	15.2%	20.0%	58.7%	6.1%
10. 職場内の人間関係に関するストレス	21.6%	17.0%	55.2%	6.1%

□ 1.減った　■ 2.増えた　■ 3.変わらない　□ 4.もともとない

n=830

在宅後の環境の変化

項目	1.減った	2.増えた	3.変わらない	4.もともとない
1. 紙の書類	46.5%	7.0%	41.3%	5.2%
2. 働きやすさ、快適さ	24.6%	26.0%	46.5%	2.9%
3. 労働時間	38.9%	16.1%	42.7%	2.3%
4. 1日にこなせる業務量（生産性）	41.0%	15.2%	41.6%	2.3%
5. 集中力	38.4%	19.2%	39.5%	2.9%
6. 仕事そのものに感じるストレス	22.4%	24.9%	48.4%	4.2%
7. PC作業による体調不良（頭痛、肩凝り等）	18.0%	31.7%	47.8%	2.5%
8. 家事・育児・介護などの家庭に費やす時間	8.1%	37.6%	48.7%	5.7%
9. 光熱費・通信費・消耗品などの費用	3.8%	52.9%	36.3%	2.0%

□ 1.減った　■ 2.増えた　■ 3.変わらない　□ 4.もともとない

Q11.（自由記述）自宅で勤務する上で、セキュリティや情報管理について、ヒヤッとしたこと、問題があると思ったことがあれば、教えてください。（n＝495人）

セキュリティ・情報管理の不安

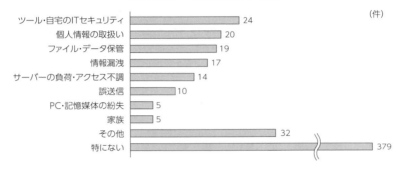

```
                                              (件)
ツール・自宅のITセキュリティ          24
        個人情報の取扱い          20
      ファイル・データ保管          19
              情報漏洩          17
  サーバーの負荷・アクセス不調          14
              誤送信          10
      PC・記憶媒体の紛失          5
               家族          5
             その他          32
            特にない                          379
```

Q12.（自由記述）あなたが在宅勤務をする上で工夫していること、気を付けていること、在宅勤務の障害となるものへの対策などを教えてください。（n＝514人）

在宅勤務をする上で工夫していること、気を付けていること

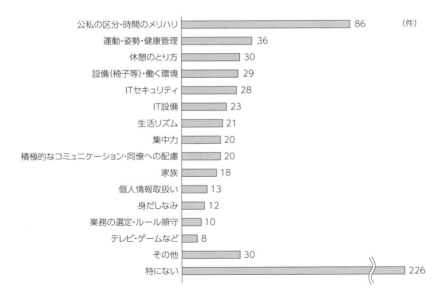

```
                                              (件)
      公私の区分・時間のメリハリ            86
          運動・姿勢・健康管理          36
              休憩のとり方          30
      設備(椅子等)・働く環境          29
            ITセキュリティ          28
                IT設備          23
            生活リズム          21
              集中力          20
積極的なコミュニケーション・同僚への配慮          20
               家族          18
          個人情報取扱い          13
             身だしなみ          12
      業務の選定・ルール順守          10
        テレビ・ゲームなど          8
             その他          30
            特にない                          226
```

Q13. 役員・管理職の方にお伺いします。周囲やあなたが原則的に出社していた時と、新型コロナウイルスの影響による在宅勤務後の変化について教えてください。（n＝219）

【役員・管理職】在宅後の環境の変化

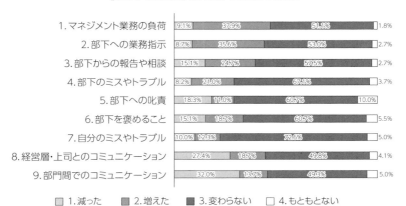

1. マネジメント業務の負荷　9.1%　37.9%　51.1%　1.8%
2. 部下への業務指示　8.7%　35.6%　53.0%　2.7%
3. 部下からの報告や相談　15.1%　24.7%　57.5%　2.7%
4. 部下のミスやトラブル　8.2%　21.0%　67.1%　3.7%
5. 部下への叱責　18.3%　11.0%　60.7%　10.0%
6. 部下を褒めること　15.1%　18.7%　60.7%　5.5%
7. 自分のミスやトラブル　10.0%　12.3%　72.6%　5.0%
8. 経営層・上司とのコミュニケーション　27.4%　18.7%　49.8%　4.1%
9. 部門間でのコミュニケーション　32.0%　13.7%　49.3%　5.0%

　■ 1.減った　　■ 2.増えた　　■ 3.変わらない　　□ 4.もともとない

Q14. 役員・管理職の方にお伺いします。在宅勤務において、不安に感じることを教えてください。（n＝219）［複数回答］

【役員・管理職】在宅中の不安

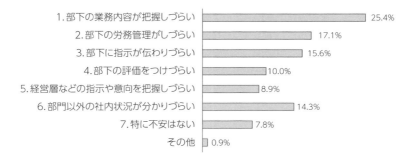

1. 部下の業務内容が把握しづらい　25.4%
2. 部下の労務管理がしづらい　17.1%
3. 部下に指示が伝わりづらい　15.6%
4. 部下の評価をつけづらい　10.0%
5. 経営層などの指示や意向を把握しづらい　8.9%
6. 部門以外の社内状況が分かりづらい　14.3%
7. 特に不安はない　7.8%
その他　0.9%

Q15.（自由記述）役員・管理職の方にお伺いします。在宅勤務の中のマネジメント業務で工夫していること・気を付けていることを教えてください。（n＝201人）

【役員・管理職】マネジメント業務で気を付けていること

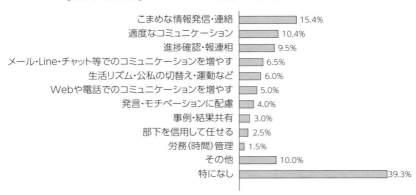

（件）

こまめな情報発信・連絡	31
適度なコミュニケーション	21
進捗確認・報連相	19
メール・Line・チャット等でのコミュニケーションを増やす	13
生活リズム・公私の切替え・運動など	12
Webや電話でのコミュニケーションを増やす	10
発言・モチベーションに配慮	8
事例・結果共有	6
部下を信用して任せる	5
労務（時間）管理	3
その他	20
特になし	79

Q16. 新型コロナウイルスの動向が落ち着いた後も、働き方の１つとして、在宅勤務を継続したほうが良いと思いますか。（n＝1074）［単一回答］

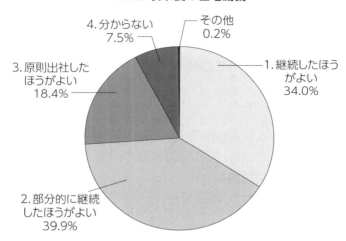

コロナ収束後の在宅勤務

- 4. 分からない 7.5%
- その他 0.2%
- 3. 原則出社したほうがよい 18.4%
- 1. 継続したほうがよい 34.0%
- 2. 部分的に継続したほうがよい 39.9%

在宅勤務の働きやすさとコロナ収束後の継続

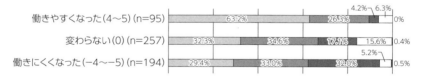

- 働きやすくなった（4〜5）(n=95): 63.2% / 26.3% / 4.2% / 6.3% / 0%
- 変わらない（0）(n=257): 32.3% / 34.6% / 17.1% / 15.6% / 0.4%
- 働きにくくなった（−4〜−5）(n=194): 29.4% / 33.0% / 32.0% / 5.2% / 0.5%

- ■ 1. 継続したほうがよい
- ■ 2. 部分的に継続したほうがよい
- ■ 3. 原則出社したほうがよい
- □ 4. 分からない
- ■ その他

モデル「テレワーク就業規則」（在宅勤務規程）

第1章　総　則

（在宅勤務制度の目的）

第1条　この規程は、　　株式会社（以下「会社」という。）の就業規則第
　　　条に基づき、従業員が在宅で勤務する場合の必要な事項について定め
　　　たものである。

（在宅勤務の定義）

第2条　在宅勤務とは、従業員の自宅、その他自宅に準じる場所（会社指
　　　定の場所に限る。）において情報通信機器を利用した業務をいう。

（サテライトオフィス勤務の定義）

第2条　サテライトオフィス勤務とは、会社所有の所属事業場以外の会社
　　　専用施設（以下「専用型オフィス」という。）、又は、会社が契約（指
　　　定）している他会社所有の共用施設（以下「共用型オフィス」という。）
　　　において情報通信機器を利用した業務をいう。

（モバイル勤務の定義）

第2条　モバイル勤務とは、在宅勤務及びサテライトオフィス勤務以外
　　　で、かつ、社外で情報通信機器を利用した業務をいう。

第2章　在宅勤務の許可・利用

（在宅勤務の対象者）

第3条　在宅勤務の対象者は、就業規則第　　条に規定する従業員であって
　　　次の各号の条件を全て満たした者とする。

　　（1）在宅勤務を希望する者

　　（2）自宅の執務環境、セキュリティ環境、家族の理解のいずれも適正
　　　　と認められる者

2　　在宅勤務を希望する者は、所定の許可申請書に必要事項を記入の上、
　　　1週間前までに所属長から許可を受けなければならない。

3　　会社は、業務上その他の事由により、前項による在宅勤務の許可を取
　　　り消すことがある。

4　第２項により在宅勤務の許可を受けた者が在宅勤務を行う場合は、前日までに所属長へ利用を届け出ること。

（在宅勤務時の服務規律）
第４条　在宅勤務に従事する者（以下「在宅勤務者」という。）は就業規則第　条及びセキュリティガイドラインに定めるもののほか、次に定める事項を遵守しなければならない。
　（1）在宅勤務の際に所定の手続に従って持ち出した会社の情報及び作成した成果物を第三者が閲覧、コピー等しないよう最大の注意を払うこと。
　（2）在宅勤務中は業務に専念すること。
　（3）第１号に定める情報及び成果物は紛失、毀損しないように丁寧に取扱い、セキュリティガイドラインに準じた確実な方法で保管・管理しなければならないこと。
　（4）在宅勤務中は自宅以外の場所で業務を行ってはならないこと。
　（5）在宅勤務の実施に当たっては、会社情報の取扱いに関し、セキュリティガイドライン及び関連規程類を遵守すること。

第３章　在宅勤務時の労働時間等

（在宅勤務時の労働時間）
第５条　在宅勤務時の労働時間については、就業規則第　条の定めるところによる。
2　前項にかかわらず、会社の承認を受けて始業時刻、終業時刻及び休憩時間の変更をすることができる。
3　前項の規定により所定労働時間が短くなる者の給与については、育児・介護休業規程第　条に規定する勤務短縮措置等の給与の取扱いに準じる。

（休憩時間）
第６条　在宅勤務者の休憩時間については、就業規則第　条の定めるところによる。

（所定休日）
第７条　在宅勤務者の休日については、就業規則第　条の定めるところに

よる。

（時間外及び休日労働等）
第8条　在宅勤務者が時間外労働、休日労働及び深夜労働をする場合は所
　　定の手続を経て所属長の許可を受けなければならない。
2　時間外及び休日労働について必要な事項は就業規則第　条の定めると
　　ころによる。
3　時間外、休日及び深夜の労働については、給与規程に基づき、時間外
　　勤務手当、休日勤務手当及び深夜勤務手当を支給する。

（欠勤等）
第9条　在宅勤務者が、欠勤をし、又は勤務時間中に私用のために勤務を
　　一部中断する場合は、事前に申し出て許可を得なくてはならない。ただ
　　し、やむを得ない事情で事前に申し出ることができなかった場合は、事
　　後速やかに届け出なければならない。
2　前項の欠勤、私用外出の賃金については給与規程第　条の定めるとこ
　　ろによる。

第4章　在宅勤務時の勤務等

（業務の開始及び終了の報告）
第10条　在宅勤務者は就業規則第　条の規定にかかわらず、勤務の開始
　　及び終了について次のいずれかの方法により報告しなければならない。
　　（1）電話
　　（2）電子メール
　　（3）勤怠管理ツール

（業務報告）
第11条　在宅勤務者は、定期的又は必要に応じて、電話又は電子メール
　　等で所属長に対し、所要の業務報告をしなくてはならない。

（在宅勤務時の連絡体制）
第12条　在宅勤務時における連絡体制は次のとおりとする。
　　（1）事故・トラブル発生時には所属長に連絡すること。なお、所属長
　　　　が不在時の場合は所属長が指名した代理の者に連絡すること。

（2）前号の所属長又は代理の者に連絡がとれない場合は、○○課担当まで連絡すること。

（3）社内における従業員への緊急連絡事項が生じた場合、在宅勤務者へは所属長が連絡をすること。なお、在宅勤務者は不測の事態が生じた場合に確実に連絡がとれる方法をあらかじめ所属長に連絡しておくこと。

（4）情報通信機器に不具合が生じ、緊急を要する場合は○○課へ連絡をとり指示を受けること。なお、○○課へ連絡する暇がないときは会社と契約しているサポート会社へ連絡すること。いずれの場合においても事後速やかに所属長に報告すること。

（5）前各号以外の緊急連絡の必要が生じた場合は、前各号に準じて判断し対応すること。

2　社内報、部署内回覧物であらかじめランク付けされた重要度に応じ至急でないものは在宅勤務者の個人メール箱に入れ、重要と思われるものは電子メール等で在宅勤務者へ連絡すること。なお、情報連絡の担当者はあらかじめ部署内で決めておくこと。

第５章　在宅勤務時の給与等

（給与）

第13条　在宅勤務者の給与については、就業規則第　条の定めるところによる。

2　前項の規定にかかわらず、在宅勤務（在宅勤務を終日行った場合に限る。）が週に４日以上の場合の通勤手当については、毎月定額の通勤手当は支給せず実際に通勤に要する往復運賃の実費を給与支給日に支給するものとする。

（費用の負担）

第14条　会社が貸与する情報通信機器を利用する場合の通信費は会社負担とする。

2　在宅勤務に伴って発生する水道光熱費は在宅勤務者の負担とする。

3　業務に必要な郵送費、事務用品費、消耗品費その他会社が認めた費用は会社負担とする。

4　その他の費用については在宅勤務者の負担とする。

（情報通信機器・ソフトウェア等の貸与等）
第15条　会社は、在宅勤務者が業務に必要とするパソコン、プリンタ等
　　の情報通信機器、ソフトウェア及びこれらに類する物を貸与する。な
　　お、当該パソコンに会社の許可を受けずにソフトウェアをインストール
　　してはならない。
２　会社は、在宅勤務者が所有する機器を利用させることができる。この
　　場合、セキュリティガイドラインを満たした場合に限るものとし、費用
　　については話し合いの上決定するものとする。

（教育訓練）
第16条　会社は、在宅勤務者に対して、業務に必要な知識、技能を高め、
　　資質の向上を図るため、必要な教育訓練を行う。
２　在宅勤務者は、会社から教育訓練を受講するよう指示された場合に
　　は、特段の事由がない限り指示された教育訓練を受けなければならな
　　い。

（災害補償）
第17条　在宅勤務者が自宅での業務中に災害に遭ったときは、就業規則
　　第　条の定めるところによる。

（安全衛生）
第18条　会社は、在宅勤務者の安全衛生の確保及び改善を図るため必要
　　な措置を講ずる。
２　在宅勤務者は、安全衛生に関する法令等を守り、会社と協力して労働
　　災害の防止に努めなければならない。

　　本規程は、　　　年　　月　　日より施行する。

　　　　　　　出典：厚生労働省「テレワークモデル就業規則〜作業の手引〜」

〈著者紹介〉

株式会社エス・ピー・ネットワーク 総合研究部

　実践的な企業危機管理の専門企業として、国内トップクラスの実績を有する株式会社エス・ピー・ネットワークのシンクタンク兼危機管理コンサルティングの実働部門。

　各種の危機管理に関する研究はもちろん、実践から導かれた企業危機管理ノウハウや多くの企業の危機管理事例・実例を蓄積、分析、体系化した実践的企業危機管理論を、600社を超える会員企業にとどまらず、多くの企業に対して、書籍やセミナー、SPNレポート等を通じて、公表し、普及に努めている。また、世情の多くの危機管理事例やリスク状況をふまえた先駆的な実践的危機管理指針やリスク対策ツールの企画・開発も行っている。
　特に、反社会的勢力排除の内部統制構築や悪質クレームへの実践対応、広報的視点にとどまらない危機（緊急）事態対応、ミドルクライシス®を活用した内部統制構築、企業の内部通報事例を通じた企業の危機管理体制強化、「定量的なロス対策」による企業体質の強化には、非常に多くの実績を有しており、弁護士や会計士をはじめ、専門機関やリスクマネジメント専門家からも支持が高い。

【感染症クライシス　企業リスク「超」実践ガイドブック　執筆陣】
　熊谷　信孝（代表取締役社長）：第９章担当
　芳賀　恒人（取締役副社長 総合研究部 主席研究員）：第10章担当
　西尾　　晋（総合研究部 上席研究員・部長）：第４章①担当
　久富　直子（総合研究部 上席研究員・部長）：第３章①担当
　佐藤　栄俊（総合研究部 上席研究員）：第７章担当
　伊藤　岳洋（総合研究部 上席研究員）：第４章②担当
　石原　則幸（総合研究部 専門研究員）：第８章①担当
　大越　　聡（総合研究部 専門研究員）：第６章担当
　吉原ひろみ（総合研究部 上級研究員）：第２章②・第３章②担当
　加倉井真理（総合研究部 主任研究員）：第２章①担当
　杉田　　実（総合研究部 研究員）：第１章担当
　福田有理子（総合研究部 研究員）：第８章②担当
　吉田　　基（総合研究部 研究員）：第５章担当

　［執筆アシスタント］
　　小田　野々花（総合研究部）
　　長谷部　純菜（総合研究部）

感染症クライシス 企業リスク「超」実践ガイドブック
withコロナ・nextウイルスへの備えと対策

2021年2月18日　発行

著　者　　株式会社エス・ピー・ネットワーク総合研究部　©

発行者　　小泉　定裕

発行所　　株式会社 清文社

東京都千代田区内神田1－6－6（MIFビル）
〒101-0047　電話 03(6273)7946　FAX 03(3518)0299
大阪市北区天神橋2丁目北2－6（大和南森町ビル）
〒530-0041　電話 06(6135)4050　FAX 06(6135)4059
URL https://www.skattsei.co.jp/

印刷：亜細亜印刷㈱

ISBN978-4-433-74760-2